W0189817

DAS BUCH

Wann haben Sie zum ersten Mal J. R. R. Tolkiens Meisterwerk *Der Hobbit* gelesen? Was haben dieses berühmteste aller Fantasy-Abenteuer und diese einzigartige Welt in Ihnen ausgelöst? Diesen Fragen und noch vielen mehr widmen sich Bernhard Hennen und eine hochkarätige Auswahl der besten Fantastik-Autoren. Dabei erzählen sie nicht nur von ihren persönlichen Begegnungen mit Tolkiens Welt, sondern bieten eine Fülle an interessanten und aufregenden Hintergrundinformationen rund um die größten kleinen Helden der Weltliteratur.

DIE AUTOREN

Die Viten des Herausgebers und der Autoren finden Sie am Schluss des Buches.

www.twitter.com/HeyneFantasySF
@HeyneFantasySF

www.heyne-magische-bestseller.de

BERNHARD HENNEN

(Hrsg.)

TOLKIENS GRÖSSTE HELDEN

WIE DIE HOBBITS DIE WELT EROBERTEN

Geschichten und Begegnungen mit
J. R. R. Tolkiens *Der Hobbit* und seinen Helden

WILHELM HEYNE VERLAG
MÜNCHEN

Alle Zitate aus *Der Hobbit* entstammen den folgenden Ausgaben:

J.R.R. Tolkien: *Der Hobbit oder Hin und Zurück.* Neu übersetzt
von Wolfgang Krege. Klett-Cotta, Stuttgart 1998

J.R.R. Tolkien: *Der Hobbit.* Übersetzt von Wolfgang Krege.
Klett-Cotta, Stuttgart 2009

Adam Roberts: *Die vielen Hobbits des J.R.R. Tolkien*
wurde übersetzt von Jakob Schmidt

Anna Thayer: *Begegnung mit Feuer und Schwert oder: Neues über Hobbits*
wurde übersetzt von Katrin Harlaß

Paul Clark: *Das Vermächtnis der Halblinge*
wurde übersetzt von Anton Weste

Blindflug nach Mittelerde von Wieland Freund ist
am 21. April 2012 in der Zeitung *Die Welt* erschienen.

Verlagsgruppe Random House FSC-DEU-0100
Das für dieses Buch verwendete
FSC®-zertifizierte Papier *Holmen Book Cream*
liefert Holmen Paper, Hallstavik, Schweden.

Originalausgabe 11/2012
Redaktion: Christian Ebert
Copyright © 2012 dieser Ausgabe by
Wilhelm Heyne Verlag, München,
in der Verlagsgruppe Random House GmbH
Das Copyright der einzelnen Beiträge liegt bei den jeweiligen Autoren
Printed in Germany 2012
Innenillustrationen: Arndt Drechsler
Umschlaggestaltung: Nele Schütz Design, München
Satz: Buch-Werkstatt GmbH, Bad Aibling
Druck und Bindung: GGP Media GmbH, Pößneck

ISBN: 978-3-453-31409-2

INHALT

HIN ...

5

... UND ZURÜCK

HIN ...

Wie Der Hobbit *mich durch Fieberträume in einem schmuddeligen Hotel in Damaskus begleitete, als Wolfram von Eschenbach mich schmählich im Stich gelassen hatte, werde ich in meinem ganzen Leben nicht vergessen. Ich war 24, Germanistik-Student und hielt manches für eine wunderbare Idee, was sich mir rückblickend nur schwer erschließt. Man muss wohl 24 sein, um folgenden Plan sensationell zu finden: Ich reise nach Syrien. Natürlich allein und die Landessprache beherrsche ich nicht (es soll ja ein Abenteuer sein!). Dort schlage ich mich zur Kreuzfahrerburg Krak des Chevaliers durch, um auf einem der Türme dieser inmitten einer Einöde gelegenen Burg bis zum Sonnenuntergang Wolfram von Eschenbachs Parzival zu lesen. Natürlich auf Mittelhochdeutsch! Mit nur gelegentlichen Blicken in die Übersetzung … Als der Rucksack gepackt war, blieb im Kartenfach noch ein wenig Platz. Gerade genug für ein Taschenbuch. Ich stand lange unentschlossen vor dem Bücherregal. Kein Krimi und bloß nichts Politisches! Ich hatte wilde Geschichten über Kontrollen in Syrien gehört. Mein Blick blieb am* Hobbit *hängen. Das konnte eigentlich niemand anstößig finden, außer vielleicht Orks und Drachen.*

Bis Krak des Chevaliers verlief die Reise ohne Zwischenfälle. Ich hatte die riesige Burg fast für mich allein und verbrachte einen langen Nachmittag ungestört in der syrischen Sonne. Doch dann begannen die Probleme. Im kleinen Dorf in der Nähe der Burg fand ich kein Restaurant, bei dem sich meine Preisvorstellungen mit meinen Essensgewohnheiten vereinbaren ließen. Huhn gab es nicht, sonst immer ein Gericht, bei dem man nichts falsch machen konnte. Dafür alle nasenlang Hammelfleisch … War da nicht was im Hobbit? Nach einem Abendessen aus Fladenbrot fand ich einen freundlichen Restaurantbetreiber, der mich – nach einem kurzen Gespräch mit dem örtlichen Polizeichef – auf seinem Flachdach übernachten ließ. Im Licht einer flackernden Reklametafel fing ich mit dem Hobbit an. Und bald hatte ich es! Hammelfleisch war das Leibgericht von Trollen, neben Hobbits und Zwergen.

Am nächsten Morgen fühlte ich mich leicht derangiert. Etwas Fladenbrot half mir auf die Beine und in den ersten einer ganzen Reihe von Überlandbussen, mit denen ich mich, begleitet von Hühnern, ein oder zwei Ziegen, einem zum Plaudern aufgelegten Luftwaffenoffizier, der in der DDR ausgebildet worden war, und etlichen Kindern, die sich über »den Roten« wunderten – denn ich hatte mir auf dem Krak des Chevaliers einen ordentlichen Sonnenbrand geholt –, Richtung Damaskus durchschlug.

Als ich auf einem Busbahnhof in einem Vorort von Damaskus strandete, fühlte ich mich schwach und ein wenig schwindelig. Nicht einmal Cola half mir richtig auf die Beine und auch nicht das einsame Mars, das ich ungläubig in der Kühltruhe eines kleinen Ladens fand. Ich streifte stadteinwärts auf der Suche nach einem Hotel in meiner Preislage. Die Erinnerung verschwimmt. Ganz sicher weiß ich noch, dass ich irgendwann einen Priester in einer langen, schwarzen Soutane mit weißem Stehkragen traf. Ein riesiger Kerl, kahlköpfig, ständig dabei, sich mit einem weißen Taschentuch den Schweiß von der Stirn *zu wischen. In seiner ganzen Art irgendwie ein ferner Verwandter von Fernandel in der Rolle des Don Camillo. Er warnte mich ausdrücklich davor, auf die Idee zu kommen, in der Stadt Fahrrad zu fahren, da vor Kurzem ein Anschlag von einem Fahrrad aus verübt worden war und alle Radfahrer nun Verdächtige waren.*

Ich weiß nicht mehr recht wie, aber ich gelangte in mein Hotel zurück, inzwischen richtig krank. Parzival *war kein Trost. Dafür aber* Der Hobbit, *die Geschichte einer Reise voller Abenteuer. Bilbo Beutlin war ein Seelenverwandter, entschied ich. Ein Reisender in einer gefährlichen Welt. Ich bekam Durchfall, als Bilbo in den Tunneln unter dem Nebelgebirge verloren ging. Ich versuchte mich mit jemandem im Hotel zu verständigen, was kläglich scheiterte. Ich sprach kein Arabisch, sie weder Deutsch noch Englisch. Aber dafür bekam ich stark gezuckerten, schwarzen Tee. Es war schrecklich heiß in meinem Hotelzimmer. Darauf, den Ventilator neben dem Bett einzuschalten, verzichtete ich nach einer ersten Erfahrung, was der Blick auf einen wirbelnden Propeller in meinem Zustand verursachte. Bilbo und die Zwerge sitzen auf Kiefern, wo sie von Orks geröstet werden sollen, doch Riesenadler erscheinen und retten sie. In Damaskus waren keine Riesenrettungsadler in Sicht.*

Ich schlief ein und träumte von einem trollgroßen Priester, an dessen Seite ich durch die dunklen Gassen der Altstadt von Damaskus flüchtete, verfolgt von Geheimpolizisten auf Fahrrädern mit Wolfsköpfen. Warum sie uns jagten? Ich weiß es nicht mehr … Vielleicht hatten wir regimekritische Fantasyliteratur ins Land geschmuggelt?

Als ich erwachte, war es schon wieder hell und heiß. An meinem Bett stand schwarzer Tee mit viel Zucker, und vor der Tür hörte ich jemanden leise diskutieren. Auf Arabisch. Ich fühlte mich zu schwach, um auch nur bis zur Tür zu kommen. Ich begann, mir dumme Fragen zu stellen. Wie ich nur auf die hirnverbrannte Idee gekommen war, mutterseelenallein durch Syrien zu reisen, und was wohl passieren würde, wenn ich hier sterben würde. Die Kraft reichte gerade für ein paar weitere Seiten Hobbit, was unendlich viel besser war, als vor sich hin zu grübeln. Es ging um Hunger. Die Vorräte der Reisegruppe waren aufgebraucht. Ich hatte seit dem Mars am Tag zuvor auch nichts mehr gegessen und war nicht in der Lage, etwas zu besorgen. Also Tee trinken. Zum Glück ging es bald mit Riesenspinnen weiter. Ein paar bange Blicke in die Zimmerecken. Nein, keine Spinnen in Sicht. Irgendwann um die Ankunft in der Seestadt schlafe ich erschöpft ein.

Als ich erwache, steht ein Fremder neben meinem Bett und ich muss kein Arabisch können, um mitzubekommen, dass er sich Sorgen macht. Er hilft mir auf die Beine, setzt sich mit mir in ein Taxi und bringt mich zum Arzt. Jetzt mache ich mir Sorgen. Wie soll ich den bezahlen! Kranksein war im schmalen Reisebudget nicht vorgesehen. Wie viel würde es kosten?

Eine moderne Praxis in einem Hochhaus. Alles sieht teuer aus. Ich muss nicht warten. Der Arzt spricht bestes Oxford-Englisch, mein Englisch hört sich an, als spräche ein Ork mit starkem Akzent. Irgendwie versteht der Arzt mich trotzdem. Die Diagnose ist ein wenig peinlich. Brechdurchfall und ein Hitzschlag. Letzteren habe ich wahrscheinlich dem langen Nachmittag mit Wolfram von Eschenbach auf einem Turm des Krak des Chevaliers mit wunderbarer Aussicht und ganz ohne Schatten zu verdanken. Dazu noch Sonnenbrand. Ich bekomme eine Schachtel mit Kohle-Kompretten, den Rat, viel zu trinken, mich zu schonen und, sobald mir danach ist, ordentlich zu essen. Dann kommt der bange Augenblick. Ich frage, was ich schuldig sei. Nichts! Ich traue meinen Ohren kaum. Der Arzt besteht darauf, meint noch, es sei nett gewesen, mal wieder englisch zu sprechen und verabschiedet mich.

Meine Eskorte bringt mich zurück ins Hotel, wo mich schwarzer Tee mit viel Zucker erwartet. Dazu braue ich mir einen Cocktail aus Wasserreinigungstabletten und Kohle-Kompretten. Ein appetitlich schwarzes Gebräu, das genauso gut schmeckt, wie es aussieht. Ich schlafe viel. In den Wachphasen reise ich mit Bilbo zum Einsamen Berg, begegne dem Drachen Smaug, ärgere mich über dickköpfige Zwerge und all das, obwohl ich immer noch zu schwach bin, um mein Zimmer zu verlassen und mit schwarzem Tee und diesem schwarzen Medizingebräu über die Runden kommen muss.

Parzival kann mir in dieser Zeit gestohlen bleiben, ich bin ganz und gar ins Lager der Hobbits gewechselt. Am Tag darauf geht es mir besser. Bilbo macht sich auf den Heimweg ins Auenland und träumt davon, künftig wieder sechs Mahlzeiten am Tag zu haben. Und auch ich kann wieder essen. Zunächst nur Fladenbrot und am Abend nach Bilbos Heimkehr das bis heute beste Grillhähnchen meines Lebens. Als ich zwei Wochen später wieder in Köln bin, erscheint mir meine Studentenbude wie ein Palast, und eine Scheibe Graubrot mit Gouda ist ein kulinarischer Gipfelsturm. Ich verstehe nicht, wie ich je auf die Idee hatte kommen können, von dort fortzugehen und vervollständige, in bester Hobbitmanier, meinen Reisebericht. Heute weiß ich, dass dieses Gefühl nur für etwa neun Monate anhalten wird. Dann beginne ich erneut Pläne zu schmieden. *Meine Reisen haben mich nach Beirut und Gaza gebracht und an einige sehr abgelegene Orte in der Mandschurei und im Baskenland. Ich reise seitdem nie ohne Bücher im Gepäck, und doch hat mich kein zweites Mal ein Romanheld auf eine solche Weise gerettet wie der abenteuerlustige Bilbo Beutlin.*

Was haben sie an sich, die Hobbits, dass sie einen in ihren Bann schlagen, obwohl sie eigentlich keine Helden sind? Wer sind sie? Eine schöne Definition dazu gibt Karl-Heinz Witzko später in diesem Band: »Er war ein Halbling, was bedeutet, dass er halb so groß war wie ein Mensch, halb so stark wie ein Zwerg und halb so schlau wie ein Elb.« Sehr treffend und plastisch. Ich musste schmunzeln, als ich das las und ertappte mich dabei kurz zu nicken. Doch so bildhaft die Beschreibung ist, so vieles bleibt offen. Was macht diese verfressenen kleinen Kerle zu Helden? Warum mag man sie fast sofort? Wo liegt ihr Geheimnis? Dem auf vielfältige Art nachzuspüren, widmen sich die Autoren dieses Buches. Zum Einstieg wird Friedhelm Schneidewind Ihnen die von Tolkien überlieferten Fakten und liebenswerten Eigenarten des kleinen Volkes nahebringen. Christoph Marzi verzaubert mit einer märchenhaften Geschichte über die Macht des Wortes. Adam Roberts macht uns mit der Tatsache vertraut, dass es zwei Fassungen des Hobbits *gibt und erläutert, warum Tolkien den* Hobbit *noch einmal umgeschrieben hat. Karl-Heinz Witzko wagt einen Außenblick aus der Perspektive eines Dämons auf seinen Hobbit und schickt die beiden auf eine gefährliche Mission. Irgendwie werde ich bei dieser Geschichte das Gefühl nicht los, dass die Episode mit den untoten Elben eine verschlüsselte Botschaft an mich enthält.*

Wieland Freund überrascht mit einer Vielzahl weniger bekannter Hintergründe zu Tolkien wie etwa seiner ausgesprochenen Abneigung gegen Walt Disney und die Vorwürfe gegen seinen ersten deutschen Hobbit-Illustrator, zu sehr von Disney inspiriert zu sein. Lena Falkenhagen zeigt uns in ihrer Geschichte, was es bedeutet, sich auf eine Reise in eine Welt zu machen, in der fast alles größer und bedrohlicher als ein Hobbit ist, und welche Rolle das Lächeln einer Schankmaid dabei spielen kann.

Anna Thayer analysiert pointiert, was den Unterschied ausmacht, wenn Hobbits Helden werden, und warum sie uns so nahestehen. Gleich darauf folgen wir Kathleen Weise auf eine Hobbit-Queste, die ihre Helden zwar nicht goldbeladen, aber doch ohne Zweifel reicher heimkehren lässt. Dr. Frank Weinreich schildert, wie schwer es für einen Autor der High-Fantasy ist, J. R. R. Tolkien und seinen Hobbit zu ignorieren. Man folgt ihm, oder man setzt sich bewusst von ihm ab, doch ganz gleich, welchen Weg man schriftstellerisch beschreitet, man kommt nicht um ihn herum.

Sie sehen, in diesem ersten Teil der Anthologie werden Sie auf eine Reise gehen, fort aus unserer Welt in die unermesslichen Gefilde der Fantasie, die Sie am Ende zu Ihrem ganz eigenen Bild von Tolkiens größten Helden führen wird.

Bernhard Hennen

Friedhelm Schneidewind

ÜBER HOBBITS

WAS SIND EIGENTLICH HOBBITS?

Hobbits sind kleine Menschen, deren Name zwar schon früher auftaucht, ins Bewusstsein der literarisch Interessierten aber erst durch J. R. R. Tolkien gehoben wurde.[*]

Die erste Beschreibung eines Hobbit begegnet uns in dem 1937 erschienenen Kinderbuch *Der Hobbit*. Dort heißt es: »*Sie sind (oder waren) kleine Leutchen, etwa halb so groß wie wir, kleiner noch als die langbärtigen Zwerge. Hobbits haben keine Bärte. Mit Zauberei haben sie wenig oder nichts zu tun, abgesehen von dem bisschen Alltagsmagie, das ihnen erlaubt, schnell und geräuschlos zu verschwinden ... Schuhe tragen sie nicht, weil ihnen an den Füßen natürliche Ledersohlen und ein dichter brauner Pelz wachsen, ähnlich wie das Kraushaar auf ihren Köpfen. Sie haben lange und geschickte braune Finger, gutmütige Gesichter und eine tiefe, saftige Lache.*«[**]

Die Hobbits oder Halblinge sind in dieser Form eine originäre Erfindung von Tolkien und prägend für viele

---

[*] Hobbits werden im zweiten Band des Werkes *The Denham Tracts*, das Michael Aislabie Denham 1892 und 1895 veröffentlichte, als eine Art Geister definiert. Ziemlich sicher kannte Tolkien dieses Buch nicht. Er spekulierte immer wieder darüber, wie ihm der Name eingefallen sein könnte. Er schrieb (wahrscheinlich 1928) spontan den berühmten ersten Satz des Buches auf die leere Seite einer Prüfungsarbeit: »In einem Loch im Boden, da lebte ein Hobbit.« – »In a hole in the ground there lived a hobbit.« (s. *Das große Hobbit-Buch*, S. 27 f.). Alle hier zitierten Werke und Angaben zu weiterer Literatur finden sich im Internet auf der Tolkien-Seite von Friedhelm Schneidewind: *www.incantatio.de/hobbitliteratur.htm*.

[**] *Das große Hobbit-Buch*, S. 58 f.

ähnliche Figuren in der Fantasy-Literatur, in Rollenspielen und Filmen. Dass sie trotz der starken Verbreitung in vielen fantastischen Welten und Werken im Gegensatz zu Zwergen, Elfen/Elben, Trollen, Drachen usw. fast immer Tolkiens Hobbits ähneln, mag damit zu tun haben, dass sie dessen Erfindung und im Gegensatz zu den anderen Wesen keine Gestalten mit langer mythologischer Tradition sind. Man kann es aber auch als Hommage an Tolkien und seine Schöpfung sehen.

Tolkiens Hobbits waren zu der Zeit, in der sich die Geschehnisse in *Der Hobbit* und *Der Herr der Ringe* abspielten, zwischen 90 und 120 Zentimeter groß (drei bis vier Fuß), niemals kleiner, selten größer. Sie waren ein gemütliches kleines Völkchen, das es sich gut gehen ließ, und in Wohnhöhlen, den Smials, lebte, in einem eigenen Ländchen, dem Auenland (The Shire), in einer Art und Weise, die eher an Biedermeier als an das Mittelalter erinnert. Die Gesellschaft des Auenlandes war statisch, ruhig, konservativ; die meisten Hobbits waren gutbürgerlich und alles andere als abenteuerlustig. Ausnahmen bildeten die Familie Tuk und natürlich die »Helden« Bilbo in *Der Hobbit* und die vier Gefährten Frodo, Sam, Merry und Pippin in *Der Herr der Ringe*.

Wir werden auf die Hobbits, ihre Gesellschaft und Kultur noch ausführlich eingehen; an dieser Stelle ist es aber wohl sinnvoll, die Bücher für diejenigen, die sie nicht kennen, kurz zusammenzufassen und auf ihre Geschichte einzugehen.

DER HOBBIT

Dies ist die Geschichte einer abenteuerlichen Schatzsuche, erzählt aus der Sicht des Hobbits Bilbo Beutlin, eines fünfzigjährigen, typischen Hobbits, wohlhabend und gemütlich. Hobbits werden erst mit 33 Jahren volljährig, also ist Bilbo mit 50 Jahren ein eher junger Mann. Der alte Gandalf, den Bilbo aus seiner Jugend nur vage als Zauberkünstler in Erinnerung hat, empfiehlt ihn einer Gruppe von Zwergen unter der Führung von Thorin Eichenschild als Meisterdieb. Obwohl Bilbo rundweg ablehnt, auf irgendeine Art von Abenteuerreise zu gehen, bringt Gandalf die Zwerge durch einen Trick mit Bilbo zusammen, und diese schaffen es, ihn anzuheuern, um einen Schatz zu stehlen, den der Drache Smaug unter dem Erebor, dem Einsamen Berg, bewacht. Diesen Berg bewohnten früher die Zwerge, ehe der Drache sie vertrieb. Gandalf steuert eine Karte und einen Schlüssel für die geheime Tür in den Erebor bei, die er einst von Thorins Vater erhalten hatte.

Auf dem Weg erlebt die Gruppe viele Abenteuer: Sie werden von drei Trollen gefangen genommen, die glücklicherweise von Gandalf so lange davon abgehalten werden, die Hobbits zu verspeisen, bis die aufgehende Sonne sie versteinert. In deren Höhle finden sie einige magische Schwerter. Eine gemütliche Rast machen sie in Bruchtal bei den Elben unter Elrond. Auf der Weiterreise werden sie von Orks überfallen und voneinander getrennt; Bilbo irrt alleine unter dem Berg herum. Dabei findet er einen goldenen Ring, von dem erst Jahrzehnte später bekannt werden wird, dass es der Eine Ring ist, das beherrschende Kleinod in *Der Herr der Ringe*. Zunächst findet Bilbo nur heraus, dass der Ring unsichtbar macht. Das ist sehr nützlich für ihn, als er das seltsame Wesen Gollum trifft, das den Ring als seinen Besitz betrachtet. Als Gollum am Ende eines Rätselspiels herausfindet, dass Bilbo seinen »Schatz« besitzt, kann Bilbo ihm nur mithilfe des Ringes entkommen und an den Orkwachen vorbei aus dem Berg fliehen. Auch aus dem Berg und den Orkhöhlen entkommt er mittels des Ringes.

Nachdem Bilbo seine Gefährten wiedergetroffen hat, werden sie von Orks und Wargs, großen Wölfen, auf Bäume gejagt und fast verbrannt, im letzten Moment jedoch von den Riesenadlern des Nebelgebirges gerettet. Ihre nächste Rast legen sie bei dem Gestaltwandler Beorn ein, der sie mit Ponys und Ratschlägen ausrüstet. Vor dem Durchqueren des riesigen und dunklen Düsterwaldes verlässt Gandalf sie.

Als die Gruppe versucht, bei Waldelben um Hilfe und Proviant zu bitten, wird Thorin gefangen genommen. Die restliche Gruppe wird von riesigen sprechenden Spinnen überfallen, welche die Zwerge in Netze einspinnen. Bilbo kann dank seiner Flinkheit und seines Schwerts »Stich« den Spinnen ausweichen und seine Gefährten retten. Die Zwerge werden jedoch gleich darauf von den Waldelben gefangen genommen, und wieder entkommt nur Bilbo – mithilfe seines Zauberrings. Wochenlang schleicht er sich in den Hallen des Elbenkönigs herum, bis er schließlich die Zwerge befreien kann, indem er sie in leere Fässer steckt, die nach der Seestadt der Menschen, nach Esgaroth, geflößt werden. Dort finden die Gefährten großzügige Unterstützung, nachdem Thorin sich als Erbe des Königs unter dem Berge zu erkennen gegeben hat.

Am Erebor angekommen, dauert es lange, bis Bilbo

die geheime Tür findet. Er schleicht sich zum Drachenhort und stiehlt einen Pokal, bei einem zweiten Besuch unterhält er sich sogar mit Smaug. Dieser will, wütend über die Störung, die Seestadt zerstören, wird aber vom Bogenschützen Bard, dem Erben der alten Könige, mit einem schwarzen Pfeil erschossen. Die Menschen von Esgaroth ziehen nun zum Berg, um aus dem Drachenhort Entschädigung zu fordern, Thorin aber, vom genuinen zwergischen Stolz geleitet, verbarrikadiert sich und ruft mithilfe der Raben vom Rabenberg seinen Verwandten Dáin Eisenfuß zu Hilfe. Die Menschen und die inzwischen eingetroffenen Waldelben belagern die Zwerge. Um Frieden zu schaffen, händigt ihnen Bilbo ein wertvolles Juwel aus, das er aus dem Hort als seinen Anteil genommen hat; Thorin betrachtet ihn von nun an als Verräter und Feind. Als Dáin mit 500 Zwergen eintrifft, kommt es beinahe zur Schlacht, doch im selben Moment greift eine riesige Armee von Orks an, die nach dem Tod von Smaug die Herrschaft über das Land an sich reißen will. In der Schlacht der fünf Heere werden die Orks geschlagen, doch Thorin stirbt, nachdem er sich mit Bilbo versöhnt hat.

Bard baut die zerstörte Stadt Thal wieder auf, Dáin wird König unter dem Berge im wieder errichteten Zwergenreich, Esgaroth wird wiedererbaut, und Bilbo kehrt nach etwa einem Jahr nach Hause zurück. Er kommt gerade rechtzeitig, um zu verhindern, dass er für tot erklärt und sein gesamter Besitz versteigert wird, und bringt genügend Gold und Silber mit sich, um ein gemütliches Leben führen zu können. Am Ende schreibt er seine Memoiren: »*Hin und zurück, oder Ein Hobbit auf Reisen*«.

Ursprünglich war *Der Hobbit* eine Geschichte, die Tolkien seinen Kindern erzählte und im Kollegenkreis vorlas. Eine Verlagsmitarbeiterin überredete ihn, das Manuskript bei George Allen & Unwin einzureichen.[*] Das am 21. September 1937 erschienene Buch wurde sofort ein Bestseller, und war nicht nur beim Publikum erfolgreich, sondern bekam auch überwiegend hervorragende Kritiken. In der Literaturbeilage der Times wurde *Der Hobbit* mit *Der Wind in den Weiden* von Kenneth Grahame und *Alice im Wunderland* von Lewis Caroll auf eine Stufe gestellt (*Das große Hobbit-Buch*, S. 41), und im April 1938 erhielt Tolkien in den USA den Preis des *New York Herald Tribune* für das beste Kinderbuch der Saison.

Mit über 50 Millionen verkauften Exemplaren in zahlreichen Sprachen ist *Der Hobbit* ein weltweit erfolgreicher Kinderbuchklassiker, allerdings übertroffen von der 1954/55 erschienenen »Fortsetzung« *Der Herr der Ringe*. Um die wichtigsten Widersprüche zwischen den beiden Werken zu beseitigen, erschien *Der Hobbit* 1950 in einer überarbeiteten Ausgabe, bei der u. a. das Kapitel mit Gollum etwas verändert wurde, und 1966 in der heute als gültig betrachteten 3. Ausgabe.

Bis *Der Hobbit* nach Deutschland kam, dauerte es 20 Jahre. Der deutsche Verlag Rütten & Loening wollte schon 1938 eine Übersetzung herausbringen, Tolkien weigerte sich jedoch, den geforderten »Ariernach-

---

[*] Berühmt ist das Gutachten, das Rayner Unwin (1925–2000), zweiter Sohn des Verlagsleiters Stanley Unwin, für einen Schilling über den *Hobbit* schrieb und in dem es heißt: »*Es ist gut und sollte allen Kindern zwischen fünf und neun Jahren gefallen.*« (komplett s. *Das große Hobbit-Buch*, S. 33) Rayner Unwin war von 1968 bis 1989 Leiter des Verlages.

weis« zu erbringen: »*Ich betrachte das (wahrscheinli-che) Nichtvorhandensein jüdischen Bluts nicht unbe-dingt als eine Ehre; ich habe viele jüdische Freunde und würde es bedauern, irgendeinen Grund zu der Auffas-sung zu geben, daß ich dieser ganz und gar bösarti-gen und unwissenschaftlichen Rassenlehre beipflich-te*«, schreibt er in dem Antwortbrief an seinen Verleger (*Briefe*, S. 52).

So erschien die erste deutsche Ausgabe erst 1957 im kleinen Paulus-Verlag in Recklinghausen, unter dem Ti-tel *Kleiner Hobbit und der große Zauberer*, übersetzt von Walter Scherf (1920–2010). Dieser war Autor, Überset-zer und Komponist und ist sehr bekannt geworden als Jugendliteratur- und Märchenforscher; von ihm stammt das zweibändige Standardwerk *Das Märchenlexikon* (München, C.H.Beck 1995). Scherf überarbeitete seine Übersetzung 1971 noch einmal gründlich mit Berück-sichtigung neuer Erkenntnisse und Aussagen von Tolkien sowie der dritten, endgültigen englischen Ausgabe. Die-se überarbeitete Fassung erschien als *Der kleine Hobbit* 1971 im Berliner Kinderbuchverlag und wird seit 1974 von dtv verlegt. In dieser Übersetzung fehlen allerdings einige der Lieder, und bei denen, die Scherf übertragen hat, fehlen teilweise Strophen oder wird auf Reime ver-zichtet.

1997 übersetzte Wolfgang Krege den *Hobbit* für Klett-Cotta neu. Krege (1939–2005) war bekannt als Tolkien-Kenner – bei Klett-Cotta erschienen von ihm 2001 *Das Handbuch der Weisen von Mittelerde* und 2003 das *Elbische Wörterbuch* – außerdem hat er u. a *Das Silmarillion* (1978), *Gute Drachen sind rar* (1984) und *Die Briefe* (1991) kongenial übersetzt. Seine Übersetzung des *Der Herr der Ringe* (2000) war und ist allerdings sehr umstritten, und einige der dort häufig kritisierten Mängel wie das »Siezen« und ein teilweise sehr lockerer Umgangston finden sich auch in *Der Hobbit oder Hin und Zurück*. Insgesamt aber ist dies eine gelungene Übersetzung; sie hält sich enger an das Original und beinhaltet alle Lieder, zudem in der Form, wie sie auch in den Filmen von Peter Jackson zu hören sind.

Eine neue Ausgabe und sehr gelungene Ergänzung ist *Das große Hobbit-Buch* (2012), eine Übersetzung von *The Annotated Hobbit* (1998/2002) des Tolkien-Spezialisten Douglas A. Anderson, sehr kenntnisreich für das deutsche Publikum bearbeitet und aktualisiert von Lisa Kuppler. Darin erfährt man vieles über das Buch und seine Geschichte und manches über Tolkiens Hobbits.

Zwar erzählt *Der Hobbit* eine relativ geradlinige Geschichte, die Verweise auf die zugrunde liegende Mythologie und Geschichte bleiben rar und vage, und das Ganze ist stark auf Unterhaltung und Situationskomik ausgelegt. Dennoch ist *Der Hobbit* mehr als nur ein unterhaltsames Märchen; er ist zugleich ein Entwicklungsroman, der deshalb etwas ganz Besonderes ist, weil hier nicht ein junger Mensch durch neue Erfahrungen lernt, sondern ein immerhin rund 50 Jahre alter Hobbit. Zunächst noch unsicher und manchmal komisch wirkend, wächst der pfiffige und im Inneren durchaus mutige Hobbit mit seinen Abenteuern und Begegnungen. Und dies wird von Tolkien ausdrücklich betont: »*Dass er die Riesenspinne erstochen hatte, ganz allein in der Dunkelheit, ohne dass der Zauberer, die Zwerge oder sonst-*

wer ihm halfen, hatte den guten Herrn Beutlin mächtig verändert. Er fühlte sich wie ein ganz neuer Hobbit, viel kühner und kampflustiger als der alte ...« (Kapitel VIII: Fliegen und Spinnen).

Doch wird er nicht zum »Helden« – den Drachen erschießt Bard; seine Versuche, den Frieden zu bewahren, scheitern; und bei der Schlacht der fünf Heere ist er nur Zuschauer. Bilbo ist mehr der Chronist als der treibende Held; am Ende schreibt er seine Memoiren. In gewisser Hinsicht ist er (wie Samweis Gamdschie in *Der Herr der Ringe*) ein Alter Ego des Autors.

Außerdem ist diese Geschichte einer abenteuerlichen Schatzsuche auch ein sehr moralisches und zugleich sehr aktuelles Buch: eine Parabel auf die Ergebnisse und Gefahren von übertriebener Gier, sei es nach Geld und Gut oder nach (politischer) Macht – in Zeiten der Banken- und Finanzkrise ist dieses Thema so aktuell wie lange nicht mehr. Den wegen des Diebstahls des Kelches durch Bilbo wütenden Smaug beschreibt Tolkien, als hätte er es mit einem modernen Manager oder Banker zu tun, der nie genug bekommen kann: *»Sein* [Smaugs] *Zorn war unbeschreiblich – ein Zorn, wie man ihn nur bei reichen Leuten erleben kann, die mehr haben, als sie brauchen, und plötzlich etwas verlieren, das sie schon lange besitzen, aber noch nie benutzt oder benötigt haben.«* (Kapitel XII: Aus gutunterrichteter Quelle).

Diese Gier ist die entscheidende Schwäche einiger der »guten« Charaktere, allen voran Thorin Eichenschild. Das Böse ist hier weder so präsent noch so bedrohlich wie in *Der Herr der Ringe*, aber gerade das macht es so alltäglich und bedeutsam. Im Rahmen dieses kleinen Büchleins zeigt Tolkien die alltägliche Versuchung und mit

Bilbo einen »Helden«, der sie meistert und dabei weise wird. Am Ende ist er sogar bereit, zu teilen.

Der Verlag hätte gerne schnell eine Fortsetzung gehabt, es dauerte aber fast 20 Jahre, bis 1954/55 *Der Herr der Ringe* erschien.[*]

DER HERR DER RINGE

Anders als in *Der Hobbit* spielen in *Der Herr der Ringe* die Mythologie der Elben und die Vorgeschichte eine wesentliche Rolle. Die Elben und die mit diesen verbündeten Menschen kämpfen seit Jahrzehntausenden gegen dunkle Mächte, die seit Beginn der Geschichte versuchen, die Welt zu beherrschen und nach ihrem Bild zu formen. Deren Führer Melkor, von den Freien Völkern Morgoth genannt, einst die mächtigste der in der Welt weilenden Mächte, der Ainur, wurde am Ende des Ersten Zeitalters bezwungen. Daraufhin zogen sich die anderen Mächte – die Valar und ihr Gefolge, die weniger mächtigen Maiar – fast alle aus Mittelerde, der Welt der Sterblichen, zurück. Einige wenige blieben, darunter die Balrogs, die Feuergeister, und Sauron, ehemals Feldherr von Melkor, ein Maia, also eine der geringeren Mächte. Im Zweiten Zeitalter gelang es Sauron, einige Elbenschmiede zu überreden, Ringe der Macht zu schaffen. Er selbst aber schmiedete heimlich den Einen Ring,

---

[*] Im November 1937 bot Tolkien dem Verlag eine Fassung seiner Mythologie als mögliche Fortsetzung des *Hobbit* an, die *Quenta Silmarillion*, doch diese wurde abgelehnt. Einige Teile erschienen 1955 im dritten Band von *Der Herr der Ringe* als Anhänge. Erst 1978 gab sein Sohn Christopher Tolkien einen Teil der Geschichten überarbeitet als *Das Silmarillion* heraus.

den Herrscherring, um alle diese Ringe zu beherrschen. Die Elben erkannten die Gefahr, und es gelang ihnen, drei der Elbenringe zu retten. Neun Ringe aber konnte Sauron an menschliche Herrscher geben, die ihm langsam verfielen und in sein Schattenreich glitten, als unsterbliche Ringgeister: die Nazgûl. Etwa 1500 Jahre später – rund 3100 Jahre vor den Ereignissen in *Der Herr der Ringe* – gelang es Sauron, die Menschen, denen die Valar die Insel Númenor geschenkt hatten, zum Angriff auf Aman, die Insel der Valar, zu verleiten. Doch durch göttliches Eingreifen wurde die Flotte der Menschen vernichtet, Númenor versank im Meer, die bisher flache Erde wurde zur Kugel und die Insel der Valar ist seither nur noch für Elbenschiffe erreichbar. Fast alle Númenorer starben, nur einige Elbenfreunde, die sich dem Angriff gegen die Valar verweigert hatten, überlebten. In einem letzten großen Bündnis kämpften diese »Menschen des Westens«, die Dúnedain, mit den Elben gegen Sauron, und es gelang ihnen, diesem den Herrscherring vom Finger zu schlagen. Sauron verging für eine Weile. Isildur, König der Menschen, hatte die Gelegenheit, den Ring zu vernichten, doch er wollte ihn und die Macht für sich. Der Ring aber entglitt ihm und verschwand in einem Fluss. Isildur starb, das Zweite Zeitalter endete.

Etwa 3000 Jahre später, im Dritten Zeitalter, findet Bilbo Beutlin den Einen Ring, wie es im *Hobbit* beschrieben wird. Der Ring wurde Jahrhunderte zuvor im Fluss gefunden und gelangte an einen Hobbit, der sich durch dessen Wirkung in das schleimige Wesen Gollum verwandelte. Sauron – der Nekromant aus *Der Hobbit* – hat wieder an Macht gewonnen. Er bedroht das Menschenreich Gondor, das einst von Isildur und dessen Verwandten gegründet wurde. Dort herrscht ein Statthalter, die königliche Familie ist ausgestorben oder verschollen. Sauron versucht, den Ring zu erlangen und die Macht über die ganze zivilisierte Welt zu erringen.

Der Zauberer Gandalf, bekannt aus *Der Hobbit*, erweist sich nun als erheblich mächtiger. Er ist – wie Saruman und Radagast – ein Maia; diese »Zauberer« waren den Menschen und Elben etwa 1000 Jahre zuvor von den Valar zu Hilfe gesandt worden. Gandalf organisiert den Versuch, den Ring zu vernichten. Dazu muss dieser an den Ort gebracht werden, wo er geschmiedet wurde, zum Schicksalsberg. Diese Aufgabe übernimmt eine eigens gebildete neunköpfige »Gemeinschaft des Rings« aus Menschen, einem Elben, einem Zwerg und vier Hobbits. Um diesen Versuch vor Sauron zu verbergen, wird an vielen Fronten gleichzeitig gekämpft, und es kommt zum Ringkrieg. Während der Waldläufer Aragorn den Widerstand organisiert – am Ende ist er, Isildurs Erbe, der neue König der Menschen –, gelingt es den Hobbits Frodo Beutlin und Samweis Gamdschie, den Ring und damit Sauron zu vernichten. Am Ende müssen die Hobbits, nun erfahrene Kämpfer, das Auenland befreien, das unter Sarumans Herrschaft geraten ist.

Der Herr der Ringe gilt als das meistgelesene Buch nach der Bibel, mit weit über 100 Millionen verkauften Exemplaren in vielen Sprachen, und wurde in vielen Umfragen zum wichtigsten und/oder besten Buch des 20. Jahrhunderts gewählt. Sein Einfluss auf die Fantasy ist unbestritten: *»Das Werk John Ronald Reuel Tolkiens ist ein allgemein kulturelles und spezifisches literaturwissenschaftliches Phänomen von größtem Interesse gewor-*

*den; noch wird man ihn nicht als kanonischen Schriftsteller bezeichnen können, doch er ist nahe daran, zu einem zu werden.«**

Grundthema des Werkes ist der Kampf von Gut gegen Böse in einer (nicht nur) mittelalterlich anmutenden Welt mit einer ausgefeilten Mythologie und Kosmogonie und sogar eigenen Sprachen und Schriften. Dabei gibt es keineswegs eine einfache Schwarz-Weiß-Malerei. Es gibt viele gebrochene Figuren, etwa Boromir, Gollum und Saruman, ein ursprünglich »Guter«, der sich von der Macht verführen lässt. *Der Herr der Ringe* propagiert viele positive Werte, neben der Freundschaft sind dies vor allem Pflichtgefühl und Standhaftigkeit: das Durchhalten, das Nicht-Aufgeben jenseits aller Hoffnung, und das ohne religiöse Gewissheit, da es in »*Mittelerde noch keine sich auf die Heilsgewissheit der Erlösung stützende Hoffnung geben könne. Die Protagonisten müssten sich deshalb auch ohne … gegebene Heilsgewissheit für das Gute entscheiden.«*** Samweis Gamdschie kann geradezu als ethisches Muster angesehen werden: Er gibt nicht auf – »*… nachdem ich den ganzen Weg hergekommen bin, will ich noch nicht aufgeben. Das ist nicht meine Art …«* (*Der Herr der Ringe*, VI, Kapitel 4: Das Feld von Cormallen), tut das moralisch Richtige – und geht nach getaner Arbeit nach Hause.

---

* Frank Weinreich und Thomas Honegger in: »Die aktuelle Tolkienforschung im Überblick: Personen – Organisatoren – Verlage – Werke«, in: *Zeitschrift für Fantastikforschung* 2/2011, Berlin 2012, S. 61.
Das 9. wissenschaftliche Seminar der Deutschen Tolkien Gesellschaft im April 2012 hatte als Thema: *Tolkiens Einfluss auf die Fantasy* (s. *http:// seminar2012.kolbitar.de/?q=de/node/10*).
** Thomas Honegger in »Forschungsübersicht: Ein Überblick«, in: Honegger et al.: *Eine Grammatik der Ethik*, Saarbrücken, Verlag der Villa Fledermaus, 2005, S. 124 f.

Bedeutsam sind natürlich auch der Wert und die Kraft einer Gemeinschaft, ganz besonders über alle Unterschiede in Art, Volk und Kultur hinaus, und der besondere Wert und die Kraft der Einzelnen, ganz besonders der Kleinen und (scheinbar) Schwachen.

Denn wie in *Der Hobbit* sind auch in diesem epischen Werk die Kleinen und äußerlich Unscheinbaren die eigentlichen Helden. Gollum – einst ein Hobbit – und später Bilbo Beutlin fanden den Ring, und alle vier Hobbits in *Der Herr der Ringe* haben wesentliche Funktionen: Merry hilft, den Herrn der Nazgûl zu besiegen, Pippin rettete Faramir das Leben, Sam und Frodo bringen den Ring zum Schicksalsberg, und Gollum vernichtet ihn – wenn auch unfreiwillig –, nachdem Frodo dabei versagt hat.

Die ethischen Werte in *Der Herr der Ringe* werden allerdings nicht explizit »gepredigt«: Das Werk ist, wie viele der alten Sagas, eine Geschichte, ein Epos, keine moralische Lehrparabel.[*]

Der Hobbit ist genau das: eine Parabel. Und nicht nur in diesem Punkt unterscheiden sich Tolkiens beide Hauptwerke erheblich. In *Der Hobbit* ist das »Böse« weder so präsent noch so bedrohlich wie in *Der Herr der Ringe*, dafür aber alltäglich und für die Einzelnen bedeutsam. Tolkien zeigt hier die alltägliche Versuchung und mit Bilbo einen »Helden«, der diese meistert und dabei weise wird. Verweise auf Mythologie oder Geschichte sind nicht zu finden. In der komplexen Geschichte um den Ringkrieg finden wir hingegen zahlreiche solcher Verweise; das ganze Werk ist wie eine Ebene, an deren

---

[*] Ausführlich dazu Honegger et al.: *Eine Grammatik der Ethik.*

Rändern stets, kaum sichtbar, die Gebirge der Mythen und Legenden zu erahnen sind. Vieles von dem, was aus *Der Hobbit* bekannt ist, wird umgestaltet und/oder umgedeutet, gewinnt an Komplexität und (mythologischer) Tiefe, wie etwa der »Eine Ring«, die Elben und Gandalf. Vor allem aber gibt es kein »Happy End«, sondern ein bitter-süßes Ende: Die Zeit der Magie ist zu Ende, die Zauberer und Elben verlassen Mittelerde, und es beginnt unser Zeitalter, das Vierte Zeitalter, das prosaische und wenig zauberhafte Zeitalter der Menschen.

Die ethischen Ideale aber, die in beiden Werken vorgestellt werden – nicht gepredigt, darin unterscheidet sich Tolkien wohltuend von C. S. Lewis in seinen *Narnia*-Romanen –, sind dieselben: Standhaftigkeit und Freundschaft, Wert und Kraft einer Gemeinschaft, der Wert des Einzelnen und ganz besonders des Kleinen und (scheinbar) Schwachen. Der größte Held ist (nicht nur) nach Tolkiens Auffassung Samweis, der einzige Ringträger, der den Ring freiwillig abgibt.

Die Hobbits sind die »Kleinen Leute«, denen Tolkien ein Denkmal setzt, *»indem er idealtypisch beschreibt, was der ›gemeine Mann‹ tun würde, wenn er die Möglichkeit hätte, in die Geschichte einzugreifen: Er würde sich von Ruhm und Machtdrang nicht blenden lassen, sondern einfach das moralisch Richtige tun und nach getaner Arbeit nach Hause gehen. Das ist zwar eine utopische Idealisierung, trifft sich aber mit den zentralen Forderungen der modernen Ethik: gewähre Freiheit, verfolge sie für dich selbst nur bis an die Grenzen der Freiheit des Anderen und sei bereit, ihre Abschaffung zu bekämpfen.«*[*]

---

[*] Frank Weinreich: »Ethos in Arda«, in: Honegger et al.: *Eine Grammatik der Ethik*, S. 125.

KULTUR UND GESCHICHTE DER HOBBITS

Tolkiens Hobbits leben zu der Zeit, in der die in beiden Werken beschriebenen Ereignisse stattfinden, im Auenland. Im Zweiten Zeitalter gab es drei Stämme der Hobbits, die Harfüße, die Falbhäute und die Starren. Als die Menschen des Nordens rund 2000 Jahre vor dem Ringkrieg erstmals den Harfüßen begegneten, nannten sie sie Halblinge. Etwa 500 Jahre später siedelten sich alle drei Stämme im Gebiet des späteren Auenlandes an und verschmolzen zu einem Volk – mit dem Jahre 1601 des Kalenders von Gondor beginnt die Zeitrechnung der Hobbits. Das Jahr des Ringkrieges, das Jahr 3019 DZ (des Dritten Zeitalters), ist also das Jahr 1419 AZ (nach Auenland-Zeitrechnung). Das Auenland umfasste etwa 55 000 Quadratkilometer, war also rund einseinhalb mal so groß wie die Niederlande oder Belgien und fast so groß wie Irland. Wer es sich als kleines Ländchen vorstellt, unterliegt einem häufig zu findenden Irrtum – wahrscheinlich hervorgerufen durch die immer wieder betonte Gemütlichkeit und Häuslichkeit der Hobbits. Allerdings hätte das Auenland etwa 22-mal in Gondor Platz gefunden und 34-mal im Vereinten Königreich nach dem Ringkrieg und war gerade mal so groß wie der Wald von Fangorn – für die Verhältnisse von Mittelerde also doch eine eher unbedeutende »Provinz«.

Die Hobbits teilten ihr Land ein in ein West-, ein Süd-, ein Ost- und ein Nordviertel. Im Südviertel wurden vor allem Wein und Tabak angebaut, das beliebte Pfeifenkraut der Hobbits, im Nordviertel als der Kornkammer des Auenlandes Hafer und Gerste. Das Westviertel bestand vor allem aus Weideland, das Ostviertel aus

Wald und Marschgebiet am Baranduin, den die Hobbits Brandywein nannten. 740 AZ hatte die Familie Altbock vom Bruch aus dem Westviertel den schmalen Streifen Land am Ostufer des Baranduin bis an den Rand des Alten Waldes besiedelt, das Bockland. Die Familie nannte sich fortan Brandybock und lebte im Brandyschloss, dem Sitz des Herrn von Bockland. Es war dies eines der beiden wichtigen vererbbaren Ämter im Auenland. Das zweite war das des Thain, seit 740 immer ein Mitglied der Familie Tuk, der in Buckelstadt in Tukland lebte, ziemlich im Zentrum des Auenlandes. Der Thain war Hauptmann der Auenland-Heerschau und der Hobbit-Wehr, also »Kriegshauptmann«, und Vorsitzender des Auenländischen Rates. Da es im Auenland keine »offizielle« Regierung gab, kam dieser Rat einer solchen am nächsten. Mehr brauchten die Hobbits nicht: Im Auenland herrschte Ordnung, es war ein ruhiges, idyllisches Plätzchen, wo man wenig von Drachen oder Trollen wusste und Leute mit Wandertrieb für zumindest leicht verrückt hielt – ein Musterländle der Gemütlichkeit. Das Leben der Hobbits wurde hauptsächlich durch Verwandtschaftsbeziehungen und gesellschaftliche Regeln bestimmt. Und wenn es darauf ankam, hielt man zusammen, wie bei der Befreiung des Auenlandes. Da gab es »*keine Fragen, keine Unklarheiten, keinen Zwist. Die Gemeinschaft der Hobbits funktioniert im Angesicht der Unterdrückung so, wie es die beste Gemeinschaft der Menschen in der realen Welt tun sollte. ... Was die Hobbits zu ihrer Stärke befähigt, sind Freundschaft und Nächstenliebe.*«[*]

---

[*]   Frank Weinreich: »Ethos in Arda«, S. 125

Schließlich hatten die Hobbits, so statisch, ruhig und konservativ ihre Gesellschaft auch war, von den uns in Mittelerde bekannten Herrschafts- bzw. Gesellschaftssystemen die modernste Regierungsform: eine informelle Mischung aus einem Feudalsystem mit vererbbaren Ämtern und Demokratie. Denn der Bürgermeister von Michelbinge wurde regelmäßig gewählt. Er war die einzige Person mit einem »echten« Amt. Dies bestand zwar in der Hauptsache in repräsentativen Pflichten, doch war er auch zugleich Postmeister und als Erster Landbüttel der oberste Polizist des Landes. Seine Ratshöhle war das wichtigste öffentliche Gebäude.

Nach dem Ringkrieg erweiterte König Aragorn II. Elessar das Auenland um die Westmark und erklärte es zu einem freien Land, das »Große Leute« nicht betreten durften – auch er selbst hielt sich daran. Der Herr von Bockland, der Thain und der Bürgermeister von Michelbinge waren per Amt Mitglieder des Rates von Gondor, also Ratsherren des Nördlichen Königreiches.

Die Hobbits lebten in Höhlen, den Smials. Ein Smial wurde meist in den unteren Teil eines Hügels eingegraben. Ursprünglich einfache Höhlen, wurden die Smials im Verlauf der Jahrhunderte zu immer größeren und luxuriösen Wohnungen ausgebaut. Es gab Groß-Smials wie das Brandyschloss, in denen über hundert Personen lebten. Wer sich keinen großen Smial leisten konnte, aber auch nicht in einem einfachen Loch im Boden leben wollte, baute ein Haus, sodass es im Auenland auch Holz- oder Steinhäuser gab. Aber auch diese hatten, wie die Smials, runde Türen und Fenster und nach außen gewölbte Wände und Dächer. Die meisten Hobbits lebten vereinzelt oder in kleinen Dörfern. Als größere Städte galten Hobbingen und Wasserau: »Groß« bedeutete in diesem Fall, dass sie mehr als ein Gasthaus besaßen.

Die Hobbits sprachen einen ländlichen Dialekt des Westron, der gemeinsamen Sprache der Menschen von Mittelerde; ihre alte Sprache, das Hobbitisch, fand sich nur noch in einzelnen Wörtern. Fraglich bleibt bei vielen Hobbits, wovon sie lebten; zumindest Bilbo und Frodo schienen keiner geregelten Arbeit nachzugehen. Die beliebteste Wissenschaft war die Ahnenkunde, die beliebteste Freizeitbeschäftigung neben dem Getratsche in Gasthäusern, dem Bier- und Weintrinken das Pfeiferauchen. Das Pfeifenkraut der Hobbits fand nach dem Ringkrieg in ganz Mittelerde Verbreitung.

Einer der wichtigsten Bräuche der Hobbits war das Sammeln von Mathoms – Dingen, die man nicht mehr gebrauchen konnte, aber auch nicht wegwerfen wollte. Manche davon wurden ins Museum von Michelbinge gegeben, das Mathom-Haus. Zudem war es Sitte, dass ein »Geburtstagskind« den anderen Hobbits etwas schenkte, auch wenn es in der Regel selbst ebenfalls Geschenke erhielt. Diese Sitte beschränkte sich auf nähere Verwandte (maximal Vettern und Kusinen zweiten Grades), die näher als zwölf Meilen wohnten (ca. 20 Kilometer). Diesem Brauch folgte Bilbo bei seiner Abschiedsparty. Er war auch Grundlage des Anspruchs, den Gollum auf den Herrscherring zu haben glaubte, da er am Tag des Fundes Geburtstag hatte.

Manche sehen in den Hobbits ein Loblied Tolkiens auf die ehrlichen, einfachen, dabei pfiffigen und geistig regen Bauersleute Mittel- und Südenglands, mit ihrer bodenständigen Erdverbundenheit und traditionellen Lebensweise. Auf jeden Fall ist diese Gesellschaft eine Art idealisiertes Idyll, nahezu konfliktfrei – größere Konflikte werden von außen hereingetragen –, wenn auch nicht frei von Sticheleien und kleinen Boshaftigkeiten.

Und dies funktioniert, soweit erkennbar, ohne religiöse oder institutionalisierte moralische Grundlage. Tolkien stellt in einem Brief von 1954 fest: »*Ich glaube nicht, daß die Hobbits irgendeine Form von Kult oder Anbetung praktizierten …*« (*Briefe*, S. 256). Und die Geschichte und Mythologie Mittelerdes war ihnen im Wesentlichen unbekannt.

Meistens ging es den Hobbits im Auenland sehr gut, beschützt und abgeschirmt von Rest der Welt von Gandalf und den Menschen des Nordens, ohne es zu wissen. Man kann das Auenland also als eine Art säkulares Refugium betrachten, einen Garten Eden ohne Gott, einen Hort der Gemütlichkeit – und dazu passt der deutsche Name Auenland viel besser als das englische »Shire«, das einfach nur Provinz oder Grafschaft bedeutet. Dieser Meinung war auch Tolkien selbst.

Dass die Hobbits so klein sind, hat übrigens nichts mit der geringen Größe ihres Landes zu tun. Ihre geringe Körpergröße hatte sich über lange Zeit entwickelt; ihre Vorfahren waren normal große Menschen gewesen: »*Die Hobbits sollen natürlich eine besondere Menschen-Art sein* [really meant to be a branch of the specifically human race] *(nicht Elben oder Zwerge) – daher können sie auch mit anderen Menschen zusammenleben.*« (*Briefe*, S. 210). Tolkien führt das Abnehmen der Größe der Hobbits auf ihre Lebensweise zurück: Sie seien ein flüchtiges und verschwiegenes Volk gewesen, das sich immer verstecken musste und immer weiter vertrieben wurde. Dies zeigt, wie Tolkien bei der Erschaffung seiner Welt seine naturwissenschaftlichen Kenntnisse einfließen ließ. Tolkien dürfte die Evolutionstheorie in der Ausprägung seiner Zeit zumindest in den Grundzügen bekannt gewesen sein. Tolkiens Ideen von der Vererbung bei der Entstehung der Orks und von der Evolution der Hobbits und anderer Gruppen sind damit gut vereinbar. Hobbits sind demnach Menschen, die sich im Rahmen einer ganz »normalen« Evolution (weiter-)entwickelt haben: *»Das ... Abnehmen der Größe der Hobbits muß eine Folge ihrer veränderten Staatsform und Lebensweise gewesen sein; sie wurden ein flüchtiges und verschwiegenes Volk, das dazu getrieben wurde (als die Menschen, das Große Volk, immer zahlreicher wurden und die Lande, die fruchtbarer und bewohnbarer waren, in Besitz nahmen), im Wald oder in der Wildnis Zuflucht zu suchen.«* (*Nachrichten*, S. 379).[*] Dies erklärt auch die besondere Fähigkeit des verstohlenen und lautlosen Schleichens,

---

[*] Zu Tolkiens Lebzeiten war zwar die Abstammungslehre ziemlich unumstritten, doch war die darwinistische Auffassung der Selektion noch keineswegs allgemein anerkannt. In weiten Kreisen der Wissenschaft wie vor allem bei Laien herrschte eher eine lamarckistische Auffassung vor. Danach ist die Abänderung von Gestalt und Funktion der Organe eines Lebewesens in erster Linie durch Umwelteinflüsse bedingt; diese durch die Umwelt bewirkten Änderungen sind erblich. Diese Lehre gilt heute als widerlegt, eine echte Vererbung erworbener Eigenschaften konnte in keinem Falle nachgewiesen werden. Doch bis in die Mitte des 20. Jahrhunderts (und in der Sowjetunion noch viel länger) war diese Vorstellung weit verbreitet. Tolkiens Ideen von der Vererbung sind damit gut vereinbar; es spricht aber auch nichts dagegen, die Entwicklung der Hobbits im Sinne der modernen synthetischen Evolutionstheorie auszulegen: Die kleiner gewachsenen, geschickteren, besser schleichenden Mitglieder dieser Menschengruppe überlebten die Verfolgung eher und konnten mehr Kinder bis zur Geschlechtsreife durchbringen. Es ist unbekannt, welches der damals kursierenden Theoriengebäude (Neodarwinismus oder Lamarckismus) Tolkien genauer kannte und welche Ideen daraus mit seinen Überzeugungen konform gingen. Mehr dazu s. Schneidewind, Friedhelm: »Biologie, Abstammung und Moral«, in: *Eine Grammatik der Ethik*, S. 39–66

die für Bilbo in *Der Hobbit* besonders wichtig ist; vielleicht hatte sich deshalb auch die Behaarung an ihren Füßen entwickelt.[*]

In den letzten Jahren sind zu den Hobbits und Tolkiens Werk umfangreiche Artikel und ganze Bücher erschienen. Ein ausführliches Literaturverzeichnis findet sich im Internet auf der Tolkien-Seite von Friedhelm Schneidewind: *www.incantatio.de/hobbitliteratur.htm.*

DIE WICHTIGSTEN HOBBITS IN MITTELERDE ...

Bilbo Beutlin, der Protagonist aus *Der Hobbit*, stammt aus der geachteten und wohlhabenden Familie Beutlin (engl. Baggins), die im ganzen Auenland verbreitet und mit den meisten anderen angesehenen Familien verwandt ist. Seine ersten 50 Lebensjahre verbringt er für einen Hobbit normal und ziemlich beschaulich in Wohlstand und Wohlleben. Wovon er in dieser Zeit gelebt hat, ob vom ererbten Vermögen oder von eigener Arbeit, ist nicht bekannt. Während der im *Hobbit* beschriebenen

---

[*] Dass Tolkien mit seiner Idee gar nicht falsch lag, zeigte sich 2004 mit Schlagzeilen wie »›Hobbit‹ joins human family tree« (BBC 27.10.2004) und »Hobbits in Indonesien. Forscher entdecken neue Menschen-Art« (Spiegel online 27.10.2004). Australische Forscher waren im September 2003 bei Ausgrabungen auf der Insel Flores auf das Skelett einer erwachsenen Frau von etwa 1,20 Meter Körpergröße gestoßen. Inzwischen hat man andere dieser kleinen Menschen gefunden, die dort etwa 90000 bis 12000 Jahre vor unserer Zeit lebten und sich die Insel zum Schluss mit modernen Menschen teilten. Zu dem »Inselzwergwuchs« dürfte ein Prozess geführt haben, wie er auch bei den Hobbits stattgefunden haben könnte: Durch den Nahrungsmangel werden Lebewesen, die von der übrigen Population abgeschottet sind, im Lauf der Zeit immer kleiner. Bei den nur ein Meter großen Zwergelefanten, die man auf verschiedenen Inseln gefunden hat, hat diese Entwicklung nur 5000 Jahre gedauert.

Abenteuer findet er den Einen Ring, der unsichtbar machen kann. Nach seiner Heimkehr vom Erebor wird er im Auenland skeptisch beäugt, doch das stört ihn nicht; er pflegt seine Kontakte zu den Elben, und an seinem einundelfzigsten (111.) Geburtstag gibt er ein großes Abschiedsfest und verschwindet. Den Ring und Beutelsend vererbt er seinem Neffen Frodo, der an diesem Tag 33 Jahre alt und damit volljährig wird. Die nächsten 20 Jahre verbringt er in Bruchtal als Gast der Elben. Als der Ringkrieg beginnt, trifft Frodo ihn in Bruchtal wieder, den weisesten der Hobbits und, obwohl oft schläfrig, immer noch mutig: Bilbo bietet sich an, den Ring zum Schicksalsberg zu bringen. Doch diese Bürde übernimmt Frodo. Nachdem Sauron besiegt ist, fahren die beiden gemeinsam mit anderen Ringträgern nach Aman, der Insel der Valar. Bilbo ist 131 Jahre und 8 Tage alt, der älteste Hobbit, von dem berichtet wird. Er ist der Dichter und Chronist, der das Rote Buch anlegt, aus dem die Informationen über die ersten Zeitalter in den *Herrn der Ringe* und teilweise ins *Silmarillion* fließen – ein Alter Ego des Autor Tolkien.

Sein Neffe Frodo Beutlin ist *der* Ringträger. Nachdem seine Eltern ertrunken waren, wuchs er als Erbe und Adoptivsohn seines Onkels Bilbo Beutlin auf. Als Gandalf ihn über die wahre Natur des Rings aufklärt, ist er 50 Jahre alt. Weniger klar gezeichnet als Bilbo, ist Frodo eine fast moderne Romanfigur: kein Held, eher nachdenklich, ein Getriebener, der auf sich nimmt, was er nicht ablehnen kann. Und am Ende ist er nicht der glorreiche Sieger – er versagt und möchte den Ring behalten, nur Gollums Eingreifen sorgt für dessen Vernichtung –, aber doch ein klarer Gewinner: Aus einem ziemlich durchschnittlichen Hobbit, wenn auch mit mehr Wagemut, Klugheit und Bildung (er spricht sogar etwas Elbisch) als die meisten Hobbits, wird ein Weiser, der in tiefe Abgründe geschaut hat, sowohl die eigenen wie die des Schicksalsberges. Und nun steht er der Welt und ihren Problemen, Freuden und Siegen distanziert gegenüber, und er fühlt sich in ihr nicht mehr zu Hause. Deshalb fährt er zusammen mit anderen Ringträgern nach Aman, wo »Neunfinger-Frodo« (Gollum hat ihm den Finger zusammen mit dem Ring abgebissen) geheilt wird von seinen körperlichen Gebrechen und posttraumatischen Belastungen.

Samweis Gamdschie, Frodos Gärtner und treuer Gefährte, ist zeitweise auch Ringträger – und der Einzige, der den Ring freiwillig wieder abgibt! Er begleitet Frodo zunächst gegen dessen Willen; in ihrem Verhältnis spiegelt sich teilweise das eines Offiziers zu seinem Burschen wieder, wie es Tolkien als Veteran des Ersten Weltkrieges vertraut war. Nach der Rückkehr aus dem Ringkrieg heiratet Sam und wird Vater von 13 Kindern. Er ist am Wiederaufbau des Auenlandes sehr stark beteiligt und wird insgesamt sieben Mal zum Bürgermeister gewählt. Nach dem Tod seiner Frau fährt er auf einem Elbenschiff als Letzter der Ringträger nach Aman. Nach Aussagen von Tolkien ist Sam der am genauesten gezeichnete Charakter im *Herrn der Ringe*, er sieht ihn als Nachfolger Bilbos aus dem *Hobbit,* als den »echten Hobbit«. Sam vergisst nie, dass er ein Abenteuer erlebt, das vielleicht die Welt verändert, aber für ihn ist es vor allem eine der sagenhaften Elbengeschichten, nach denen er sich immer gesehnt hat. Und auch er ist ein Alter Ego des Autors. Tolkien sah sich selbst gerne als Hobbit, in allem außer der Größe:

erd- und heimatverbunden, nicht sehr abenteuerlustig, dem technischen Fortschritt eher skeptisch gegenüberstehend, Liebhaber von Gemütlichkeit bei Bier, Pfeifenkraut und Kaminfeuer, und wenn er auch kein Gärtner war wie Sam, so mochte er doch Bäume mehr als alle anderen Lebewesen. Und da Sam das Rote Buch fortschreibt, auf das sich Tolkien angeblich bezieht, ist er nach Bilbo der zweite Autor und wie dieser »Mitautor« der Geschichte von Mittelerde, als deren »Ghostwriter« sich Tolkien gerne sah.

An den beiden Hobbits Pippin und Merry, die ihren Jugendfreund Frodo (zunächst gegen dessen Willen) begleiten, wird deutlich, wie sich durch den Ringkrieg die soziale Stellung der Hobbits im Königreich veränderte. Zunächst werden die Hobbits nämlich als eher unbedarfte, schutzbedürftige Wesen wahrgenommen, obwohl sie als Söhne des Thain bzw. des Herrn von Bockland im Auenland Personen von erheblicher Bedeutung sind. Sie verhalten sich auch noch eher wie Jungmänner aus gutem Haus, die gerne über die Stränge schlagen und nicht viel von ihrer zukünftigen Verantwortung wissen wollen – Parallelen zu den »besseren Kreisen« in modernen Gesellschaften sind sicher kein Zufall! Einzig Gandalf traut ihnen wirklich etwas zu. Peregrin Tuk, genannt Pippin, Sohn des Thain, erweist sich trotz mancher Tolpatschigkeit als klug und tapfer. Er und Merry freunden sich mit dem Ent Baumbart an, einem Baumhirten. Von ihm erhalten sie einen Trank, der sie später wachsen lässt. In Minas Tirith tritt er in den Dienst des Statthalters, des Truchsess Denethor, und wird nach der letzten Schlacht zum Ritter von Gondor und Boten des Königs ernannt. Einen ähnlichen Aufstieg erlebt Merry (Meriadoc) Brandybock. Er wird Knappe von König Théoden von Rohan und überwindet mit dessen Tochter Éowyn den Schwarzen Hexenmeister, den obersten der Nazgûl. Dafür wird er zum Ritter von Rohan geschlagen.

Beide sind tatkräftig an der Befreiung des Auenlandes beteiligt.

Unter ihrer Führung werden Sarumans Schergen bei der Schlacht von Wasserau 1419 AZ vernichtend geschlagen. Später wird Pippin Thain des Auenlandes (1434 bis 1464 AZ), in Gondor bekannt als »Prinz der Halblinge«, und Merry Herr von Bockland (1432 bis 1464 AZ), gerühmt als »Meriadoc der Prächtige«. Beide werden Ratsherren des Nördlichen Königreichs und reisen als alte (durch den Ent-Trank hochgewachsene) Hobbits nach Gondor, wo sie in der Königsgruft beigesetzt werden.

Erwähnenswert ist noch Bandobras Tuk »Bullenrassler«, der etwa 200 Jahre vor dem Ringkrieg lebte. Der drittgrößte Hobbit in der Überlieferung des Auenlandes (nach Merry und Pippin) war etwa 1,33 Meter groß und konnte ein Pferd reiten. Er führte ein »Heer« der Hobbits gegen eine Orkbande unter deren Anführer Golfimbul. Dabei schlug er dem Orkhäuptling mit einer Keule den Kopf vom Rumpf, der in ein Loch rollte. So entstand laut Tolkien das Golfspiel, dessen Name sich von dem Orknamen Golfimbul ableitet – ein schönes Beispiel für Tolkiens Humor (wahrscheinlich war das Ganze eine bessere Kneipenschlägerei, die in der Überlieferung immer mehr anwuchs).

... UND DIE HOBBITS VON HEUTE

Was aus den Hobbits nach dem Ringkrieg wurde, ist nirgendwo niedergeschrieben, doch ist zu vermuten, dass die durch den Mangel und die Not früher eingetretene Verkleinerung sich wieder langsam zurückentwickelte. Schon zu Bilbos Zeit wurde davon gesprochen, dass die jungen Hobbits größer seien als die alten. Möglicherweise hat der Ent-Trank, der Merry und Pippin wachsen ließ, diesen Prozess beschleunigt. Wahrscheinlich sind die Hobbits einfach in anderen menschlichen Völkern aufgegangen.

Tolkien betont immer wieder, dass Mittelerde unsere Welt sei: *»Schauplatz meiner Erzählung ist diese Erde, dieselbe, auf der nun wir leben, aber die historische Periode ist imaginär.«* (*Briefe*, Nr. 183, S. 313). Und er hält fest: *»Die neue Situation ... führt schließlich und unvermeidlich weiter bis zur gewöhnlichen Geschichte.«* (*Briefe*, Nr. 151, S. 246)

Also könnte in jedem und jeder von uns ein wenig von den alten Hobbits stecken. Vielleicht sind wir alle ein bisschen Hobbit ...

LITERATURHINWEISE

WERKE VON J. R. R. TOLKIEN
Der Hobbit oder Hin und zurück. Neu übersetzt von Wolfgang Krege. (*The Hobbit or There and Back Again.* London 1937). Klett-Cotta, Stuttgart 1998 u.a.
Das große Hobbit-Buch. Hrsg. von Douglas A. Anderson. Der komplette Text mit Kommentaren und Bildern (*The Annotated Hobbit*, 1988/2002). Klett-Cotta, Stuttgart 2012
Der Herr der Ringe. Übersetzt von Margaret Carroux, bearbeitet und

durchgesehen von Lisa Kuppler (*The Lord of The Rings*, 1954/55).
Leinengebundene Ausgabe in einem Band mit Anhängen. Klett-Cotta, Stuttgart 2009. Text- und seitenidentisch mit der ledergebundenen Ausgabe in einem Band im Schuber mit Anhängen. Klett-Cotta, Stuttgart 2008

Das Silmarillion. Hrsg. von Christopher Tolkien unter Assistenz von Guy Gavriel Kay, übers. v. Wolfgang Krege. Klett-Cotta, Stuttgart 2011

Nachrichten aus Mittelerde. Hrsg. von Christopher Tolkien, übers. v. Hans J. Schütz. Klett-Cotta, Stuttgart 1982

Briefe. Hrsg. von Humphrey Carpenter unter Mitwirkung von Christopher Tolkien, übersetzt von Wolfgang Krege. Klett-Cotta, Stuttgart 2002 [1991]

WEITERFÜHRENDE LITERATUR

Honegger, Thomas; Johnston, Andrew James; Schneidewind, Friedhelm; Weinreich, Frank: *Eine Grammatik der Ethik. Die Aktualität der moralischen Dimension in J.R.R. Tolkiens literarischem Werk.* Verlag der Villa Fledermaus, Saarbrücken 2005

Schneidewind, Friedhelm: *Das große Tolkien-Lexikon.* Lexikon-Imprint-Verlag, Berlin 2001

Schneidewind, Friedhelm: »Biologie, Genetik und Evolution in Mittelerde«, in: Thomas Fornet-Ponse ct. al. (Hrsg): *Tolkiens Weltbild(er). Hither Shore 2.* Interdisciplinary Journal on Modern Fantasy Literature. Jahrbuch der Deutschen Tolkien Gesellschaft e.V. (DTG). Scriptorium Oxoniae, Düsseldorf 2006, S. 41–66

Schneidewind, Friedhelm; Weinreich, Frank (Hrsg.): *Mittelerde ist unsere Welt. Wie es »wirklich« war.* Verlag der Villa Fledermaus, Saarbrücken 2006

Schneidewind, Friedhelm; Weinreich, Frank (Hrsg.): *Von den kleinen Leuten. Über Halblinge, Zwerge und andere (zu) kurz Gekommene.* Verlag der Villa Fledermaus, Saarbrücken 2008

Weinreich, Frank: *Königs Erläuterungen: Der Hobbit.* Mit Materialien (Lernmaterialien). C. Bange Verlag, Hollfeld 2001

Christoph Marzi

DIE LÜGEN SIND DAS LICHT IM LABYRINTH DER BERGE VON TARK'IL KAR

Das Gebirge ragte über dem Wildwald auf. Schnee lag auf den Gipfeln, hoch oben, und ein kalter Wind peitschte über die Wipfel der Bäume, die sich rastlos schüttelten, als wollten sie all die dunklen Träume von einst abschütteln, die sich in ihrem Blattwerk verfangen hatten. Forwin, der Halbling, kauerte vor dem knisternden Feuer, das er mit Müh und Not entfacht hatte, und wärmte sich an den Flammen, die so zaghaft loderten wie die Entschlossenheit in seinem Herzen. Jetzt, beim Anblick des Gebirges von Tark'il Kar, schien ihm sein Vorhaben doch sehr gewagt zu sein. Er war nur ein Halbling, kein Abenteurer. Er trug Wams und Jacke, eine Weste, die nicht fein, aber auch nicht schäbig war, und er war stolz darauf, dass seine behaarten Füße noch nicht wund waren von der langen Reise.

Der Gefährte, den er sich erwählt hatte, ein dicker Mensch aus dem unteren Teil der Brückenstadt, war wortkarg und ebenso müde, wie der Halbling es war.

»Ich hoffe, dass die Geschichte, an die du glaubst, wahr ist.«

Forwin rieb sich weiter die Hände am Feuer. »Sie ist zu gut, um nicht wahr zu sein.«

»Das behauptest du, Halbling.«

Wenn Menschen ihn so bezeichneten, dann klang es immer abschätzig. Das Volk der Halblinge lebte jenseits der Ebene von Lohar'il Shem, in der Grafschaft, doch

Forwin war weit von zu Hause entfernt. Er vermisste die saftig grünen Hügel mit den bunten Blumen in den Vorgärten der Erdbehausungen, die Ländereien, die prallen Felder, den Geruch nach Essen, die Kühe, die Schafe, die Schweine, die anderen Halblinge, das laute Lachen, wenn die Krüge zusammenprallen, die Musik und das Getrampel auf den breiten Tischen der Schänke, wenn zum Tanz aufgerufen wurde.

»Ich habe für die Geschichte bezahlt«, antwortete Forwin. »Geschichten, für die man zahlen muss, können nur wahr sein.«

»Du hast für die Karte bezahlt«, sagte Holg.

»Ich habe auch für dich bezahlt.«

»Du wirst mir noch mehr zahlen«, sagte er. »Wenn wir den Schatz teilen.«

Forwin schaute ihn nicht an. »Ja, das werde ich.« Er war zu klein, um diesen Weg ohne einen Menschen zu gehen. »Ein Halbling hält sein Wort.«

Die Welt war eine Welt der Großen Wesen und Menschen. Ein Halbling war allerlei Gefahren ausgesetzt, wenn er allein unterwegs war. Die Straße war breit und dunkel und ein Prüfstein für jemanden, der des Kämpfens nicht geübt war, selbst in den Zeiten des Friedens. Außerdem gab es da ein Problem mit dem Labyrinth, doch davon hatte er Holg nichts erzählt. Das war der Teil, dessen Forwin sich schämte. Aber er wusste auch, dass Holg kein Mann von Ehre war. Forwin hatte ihn getroffen, als er sich auf der Flucht vor Gläubigern in einem Fass versteckt hatte. Darüber hinaus trank Holg mehr, als gut für ihn war, aber all das mochte von Vorteil sein, wenn sie erst einmal den Eingang zum Labyrinth erreicht hätten.

»Erzähl sie noch einmal«, forderte ihn Holg auf. »Deine Geschichte, meine ich.«

»Warum? Du kennst sie doch.«

»Es ist kalt und die Zeit vergeht schneller, wenn man eine Geschichte hört.«

»Außerdem ist es nicht meine Geschichte.«

»Ist doch egal, oder? Du weißt schon, welche ich meine, Halbling.«

Es störte Forwin auch, dass er ihn immer nur Halbling nannte. Zu Beginn ihrer gemeinsamen Reise hatte er sich hin und wieder beschwert. *Ich habe auch einen Namen.* Worauf Holg immer nur geantwortet hatte: *Halbling.*

Forwin seufzte. Ihm war kalt, weil es bald Nacht sein würde, doch nicht nur deswegen. Er dachte an Noviana, seine liebe Frau, die es mochte, wenn er ihr die alten Geschichten erzählte. »Manche Geschichten sind wie Lügen«, pflegte sie zu sagen, »nur viel, viel stärker von Licht erfüllt.« Sie war jetzt daheim, und das war weit, weit fort.

»Es war einmal ein Ritter«, sagte Forwin, denn so begann die Geschichte, die Forwin auf dem Jahrmarkt von einer besoffenen Dirne gehört hatte. »Sir Cuthbert war sein Name.«

»Klingt wie ein Held«, sagte Holg, kaute auf einem Stück Kaninchenbein herum und rülpste.

»Sir Cuthbert war ein Ritter, der seinem König treu ergeben war.« Forwin lugte in die Schatten, die zwischen den Bäumen länger wurden. »In kaum zählbaren Kriegen hatte Cuthbert für seinen Herrn gekämpft und seinen Teil dazu beigetragen, dass das gewaltige Heer mit der roten Fahne siegreich von den Schlachtfeldern gezogen war und Frieden im Königreich jenseits von Tark'il Kar herrschte. Ein güldener Drache zierte seine Rüstung, die im Sonnenlicht glänzte. Und sein Helm hatte gleichsam die Gestalt eines edlen Drachen.«

»Draco«, grummelte Holg. Seine kleinen Äuglein glänzten gierig, weil er an den Schatz dachte.

»Ja, was sonst?«

»Weiter«, forderte der dicke Mensch ihn auf.

Forwin seufzte und fuhr fort: »Eines Tages, als der König ein Turnier für seinen Hofstaat veranstaltete, sah Sir Cuthbert zum ersten Mal die Lady Earendel. Fast im selben Augenblick verlor er sein Herz an sie. Er bat sie um ein Tuch, das er während des ganzen Turniers trug, und er kämpfte tapfer, und wenngleich er auch nicht den Sieg davontrug, bewies er doch seinen Mut und Geschicklichkeit.«

Holg grinste. »Und dann nahm er sie zur Frau.«

Forwin nickte, weil er wusste, wie Geschichten funktionieren. »Er hielt um ihre Hand an, wie es sich gehört. Ihr Vater war ein Vertrauter des Königs und zur Hochzeit bekamen sie vom König Ländereien und eine Burg geschenkt.«

»Das ist normalerweise der Punkt, an dem Märchen enden.« Holg beugte sich vor und legte einen weiteren Scheit ins Feuer.

»Du sagst es«, bemerkte Forwin. Weiter hinten schnaubten das Pony und das Pferd. Beide waren erschöpft von den Strapazen des Tages, wenngleich sie, seitdem sie das Gebirge erreicht hatten, nur am Zügel geführt worden waren und die Last der Reiter nicht tragen mussten.

»Aber wir wären nicht hier, wenn die Geschichte da schon zu Ende gewesen wäre.« Der dicke Mensch lehnte sich selbstgefällig zurück, schmiegte sich an den Stamm einer riesigen Eiche. »Wenn diese Geschichte nicht weitergegangen wäre, dann gäbe es keinen Schatz.«

»Auch das stimmt.«

»Sag, was weiter passierte!«

Der Halbling nahm einen Schluck Wasser aus dem Schlauch, um sich den Gaumen zu benetzen, und knabberte an einem Apfel. »Nun ja, sie lebten fortan in einer Burg in einem weiten Tal und waren meistens glücklich.« Er beobachtete Holg ganz genau, als er die Worte sprach. »Beide waren glücklich und zufrieden.« Hier machte er kurz und kunstvoll eine Pause. »Doch Earendel«, fuhr er fort, »die schon früher das Gold und das Geschmeide geliebt hatte, verfiel dem Tand.«

»Unser Glück«, knurrte Holg.

Forwin achtete nicht auf die Bemerkung. »Sir Cuthbert machte ihr, verliebt wie er noch war, kostbare Geschenke. Doch Earendel wollte immer noch mehr. Alles, wovon sie sprach, war der Wunsch, mehr Edelsteine, Gold und Dinge von Wert zu bekommen. Sie hortete die Reichtümer überall in der Burg und wachte mit Argusaugen über sie. Sie verbrachte mehr Zeit damit, all ihre Schätze zu betrachten, als sie mit Menschen zu tun hatte. Denn sie war glücklich, wenn sie das Gold und all das Geschmeide sah. Sie erfreute sich an der Gewissheit, dass es ihr gehörte.«

»Was für ein Weib«, entfuhr es Holg laut. »Schlimmer als der schlimmste Fluch.«

»Ja.«

»Und dennoch ein Weib wie viele.«

Forwin gab ihm da recht, wenngleich er wusste, dass Noviana ganz anders war. »Cuthbert sah mit Besorgnis, was aus seiner Liebe geworden war, aber ihm waren die Hände gebunden.«

»Armer Hund.«

»Schließlich suchte er einen weisen Mann auf und befragte ihn. Dieser trug ihm auf, nach einem Heilmittel zu suchen, denn Earendel, so der Weise, sei von einer Krankheit befallen.«

»Und Cuthbert ritt los, um das Heilmittel zu suchen.«

Forwin nickte. »Viele Monate war er unterwegs, doch wo immer er auch hinkam, niemand kannte jenes Heilmittel. Die Krankheit indes war wohlbekannt.« Er starrte in die Flammen hinein und konzentrierte sich ganz auf die Geschichte. »Er verzweifelte, und während er verzweifelte, da begann er sich zu verändern.«

Interessiert lauschte der dicke Mensch den Worten des Halblings.

»Das einstmals so edle Antlitz fiel ein und wurde hager«, berichtete Forwin, »sein Körper krümmte sich unnatürlich stark, und die Gliedmaßen wurden ihm zu Klauen. Die Einsamkeit ließ ihn die Sprache vergessen, die er einst beherrscht hatte. Er kauerte nachts allein in dunklen Ecken und fing wilde Tiere, die er bei lebendigem Leib verspeiste.«

»Nicht sehr ritterlich.«

»Dann, eines Nachts, schlief er ein. Er träumte von Earendel und dem Glück, das er verloren hatte.«

»Und als er aufwachte …?«

»Als er erwachte«, sagte Forwin, »da sah er die Welt mit anderen Augen.« Dramaturgisch ließ er die Stimme tiefer und leiser werden. »Geschlitzt waren sie, diese Augen, wie die einer Eidechse, und die Haut war ihm schuppig geworden. Ein langer Schwanz peitschte über den Boden, wenn er ihn bewegte, und schwarze Flügel, rau wie Leder, konnten ihn hoch hinauf in die Lüfte tragen.«

»Sir Cuthbert hat sich in einen Drachen verwandelt.« Holg sagte das, als sei es selbstverständlich.

Forwin schaute nicht von den Flammen auf. Er sah, wie die Geschichte in ihnen loderte. »Er wuchs, weil der Kummer ihn wachsen ließ, bis er ein riesiger, güldener Drache war.«

»Ein Untier.«

»Vielleicht.«

»Er suchte sich einen Unterschlupf.« Holg rülpste erneut und hörte sich an wie ein Wildschwein.

»Man sagt, er sei ins Labyrinth von Tark'il Kar eingedrungen, ganz tief. Dort errichtete er sein Nest.«

»Einen Drachenhort.«

»Genau.«

»Und weiter?«

Forwin betrachtete den dicken Menschen ganz genau. Er lauschte andächtig der Geschichte, saugte jedes einzelne Wort in sich auf. »Die Jahre, die folgten, verbrachte der Drache damit, den Menschen alles Gold und Geschmeide zu stehlen, dessen er habhaft werden konnte. Ja, er verbrannte sogar Menschen mit seinem Feuer und häufte Reichtümer an, die kein Verstand je fassen kann. Nachts schlief er auf dem Gold, weil er nur dann keine schlimmen Träume hatte, ja, nur dann konnte er Ruhe finden.«

»Warum ausgerechnet Gold und Geschmeide?«, wollte Holg wissen. Er war wirklich sehr, sehr neugierig, da würde Forwin auf der Hut sein müssen.

Er antwortete: »Der Ritter in dem Drachen glaubte vielleicht, dass Earendel, wenn kein Gold mehr in der Welt übrig geblieben wäre, gesunden würde.«

Holg grinste breit. »Deswegen sind wir dorthin unterwegs.« Er rieb sich in freudiger Erwartung die Hände.

»Ja, wir werden uns den Schatz des Drachen holen. Er wird uns beide reich machen.« Das war schon ein gewagter Plan für einen Halbling. Und einen dicken Menschen auch.

»Wie willst du es anstellen, Halbling?«

»Lass das meine Sorge sein.«

»Er wird dich fressen, der Drache.«

»Das glaube ich nicht.«

»Nicht einen Knochen wird er übrig lassen.«

»Keine Angst, ich habe einen Plan«, beruhigte ihn der Halbling und lächelte. »Und wenn er mich frisst, dann bleibt mehr übrig für dich.«

Holg lachte laut auf. »Auch nicht schlecht«, knurrte er.

Forwin seufzte, unauffällig und leise. Ja, er würde als wirklich reicher Mann von dort zurückkehren, dessen war er sich sicher. Vorausgesetzt, ihm würde nicht der Garaus gemacht. Vor dem Drachen fürchtete er sich nicht, eher davor, keinen Schatz zu finden.

»Jetzt schlaf ich«, sagte Holg, ließ sich ins Gras fallen und drehte sich zur Seite.

»Tu das«, sagte Forwin. Er konnte nicht schlafen, zu viel stand auf dem Spiel. Er schaute hinauf zum Gebirge und fragte sich, welches Schicksal der kommende Tag für ihn bereithalten würde. Er fragte sich viele Dinge, und alle erfüllten ihn mit Furcht.

Am nächsten Morgen standen sie nach Sonnenaufgang auf und machten sich an den Aufstieg. Als der Boden felsiger und schroffer wurde, ließen sie das Pony und das Pferd zurück und gingen zu Fuß weiter. Schon bald kamen sie an die Stelle, an der sich der Eingang zum Labyrinth befand.

»Wir müssen vorsichtig sein«, flüsterte Forwin und duckte sich an die Felsen.

»Sind wir gleich da?«, fragte Holg. Er schwitzte vor Anstrengung, schnaubte wie ein Kessel mit kochendem Wasser.

»Früher, so sagte man, ist hier eine Stadt der Zwerge gewesen. Sie haben das Labyrinth gebaut.«

»Aber der Drache hat sie vertrieben?«

»Ja, so ist es.«

»Vielleicht hat er sie auch gefressen«, mutmaßte Holg und steckte die Nase in den Wind.

Zwerge, muss man wissen, sind keine Halblinge. Und Halblinge, das ist überhaupt das Allerwichtigste, sind keine Zwerge.

»Es stinkt«, sagte Holg.

Ja, Forwin roch es jetzt auch. Es roch scharf nach den Kadavern toter Tiere, die lange schon in der Sonne liegen.

Sie mussten jetzt vorsichtig sein.

Der Weg führte immer steiler bergan. Große Felsen sprangen vor und Geröll scheuerte ihm die Füße auf. Der Mensch immerhin trug Stiefel, die schäbig und abgewetzt waren, aber vor dem Ärgsten schützten. Forwin hingegen konnte dem Gedanken, die Füße zu bedecken, gar nichts abgewinnen.

Er ging bedächtig und war wachsam. Holg hinter ihm musste des Öfteren eine kurze Rast einlegen.

Dann, nach einer Weile, sahen sie den Haufen Kreaturen. Schwarze Orks aus den Nordländern waren es, unendlich hässlich und grobschlächtig. Sie hockten um eine Feuerstelle herum, die kalt war, und rissen Stücke aus dem Wildschwein, das sie bereits roh und zur Hälfte aufgefressen hatten. Ihre Sprache bestand aus lauten Grunzlauten und ließ sie wie Raubtiere erscheinen. Sie fauchten einander an, weil keiner von ihnen das Wildschwein teilen wollte.

Hinter den schwarzen Orks war ein großes Loch in dem Felsgestein zu sehen. Früher einmal war dort ein Tor gewesen, aber jetzt sah man nur noch die rostigen Scharniere in dem Gestein und die Splitter des Holzes, das einmal eine mächtige Pforte gewesen sein mochte.

»Wir müssen leise sein«, flüsterte Forwin. Er schlich voran, dicht gebeugt über den Boden.

Dann plötzlich trat er auf den abgebrochenen Ast eines krummen Baums, der sich wie eine Krankheit an den sonst kargen Felsen krallte, und es knackte laut. Die Orks hielten inne und redeten miteinander in ihrer hässlichen Orksprache.

»Dummer Halbling«, fluchte Holg wütend, und Forwin atmete erleichtert auf, weil der dicke Mensch genau das tat, womit er gerechnet hatte. Er verhielt sich feige! Denn Holg tat das, was er auch in der Brückenstadt getan hatte. Er trat die Flucht an, ohne auch nur einen Gedanken an seinen Begleiter, den Halbling, zu verschwenden.

Dabei machte er genug Lärm, dass niemand ihn überhören konnte.

»Selber dummer Mensch«, dachte Forwin insgeheim und duckte sich an den Fels.

Die schwarzen Orks indes rannten dem dicken Holg hinterher, polternd den Abhang hinab und weiter unten in den Wildwald hinein. Kein Einziger von ihnen blieb beim Felsenloch zurück, und als der Letzte von ihnen zwischen den Bäumen verschwunden war, schlüpfte Forwin schnell durch die Pforte.

Von weiter unten erklangen schreckliche Schreie aus dem Wildwald, und der Halbling blieb einen Augenblick lang stehen. Er fühlte sich schuldig, weil es mehr als nur Wildschwein zu fressen gab für die schwarzen Orks, aber Holg hatte ihn im Stich gelassen und darauf gehofft, dass die Orks den Halbling fressen würden; ja, den dummen Halbling, der mit seinen kurzen Beinen nicht so schnell rennen konnte wie ein Mensch.

»Hinein und hinfort«, murmelte Forwin. Er fand eine große Fackel, die den Orks gehörte und im Boden zwischen einer Menge Unrat steckte. Dann rannte er in die Finsternis und das alte Labyrinth hieß ihn willkommen.

Forwin rannte durch Gänge und Gewölbe und die Karte, die er dem Gaukler in Tammingen abgekauft hatte, leistete ihm gute Dienste. Nach einiger Zeit aber verlor er die Orientierung und alles, was er tun konnte, war, immer weiter in die Tiefe zu laufen. Er wählte also jede Treppe, die nach unten führte, jeden Gang, der abschüssig war.

Forwin hatte Angst.

Ein kleiner Halbling war normalerweise nicht für solche Abenteuer gemacht, aber Forwin war aus anderem Holz geschnitzt; zu einem gewissen, bescheidenen kleinen Teil jedenfalls.

Er wusste immerhin, dass er ohne den Schatz nicht nach Hause zurückkehren konnte. Seine liebe Noviana würde es ihm bestimmt nicht verzeihen, käme er als armer Reisender nach Hause.

So trieb ihn das eigene schlechte Gewissen an und

so kam es, dass er tiefer und tiefer in das Labyrinth vordrang.

Er hatte sich vorgenommen, einen Faden mitzunehmen, weil er in den alten Sagen von den klugen Helden gehört hatte, die nur mit einem Faden wieder aus dem Labyrinth herausgefunden hatten. Aber Forwins Faden war zu kurz gewesen, und nun musste er sich auf sein Glück verlassen.

»Eine Lüge, auch wenn sie noch so klein ist, kann einem ein Licht sein, wenn die Hoffnung schwindet.« Das hatte Noviana ihm mit auf den Weg gegeben. Und diese Worte hielt er jetzt fest, hier unten, im Labyrinth von Tark'il Kar, wo außer Kälte nur die Gerippe von seltsamen Tieren im Geröll lagen.

»Noviana«, flüsterte der Halbling leise und stellte sich die Sonne vor, die auf die grünen Hügel der Grafschaft schien, weit, weit fort.

Er wusste nicht, wie lange er durch das Labyrinth geirrt war, aber als er auf den Drachen stieß, war er am Ende seiner Kräfte. Anfangs war es ein leichtes Glühen gewesen, wie von Feuer aus der Ferne, doch als Forwin weiterging, sah er, dass es Gold und Schätze waren, die das Dunkel mit ihrem Glanz aus alten Tagen erleuchteten. Eine riesige Halle aus Stein lag vor ihm, mit Säulen, reich verziert. Darin der größte Schatz, den ein Halbling sich vorstellen kann; und auf dem Schatz, da hockte der Drache.

»Du bist ein Drache«, stammelte Forwin, denn der Drache hatte ihn längst entdeckt.

War das denn möglich? Es gab keine Drachen mehr, seit Jahrhunderten hatte keiner mehr einen gesehen. Niemals hätte er gedacht, einen Drachen vorzufinden, nicht hier im Labyrinth.

Ein ohrenbetäubendes Brüllen erfüllte die Halle. So laut war es, dass Steine von der Decke fielen.

»Wer bist du?«, fragte der Drache, der in diesem Drachenhort lebte.

Forwin überlegte, ob er fliehen könne, und hielt verzweifelt Ausschau nach einem Ausweg.

»Wenn du fortläufst, dann verbrenne ich dich«, sagte der Drache. »Und jetzt sag mir, wer du bist.«

»Ich bin Forwin.«

»Du bist ein Halbling«, stellte der Drache fest. »Ich habe Halblinge gefressen, als ich jung war.«

Forwin sagte nur: »Oh!« Sonst nichts. Noch immer konnte er nicht glauben, dass er mit einem Drachen sprach. Er hatte den Drachen doch nur erfunden, um den Holg zu locken. Und den Holg hatte er nur gelockt, weil er wusste, dass man die schwarzen Orks ablenken musste. Er hatte nie an einen Schatz aus Gold und Edelsteinen geglaubt.

»Erzähl mir eine Geschichte«, sagte der Drache.

Der Halbling fragte erstaunt: »Was?«

»Eine Geschichte. Du weißt doch, was eine Geschichte ist.«

Die Beine zitterten Forwin, als er schnell nach einer Geschichte suchte. Wenn man darauf wartet, dass einem etwas einfällt, dann dauert es immer zu lange, dachte er.

»Ich lebe zu lange schon hier unten und sehne mich nach Geschichten.« Der Drache hatte goldene Schuppen und lange Hörner. »Wenn mir die Geschichte, die du erzählst, gefällt, dann werde ich dich nicht fressen.«

In den Geschichten, dachte Forwin, konnte man dem Wort eines Drachen vertrauen.

Also begann er zu erzählen.

»Es war einmal eine Lady …« Er suchte nach einem passenden Namen, und da er aufgeregt war, fiel ihm keiner ein, also nannte er sie nur *die Lady*. »Sie liebte einen Ritter, und als ihr Gemahl fortging, da war sie unendlich traurig. Aber er musste fort, weil sein König einen Krieg führte, weit fort in einem fernen Land, und der Ritter folgte dem Ruf seines Königs.« Ja, so klang es gut, dies war eine richtige Geschichte.

Der Drache fixierte ihn mit seinen güldenen Augen.

»Die Lady hörte auf zu essen und weinte den ganzen Tag. So viel weinte sie, dass sie sich langsam in ihren Tränen auflöste. Die Tränen aber ergossen sich die Mauern der Burg hinab, aus den Rinnsalen wurden Bäche, und aus den Bächen wurden reißende Flüsse.«

Der Atem des Drachen war heiß wie Feuer.

»Die Arme konnte nicht mehr aufhören zu weinen und so füllte sich das Tal, in dessen Mitte sich die Burg erhob, mit bitteren Tränen. Die Bauern im Tal konnten ihre Felder nicht mehr bestellen und nicht mehr ihren Geschäften nachgehen und so zogen sie fort, die Menschen gaben ihre Häuser auf, als die Tränenflut immer höher stieg. Selbst die Bewohner der Burg bekamen es mit der Angst zu tun, weil sie sich bald schon von der Tränenflut eingeschlossen sahen, und so verließen auch sie die Burg, sogar mit Booten, um sich in Sicherheit zu bringen.«

Der Drache atmete schneller und schneller.

»Nach und nach versank das gesamte Tal in der Tränenflut«, wusste Forwin zu berichten, »und da, wo einst grüne Felder, Häuser und Straßen gewesen waren, befand sich nunmehr ein See, der groß war wie ein kleines Meer. So tief war er, dass selbst die Zinnen der Burg in ihm verschwanden; so kalt, dass niemand sich in seine Wasser hineinwagte. Die Menschen und selbst die schwarzen Orks aus dem Gebirge mieden die Gegend, weil sie glaubten, dass die Traurigkeit, die in dem Wasser schwamm, ansteckend war. Die schöne Lady war zu einem traurigen See geworden.«

»Keine schöne Geschichte«, sagte der Drache. Er hörte sich sehr interessiert an.

»Ich weiß«, sagte der Halbling.

»Wie war der Name der Lady?«

Er zögerte.

»Nun?«, drängte der Drache.

Forwin spürte, dass er kurz davor war, den Drachen zu verärgern. Und weil ihm auf die Schnelle kein besserer Name einfiel, sagte er: »Earendel.«

Ein plötzliches Beben durchzuckte den gewaltigen Körper des Drachen. Er riss die bernsteinfarbenen Augen auf, sodass die Höhle noch heller erleuchtet wurde. Die Drachenstimme dröhnte laut und donnernd: »Earendel!« Mit einem Poltern erhob sich die riesige Gestalt, rollte sich auf wie eine Schlange aus Gold. »Wo hast du diese Geschichte gehört?«, herrschte er den Halbling an.

»Ein Wanderer hat sie mir erzählt«, log Forwin schnell. Er traute sich nicht zuzugeben, dass er sie nur erfunden hatte.

»Wo liegt der See?«

»Vor Eurem Gebirge«, log Forwin, der nur den einen See kannte. Auf dem Weg hierher waren Holg und er an seinen Ufern vorbeigekommen. Ein normaler See war es indes, kein verfluchter Ort, nicht ertrunken in Traurigkeit und auch nicht gemieden von den Menschen.

»Der See! Jeden Tag habe ich ihn gesehen. Jahrhunderte, und ich habe es nicht gewusst!«

Er erhob sich und ohne dem Halbling weiter Beachtung zu schenken, strebte er dem Ausgang aus dem Labyrinth entgegen. Seine güldenen Schuppen berührten die Wände der Höhle und dort, wo sie gegen den Stein schabten, da schimmerte dieser wie goldenes Licht.

»Earendel«, hörte Forwin den Drachen stöhnen, und dann war er fort.

Die Beine zitterten dem Halbling, doch er fand nach all der Aufregung noch immer die Kraft, den Hort des Drachen nach dem Schatz zu durchsuchen. Überall war Gold und Geschmeide, Kisten voller Münzen und Edelsteine lugten aus den Bergen von Reichtümern, aber nirgends konnte Forwin den Schatz entdecken. Er suchte überall im Drachenhort und schließlich fand er, weswegen er all das auf sich genommen hatte.

»Güldengrün«, flüsterte er, als er die Pflanze entdeckte. Ein Lächeln breitete sich auf seinem bärtigen Gesicht aus.

Ja, Güldengrün, so war ihr Name. Gezackte Blätter hatte sie und einen langen Stängel. Sie wuchs nur dort, wo sich der Drachenhauch mit Gold verband, so musste es sein. Keine Knochen, das hatte man ihm gesagt, ja, nur dort würde sie wachsen, wo die Knochen eines Verfluchten seien. Nein, dies hier war das richtige Güldengrün. Die Pflanze, die ein Schatz war. *Sein* Schatz. *Ihr* Schatz. Ihre Wurzeln hielten sich am Gold selbst fest und man musste sie vorsichtig davon lösen. Denn nur wenn man das tat, an dem Ort, an dem sie gewachsen war, dann entfaltete sie ihre Wirkung.

Der Preis, den man zahlen musste, um Güldengrün zu ernten, war hoch, das erkannte Forwin jetzt – denn man musste das Gold zurücklassen. Man konnte nicht beides haben. Nur *einen* Schatz konnte man mitnehmen; und was genau ein Schatz war, lag im Auge eines jeden Betrachters.

»Alles wird wieder gut werden«, sagte Forwin beschwörend und löste drei Pflanzen Güldengrün von dem Goldschmuck, an dem es gewachsen war. Warm fühlte sich die Pflanze an, und die Blätter schienen sich zu bewegen, als lebten und atmeten sie.

Forwin hielt sie behutsam fest.

»Hilf mir«, bat er die Pflanze.

Dann folgte er den leuchtenden Schuppen des Drachen an den Wänden, der Spur, die ihn dorthin führte, wo das Leben war.

Stunden um Stunden später erst verließ er das riesige Labyrinth und machte sich langsam, erschöpft, aber dennoch voller Hoffnung, auf den Heimweg. Das Licht des Tages blendete Forwin.

Ganz behutsam hielt der Halbling das Güldengrün in seinen Händen, und ängstlich hielt er nach dem Drachen Ausschau, doch nirgends fand sich eine Spur von ihm.

Forwin wollte nicht warten, bis die schwarzen Orks ihn bemerkten, und so lief er den Gebirgskamm hinab in den Wildwald, wo er das Pony fand. Wie froh das Tier war, ihn zu sehen! Es war den Orks und dem Holg entkommen und es hatte auf ihn gewartet, das treue Tier!

Forwin saß auf und so ritt er den Weg zurück, den er vor mehr als einem Tag gekommen war.

Nach fünf Stunden dann verließ er den Wildwald und kam zu einem Tal, das grün und fruchtbar war.

»Wir haben uns verlaufen«, kam es ihm in den Sinn, wenngleich die Gegend ihm bekannt vorkam.

Er konnte sich keinen Reim darauf machen, wo er war. Dies war der Weg, den er mit Holg gekommen war. Aber war hier nicht ein See gewesen? Hatten sie nicht dort drüben bei den Eiben Rast gemacht und die Reste des Huhns gegessen? Forwin grübelte. Nein, das war nicht möglich …

Doch dann traf er einen fahrenden Händler, der sein Pferd einen Weg entlanglenkte.

Jemand, den ich fragen kann, sagte er sich. Und genau das tat er dann auch.

»Halbling, du hast den Kometen verpasst«, sagte der Händler. »Ein Wunder, ganz gewiss.«

Forwin, der nichts von einem Kometen wusste, erkundigte sich höflich, was geschehen sei.

»Ein riesiger Drache, gülden wie ein Blitz, wild wie ein Komet«, schwärmte der Händler, »er ist in den See eingetaucht und in einer heißen Wolke aus Nebel und Zauber verschwand das Wasser.«

»Ihr meint, der See ist verschwunden?«

»Sieh hin, Halbling. Da ist eine Burg, wo vorher nur Wasser gewesen war.«

»Aber wie kann das sein?« Forwin fiel ein, dass er den Namen der traurigen Lady in beiden Geschichten verwendet hatte. »Earendel«, flüsterte er, so leise, dass der Händler es nicht hörte. Und der Drache hatte eilig seinen Hort verlassen, als er den Namen vernommen hatte.

»Keiner weiß das, aber alle sprechen davon, na ja, davon, dass es mit Magie zu tun hat.« Er war ganz aus dem Häuschen. »Sogar die Orks, sagt man, sind verschwunden. Das Licht hat sie vertrieben.«

Forwin war sprachlos. Er hob zum Abschied die Hand, als sich der Händler empfahl und dann seines Weges ritt. Forwin aber stieg vom Pony ab, ließ sich im Gras nieder und schaute hinab in das weite Tal, das wunderschön fruchtbar und gerade erst geboren worden war.

Während der Heimreise dachte Forwin über all das nach, was er erlebt hatte. Nein, nie würde er Noviana diese Geschichte erzählen können. Sie würde ihm nicht glauben, niemand würde das tun.

Aber wie konnte das sein? Hatte er nicht alles getan, was man ihm empfohlen hatte zu tun?

Er seufzte, tief bis zum Herzen.

Der Zauberer, der manchmal ins Dorf kam, hatte ihm den Rat gegeben, die Pflanze Güldengrün zu suchen.

»Sie wird deine Frau heilen«, hatte er gesagt, »denn Güldengrün vertreibt jede Krankheit.«

So hatte sich Forwin also aufgemacht, um das Gebirge von Tark'il Kar zu finden. In Tammingen hatte er einem Gaukler die Karte abgekauft und dann hatte er die Grafschaft verlassen. Später war er auf den dicken Menschen gestoßen, den Holg.

»Hüte dich vor den schwarzen Orks«, hatte ihm der Zauberer noch geraten und sich dabei über den Bart gestrichen und Pfeife geraucht, »sie bewachen die Pforte, die in den Berg führt.« Dann hatte er ihm erklärt, was zu tun sei. »Du musst ins Innere des Berges gehen, da findest du einen Thron, auf dem ein Herrscher gestorben ist; ein böser König, den die Gier und die Bosheit zugrunde gerichtet haben. Auf seinen Knochen wächst das Güldengrün, pflücke es behutsam und kehre nach Hause zurück.«

Also hatte Forwin den dicken Holg angeheuert, um die schwarzen Orks beizeiten abzulenken. Er hatte dem Menschen gegenüber einen Drachen erfunden, den es gar nicht gab, und doch war er im Labyrinth gewesen. Er hatte Holg mit einem Schatz geködert, den es gar nicht gab, und doch hatte er ihn mit eigenen Augen im Drachenhort gesehen. Er hatte dem güldenen Drachen eine Geschichte erzählt, die er sich ausgedacht hatte, und der Drache hatte seine Erlösung in dem See gefunden. Er war in die geliebte Earendel eingetaucht und sein Feuer hatte ihr die Traurigkeit verbrannt – und ihre Traurigkeit schließlich hatte das lodernde Feuer des Drachen besiegt.

War das alles wirklich passiert? Wie war das nur möglich, dass ein einfacher Halbling wie er ein solches Abenteuer bestehen konnte?

Forwin streichelte dem Pony die Mähne.

»Bring mich nach Hause«, sagte er zu dem Tier. Er schaute sich um und sah die Bäume und Wiesen, er atmete die frische Luft und hörte die Vögel, wie sie ihre Lieder sangen.

Nie würde er seiner Noviana von alledem erzählen können. Nein, niemals. Sie würde es nicht glauben.

Forwin seufzte. Ja, so würde sein Abenteuer enden. Nicht mehr lange und er würde die Grenze der Grafschaft erreichen. Noch einen weiteren Tag und er wäre zu Hause.

»Wie hast du das geschafft?«, würde Noviana ihn fragen.

Er würde sie zärtlich küssen, auf die Stirn, wie es der Halblinge Art ist, und dann würde er den Trank zubereiten, frisch und dampfend mit Güldengrün darin. »Ganz einfach«, würde er sagen und sodann eine Geschichte erfinden, die sie ihm glauben würde; eine, die voll des Abenteuers ist; eine, die am Ende gut ausgeht.

Denn die Lügen sind das Licht im Labyrinth der Berge von Tark'il Kar, das wusste Forwin jetzt; und dem Licht muss man folgen, wenn man es sieht.

Adam Roberts

DIE VIELEN HOBBITS DES J. R. R. TOLKIEN

1.

Tolkien schrieb zwei Fassungen von *Der Hobbit*.

In der ersten plant eine Gesellschaft von Zwergen eine Reise zu einem weit entfernten Berg, um dort einen großen Schatzhaufen zu stehlen, der von einem mörderischen, feuerspeienden Drachen bewacht wird – oder eher, um ihn sich zurückzuholen, da sie ihn als ihr Eigentum betrachten. Sie sind auf der Suche nach einem professionellen Dieb, der ihnen bei dieser gefährlichen Unternehmung helfen soll. Ihr Ratgeber, der Zauberer Gandalf, bringt die Zwerge scheinbar in erster Linie aus einer Laune heraus dazu, Bilbo Beutlin anzuwerben, einen ganz gewöhnlichen, häuslichen und wenig abenteuerlustigen Hobbit; und er bringt Bilbo dazu, sie zu begleiten.

Die ganze Situation ist vor allen Dingen auf Komik abgestellt, denn Bilbo ist für das Abenteurergeschäft sichtlich mehr als ungeeignet. Und auch die Zwerge scheinen nicht besonders gut für ihre Aufgabe gewappnet zu sein: Ihre Gesellschaft stolpert auf der Reise von einer Katastrophe in die nächste und entgeht ein halbes Dutzend Mal nur um Haaresbreite dem Tod durch Trolle, Orks, Wölfe, Spinnen und feindselige Elben. Zu Beginn werden die Zwerge noch durch Gandalf aus ihren jeweiligen Notlagen gerettet, der, obgleich exzentrisch, doch deutlich fähiger ist als die Zwerge. Später kümmert Gandalf sich jedoch um seine eigenen Angelegenheiten, und die Reisenden müssen selbst für ihre Rettung sorgen. Während sie von einer potenziell fatalen Klemme in die nächste stolpern, gelingt es ihnen durch eine Mischung aus Glück und gesundem Hobbitverstand irgendwie immer, mit heiler Haut davonzukommen.

Tatsächlich ist es eine der besonderen Freuden der Erzählung, Bilbos Entwicklung von einem zutiefst unfähigen zu einem halbwegs fähigen Abenteurer mitzuverfolgen. Als die Gruppe im Verlauf der Geschichte eine Reihe Gänge und Höhlen unter einer Bergkette durchquert, wird Bilbo von den anderen getrennt und trifft eine Gestalt namens Gollum. Die beiden spielen ein Ratespiel miteinander, und als Bilbo gewinnt, übergibt Gollum ihm seinen Einsatz – einen Zauberring, der den Träger unsichtbar macht.

Der Besitz dieses Rings und eine recht flache Lernkurve sorgen dafür, dass Bilbo nach und nach besser im Stehlen und Herumschleichen wird. Als die Gesellschaft entgegen jeder Wahrscheinlichkeit den Berg des Drachen erreicht, hat sie zwar tatsächlich Erfolg, aber mit *sehr* viel mehr Glück als Verstand. Bilbo benutzt den Zauberring, um sich in den Drachenhort zu schleichen und einen Kelch aus den riesigen Schatzbergen zu entwenden. Mehr bringt er nicht zuwege. Zum Glück der Gesellschaft erzürnt der Verlust dieses einen Stücks den Drachen und veranlasst ihn, auszufliegen und in seinem Zorn die nahe gelegene Menschenstadt niederzubrennen. Einer der Verteidiger dort, der von einem sprechenden Vogel gewarnt wird, tötet den Drachen mit einem glücklichen Schuss. Darauf folgt eine große Schlacht. Heere treffen am Berg und dem nun drachenlosen Hort ein. Der Anführer des

Zwergentrupps wird getötet, doch für die Übrigen läuft alles gut. Schließlich, nachdem fast der ganze Roman darauf verwendet wurde, das »Hin« des Untertitels zu erzählen, wird das »und wieder zurück« deutlich abgekürzt, und der materiell bereicherte Bilbo kommt nach wenigen Seiten wieder zu Hause an.

Ich betone in dieser Nacherzählung die Unfähigkeit der Hauptfiguren, weil es sich tatsächlich um ihre bezeichnendste Eigenschaft handelt. Es ist eine liebenswerte Unfähigkeit, die zum Teil komödiantischen Zwecken dient, zum Teil dramatischen (indem sie die Spannung verstärkt und dafür sorgt, dass die Geschichte interessant bleibt), und zum Teil dazu, den Leser – uns – an der Geschichte teilhaben zu lassen. Denn seien wir ehrlich: Auf einer gefahrvollen Fahrt würde keiner von uns etwas taugen. Wir sind selbst eher Hobbit-Typen, und unsere Vorstellung von Vergnügen besteht darin, sich mit einem Becher Kakao und einem guten Buch aufs Sofa zu kuscheln, und nicht darin, mit einem Schwert gegen Riesenspinnen zu kämpfen. Genauer gesagt, macht es uns *nur in unserer Fantasie* Spaß, mit dem Schwert gegen Riesenspinnen zu kämpfen. *Der Hobbit* verkauft sich unter anderem deshalb so gut, weil die Hobbits (im textuellen Sinne) auf brillante Weise eine Brücke schlagen zwischen unserem modernen, behüteten Blickwinkel und einem doch eher abschreckenden, antiquierten Kriegerkodex aus der erbarmungslosen Welt nordeuropäischer Volkssagen.

Es ist eine der Pointen dieses Abenteuers, dass es insgesamt ein wenig planlos erscheint: Natürlich ist die Geschichte lustiger, wenn eine eindeutig unzulängliche Witzfigur anstelle eines übermächtigen, schwertschwingenden Alphamännchens auf die gefährliche Mission geschickt wird. Die gemütlichen, betulichen Eigenschaften Bilbos und die Art, wie er im Laufe der Handlung von der Bratpfanne ins Feuer und von dort ins nächstgrößere Feuer geworfen wird, sind liebenswerte Aspekte des Buches als Ganzem. Und das müssen sie auch sein, denn diese Geschichte wird von der Idee vorangetrieben, dass das Abenteuer *zu dir kommt* und dich aus deinem gemütlichen kleinen Schneckenhaus herausholt. Es ist eine verlockende Idee, unter anderem, weil sie das ausbuchstabiert, was eine Geschichte mit uns macht. Inmitten körperlicher Annehmlichkeiten lassen wir uns zum Lesen nieder, doch in unserer Fantasie holt uns die Geschichte aus unserem Loch und nimmt uns auf allerlei gefährliche, aufregende, packende und unterhaltsame Abenteuer mit.

Das ist *Der Hobbit* in der Form, in der er 1937 erstmals erschienen ist und sowohl Kritikerlob erntete als auch kommerziell erfolgreich war. Aber es gibt noch einen weiteren *Hobbit*. Damit meine ich nicht den Film, der bald in die Kinos kommt. Ich meine einen zweiten von Tolkien verfassten *Hobbit*, der aus Änderungen an der Erstausgabe, zusätzlichem Material, das für den *Herrn der Ringe* und die Anhänge des *Herrn der Ringe* geschrieben wurde, sowie einigen weiteren Texten besteht. Darunter am wichtigsten zwei kleine Erzählungen, die beide *Die Fahrt zum Erebor* hießen und 1980 posthum in *Nachrichten aus Mittelerde* erschienen. Tolkiens erste Revisionen beschränkten sich auf das Kapitel »Rätsel im Dunkeln«. Nachdem er nämlich den ersten *Hobbit* geschrieben hatte, kam Tolkien zu dem Schluss, dass »der Ring« mehr sein sollte als bloß ein Zauberring, sogar mehr als ein Ring des Gyges*; vielmehr sollte es sich nun um das mächtigste Artefakt der ganzen Welt handeln, das die Leute derart umtrieb, dass sie darüber ihre Seelen verloren. Gollum, folgerte er, würde einen derartigen Gegenstand nicht freiwillig hergeben. Also schrieb er die Szene um. Doch das ist nur ein Symptom einer grundlegenden Änderung – einer Neukonzipierung (Tolkien-Puristen würden vielleicht sagen: einer Verdichtung oder Destillation) des heute so gefeierten Tolkien-Legendariums. Nun ging es ihm nicht mehr nur ums Märchenerzählen, sondern um ein großes, bekenntnishaftes Drama von Fleischwerdung, Buße und Erlösung. Ich will auf Folgendes hinaus: Tolkiens gefeierter Essay von 1939, *Über Märchen*, feiert seinerseits eigentlich zwei Spielarten der modernen Fantasy, die heimelige und die transzendente. Traditionelle Märchen, die Tolkien als wunderschöne und tiefschürfende Geschichten über Flucht und Wiederherstellung betrachtet; und das Neue Testament, das in seinen Augen die Qualitäten des Märchens teilt, aber auch auf einer höheren, wahreren und wichtigeren Ebene Bestand hat. Mit seinen eigenen Worten:

Das Evangelium hat die Legenden nicht abgeschafft, es hat sie geheiligt, insbesondere den »glücklichen Ausgang«. Noch immer muss der Christ sich mühen, mit Leib und Seele; er muss leiden, hoffen und sterben. Doch nun kann er sehen, dass all seine Neigungen und Fähigkeiten einen Sinn haben, der eingelöst werden kann. So groß ist die ihm verliehen Gabe,

---

* Der sagenumwobene lydische König Gyges gelangte, so schreibt Platon, durch einen magischen, unsichtbar machenden Ring an die Königsherrschaft.

dass er nun vielleicht mit Recht vermuten darf, dass er selbst durch seine Fantasie daran mitwirken könne, die Schöpfung mit vielerlei Laubwerk zu bereichern.[*]

Ich störe mich dabei nicht an Tolkiens religiösen Anschauungen, die (wenn ich sie auch nicht teile) eindeutig essenziell für die Stoßrichtung seines Schreibens sind. Was mich stört, ist die Vorstellung, dass »all unsere Neigungen und Fähigkeiten einen Sinn haben«. In Tolkiens zweiter Fassung von *Der Hobbit* sind es genau diese Planlosigkeit und die Andeutungen von wunderbarer, menschlicher, komischer Unfähigkeit, die abgefeilt und geglättet werden müssen. Es genügt nicht mehr, dass Gandalf einfach an der Tür des denkbar unwahrscheinlichsten Kandidaten für ein Abenteuer auftaucht, weil schrullige alte Zauberer so etwas eben machen. Jetzt muss er es tun, weil er einen umfassenderen Plan verfolgt. In der ersten Version der Geschichte spielt die Frage, warum Gandalf ausgerechnet einen Hobbit auswählt, eigentlich keine große Rolle, oder besser gesagt geht es in der Geschichte genau um die Grundlosigkeit seiner Wahl. (»Ich stecke in den Vorbereitungen für ein Abenteuer und suche jemanden, der noch mitmacht. Es ist sehr schwer, jemanden zu finden«[**], sagt Gandalf und klingt damit in meinen Ohren recht verzweifelt.) Das liegt daran, dass es im Roman nicht um Gandalfs Beweggründe geht, sondern um Bilbos Abenteuer. Warum er ausgewählt wird, ist weniger wichtig als die Art und Weise, auf die er sich im Laufe der Reise später beweist, und das Maß, in dem er seinen

[*] J.R.R. Tolkien: *Die Ungeheuer und ihre Kritiker. Gesammelte Aufsätze*, Stuttgart 1987, S. 201.
[**] J.R.R. Tolkien: *Der Hobbit*, Stuttgart 1998, S. 17.

Mangel an Heldenhaftigkeit ablegt und zu einem besseren Gefährten wird. Das ist das eigentlich Wichtige, weil wir Bilbo sind. So funktioniert unser Leseerlebnis.

Aber in Tolkiens zweiter Fassung von *Der Hobbit* muss sich alles aus einem bestimmten Grund ereignen. Gandalf hat nicht einfach nur zum Spaß ein Abenteuer arrangiert; er hat einen entscheidenden Zug seiner Strategie im großen Krieg gegen das Böse ins Werk gesetzt:

> Ich wusste, dass Sauron sich aufs Neue erhoben hatte und sich bald im wahren Licht zeigen würde, und ich wusste, dass er sich auf einen großen Krieg vorbereitete … Der Stand der Dinge im Norden war ein sehr schlechter. Das Königreich unter dem Berg und die starken Menschen von Thal gab es nicht mehr. Um einer Streitmacht zu widerstehen, die Sauron aussandte, und die nördlichen Pässe in den Bergen und die alten Lande von Angmar zurückzugewinnen, gab es nur die Zwerge von den Eisenbergen, und hinter ihnen lagen eine Wüstenei und ein Drache. Den Drachen konnte Sauron mit furchtbarer Wirkung einsetzen. Oft sagte ich zu mir selbst: »Ich muss irgendwelche Mittel finden, um mit Smaug fertigzuwerden.«[*]

Nur, damit das klar ist: Ich habe in diesem Fall nichts gegen das einzuwenden, was SF-Fans als »Retconning« bezeichnen – die nachträgliche Änderung der Welt einer Geschichte. Tatsächlich verstehe ich einen »Text« als etwas grundlegend im Fluss Befindliches und Anpassbares. Ich

---

[*]   J. R. R. Tolkien: *Nachrichten aus Mittelerde*, Stuttgart 1983, S. 421–422.

würde sogar behaupten, dass zu den Dingen, die Tolkiens Schreiben Tiefe und Bedeutung verleihen, genau die Art und Weise gehört, in der er das Medium und die ferne historische Vergangenheit in seiner in der Gegenwart angesiedelten Geschichte übereinanderlegt. Diese ergänzende Perspektive auf den *Hobbit* bereichert den Text um eine Art Nachhall, einen traurigen Glanz. Aber das bedeutet noch lange nicht, dass diese nachträgliche Änderung Sinn ergibt. Im Gegenteil: Man will uns glauben machen, dass Gandalf, der Smaugs Beseitigung für einen höchst wichtigen strategischen Schritt erachtet, nicht etwa auf die Idee kommt, eine Armee zu schicken, und erst recht nicht darauf, sich den Drachen mit seiner Zauberkraft persönlich vorzunehmen. Stattdessen denkt er sich: »Ich gehe bis ans *andere Ende des Kontinents*, rekrutiere ein paar Zwerge, von denen einige dieser Aufgabe eindeutig nicht gewachsen sind (Bombur?), und einen Hobbit, der *keinerlei Erfahrung mit derlei Missionen und auch keinerlei Neigung dazu* hat, und schicke sie vorbei an zahllosen Gefahren durch die halbe Welt, in der Hoffnung, dass *sie* dem alten Wurm irgendwie den Rest geben.«

Warum die Zwerge? Tja, ich schätze, sie sind zumindest leicht zu überzeugen, da sie Erebor als ihr rechtmäßiges Eigentum betrachten. Trotzdem fragt man sich, warum ein Militärstratege, wenn er nicht gerade *wirklich* senil ist, sich nicht zuerst an die Menschen der Seestadt wenden sollte. In keinem Fall gibt es einen guten Grund, warum Bilbo die erste oder auch nur die tausendunderste Wahl für diese Mission sein sollte. In seiner zweiten Fassung der Geschichte nennt Tolkien drei Gründe dafür, den Erfolg der gesamten Unternehmung von Bilbo abhängig zu machen – einer Gestalt, von der Thorin zu recht sagt: »Er ist weich …, so weich wie der Schlamm seines Auenlandes, und er ist einfältig«, und Gandalf pflichtet ihm bei (»›Ihr habt ganz recht‹, sagte ich«[*]). Die drei Gründe lauten:

1. Hobbits tragen im Gegensatz zu den Zwergen keine Schuhe. (»Plötzlich fügten sich diese drei Dinge in meinem Kopf zusammen: … die derben, schwergestiefelten Zwerge …; und der behende leichtfüßige Hobbit.«[**]) Das ist sicher nicht ganz unwichtig, da Drachen scharfe Ohren haben. Aber vielleicht wäre es doch weniger gewagt, den Zwergen zu raten, dass sie ihre Stiefel *ausziehen* sollen, anstatt den Erfolg der gesamten Unternehmung von einem pelzfüßigen Homer Simpson Mittelerdes abhängig zu machen.

2. Smaug würde Bilbos Geruch nicht erkennen, während er den Geruch von Zwergen sehr wohl erkennen würde, obwohl Tolkien das anscheinend erst im Nachhinein zu seinem Manuskript hinzufügte. (»Ein Geruch, der nicht so leicht einzuordnen ist, zumindest nicht für Smaug, den Feind der Zwerge.«) Ein Geruch, den Smaug überhaupt nicht aufspüren kann, hätte mehr Sinn ergeben, aber in Ordnung. Der Umstand, dass er einen Dieb in seinem Hort riecht, die Herkunft dieses Diebs aber nicht auf Anhieb feststellen kann, bringt ihn wahrscheinlich für vielleicht, hm, sechs Sekunden aus dem Konzept …

Der dritte Grund ist der willkürlichste:

3. Gandalf hat einfach das Gefühl, dass es eine gute Idee wäre: »Hört mich an, Thorin Eichenschild! … Wenn dieser Hobbit mit euch geht, werdet ihr Erfolg haben. Wenn ihr ihn nicht mitnehmt, werdet ihr scheitern. Ich

[*] Ebd., S .427.
[**] Ebd., S. 424.

sehe es voraus, und ich warne euch.«* Es ist schwer, darin nicht die verschlüsselte Botschaft zu erkennen: »Ich habe diese Geschichte schon geschrieben, und ich weiß, wie sie ausgeht«, was fast schon geschummelt ist.

In *Der Herr der Ringe* geht es darum, dass selbst »die kleinen Leute« (womit natürlich wir gemeint sind) ihre Rolle bei den großen historischen und kriegerischen Dramen ihrer Zeit spielen – und das ist eine mächtige und wahre Geschichte, die hier gut erzählt wird. Aber *Der Hobbit* ist erst in der zweiten Fassung eine solche Geschichte. In der ersten, um die es hier vorrangig geht, handelt *Der Hobbit* nicht von den großen Dramen seiner Zeit, sondern von Dramen, die so klein sind wie wir, und die Leuten widerfahren, die aus ihrer sicheren und vertrauten Umgebung gerissen werden – fortgeweht von einer Geschichte.

Ich bin froh, dass es zwei Fassungen von *Der Hobbit* gibt und verspüre keinerlei Drang, sie zwanghaft und mehr schlecht als recht miteinander in »Einklang« zu bringen. Nur narrative Fundamentalisten, literarische Taliban, glauben, dass man alle Geschichten derart starr in Übereinstimmung bringen muss. Aber ich mag die eine Geschichte (gemütlich, lustig, ein bisschen was zum Lachen und ein bisschen was zum Staunen) einfach lieber als die andere (groß, fast schon bombastisch, theologisch, episch und bemüht – um einen Begriff zu prägen – *eutragisch*). Dennoch liebe ich beide. Und ich liebe die Zwerge weit mehr als noch so viele Elben. Ich liebe gerade ihren Mangel an Anmut und Eleganz.

* Ebd., S. 427.

Zugegeben, Thorin Eichenschild schwingt in *Der Hobbit* ein paar hehre Reden. Aber eigentlich sind seine Zwerge besser darin, sich mit Essen und Trinken vollzustopfen und sich (mit herzerwärmender Unfähigkeit) aufs Lächerlichste in die Bredouille zu bringen.

2.

Ich schätze, die Frage, die sich an diesem Punkt stellt, lautet: *Warum* gibt es zwei *Hobbits*? Eine Möglichkeit, an ihre Beantwortung heranzugehen, bestünde darin, die grundlegendere Frage zu stellen: Was *ist* ein Hobbit? Tolkien selbst liefert auf der (abgesehen vom Index) letzten Seite des *Herrn der Ringe* eine Erklärung für diese Bezeichnung. Hobbit, sagt er, ist das englische Äquivalent des auenländischen Worts »kuduk«. »Dieses Wort habe ich aus den dargelegten Gründen mit *holbytla* übersetzt; und Hobbit ist ein Wort, das gut und gerne eine verballhornte Form von *holbytla* sein könnte, wenn dieser Name in unserer alten Sprache vorgekommen wäre.« Das ist halbwegs einleuchtend. Tom Shippey schlägt allerdings eine andere fiktive Etymologie vor:

Hol bedeutet natürlich *hole*, Loch. *Bottle,* heute noch in manchen englischen Ortsnamen erhalten, bedeutet Wohnung, Behausung, und altenglisch *bytlian* heißt bewohnen. *Holbytla* also: »Loch-« oder »Höhlenbewohner«.[*]

---

[*] Tom Shippey: *J.R.R. Tolkien. Autor des Jahrhunderts*, Stuttgart 2002, S. 89.

Diese Herleitung gefällt mir. Sie gefällt mir sogar besser als Tolkiens eigene. Aus ihr folgt unter anderem, dass es in *Der Hobbit* mindestens fünf Völker gibt, die ohne Übertreibung als Hobbits bezeichnet werden können: Bilbos Volk; die Zwerge; die Orks und Gollum (welche beide in den Höhlen unter den Nebelbergen wohnen) und Smaug selbst. Der titelgebende *Hobbit* im Singular wirkt mit einem Mal wie eine ironische Untertreibung. Dieses Buch ist voller Hobbits, weil es voller Löcher ist, und die Löcher sind voller Leben.

Tatsächlich ist es bemerkenswert, wie *hohl* die Landschaften in *Der Hobbit* und *Der Herr der Ringe* sind – soll heißen, wie oft die Figuren immer wieder unter ihnen hindurchreisen anstatt an ihrer Oberfläche, wie oft Tolkien sie also immer wieder in Löcher stößt. Wie lautet schließlich der bekannteste erste Satz in der gesamten englischen Literatur? »In einem Loch in der Erde lebte ein Hobbit.« Was lässt sich über Löcher in *Der Hobbit* sagen?

Bilbo lebt in einer Höhle, die Beutelsend heißt. Er kommt aus ihr hervor (beziehungsweise, er wird von Gandalf und den Zwergen aus ihr hervorgetrieben), um nach Osten zu reisen. Aber als die Gesellschaft das Nebelgebirge erreicht, *über*quert sie es nicht, sondern sie geht darunter hindurch, durch einen Bau aus Felshöhlen, Gängen, Räumen, Löchern und Leere. Dort stellt Bilbo, der auf der Flucht ist, mit einem Mal fest, dass der herkömmliche Raum um ihn herum sich radikal auflöst, und entdeckt in diesem Moment das entscheidende löchrige Artefakt, den Ring:

Er entschied sich auf gut Glück für irgendeine [Richtung] und kroch ein ganzes Stück weit dahin, bis seine Hand am Boden plötzlich auf etwas traf, das sich wie ein kleiner Ring aus kaltem Metall anfühlte. Das war ein Wendepunkt in seinem Leben, aber er wusste es nicht. Ohne sich viel dabei zu denken, steckte er den Ring in die Tasche; gewiss konnte er damit im Augenblick nichts anfangen.[*]

Sein Weg durch den durchlöcherten Berg führt Bilbo zu Gollum, und hier in diesem Hohlraum beginnen die beiden nichtsahnend einen geistigen Wettstreit – nichtsahnend in dem Sinne, dass vom Ergebnis dieses Wettstreits (wie in *Der Herr der Ringe* deutlich wird) und vom Besitz des Rings das Schicksal von ganz Mittelerde abhängt. Jeder stellt dem anderen Rätsel, aber das unlösbare Rätsel, mit dem Bilbo den Wettstreit gewinnt, besteht in der Anrufung eines weiteren Lochs: »Was habe ich da in meiner Tasche?« Tatsächlich kann ich durchaus die Position nachvollziehen, dass Gollum das Rätsel mit seinem letzten Rateversuch (nach »Hände«, »Messer« und »Schnur« ruft er »nichts!«) eigentlich halbwegs richtig beantwortet. Schließlich ist der Ring in seiner physischen Gestalt, aber auch in Bezug auf seine theologische und metaphysische Kraft eben gerade die Negation, das Zunichtemachen, das Nichts. Genauer gesagt, ist die eine physikalische Wirkung des Rings, von dem man als Leser des *Hobbits* erfährt, dass er seinen Träger unsichtbar machen kann. Letztlich verbirgt er ihn damit vor aller Augen in einem Loch und verwandelt die gesamte Umwelt in einen durchlöcherten Raum. In diesem Sinne ist der Ring erst einmal genau

[*]   J. R. R. Tolkien: *Der Hobbit*, Stuttgart 1998, S. 98–99.

das: ein tragbares Versteck, eine Möglichkeit, sich den Blicken zu entziehen.

Nach dem Nebelgebirge wird die Topografie des Romans zunehmend löchrig: Ein holperiger Pfad führt die Gefährten unvermittelt an eine Kluft mit losem Geröll (»Sie rutschten mit, dicht zusammengedrängt in einem wüsten Durcheinander«[*]). Sie übernachten bei Beorn, der in einer Reihe ineinander verschachtelter Kammern wohnt (»Sie kamen auf einen Hof … Sie kamen in eine geräumige Halle mit einem Herd in der Mitte … und traten durch eine andere, kleinere Tür.«[**]) und sich unzählige Stöcke angriffslustiger Bienen hält (und was sind Bienenstöcke, wenn nicht die archetypische Matrix durchlöcherter Räume?). Beorn selbst ist ein Gestaltwandler und verwandelt sich von Zeit zu Zeit in einen riesigen Bären. Man könnte auch sagen, so wie Bilbo im gewöhnlichen Stoff seiner Jackentasche einen Gegenstand von gewaltiger magischer Macht verbirgt, so verbirgt Beorn unter seiner scheinbar menschlichen Haut ein sehr viel größeres magisches Wesen. Als sie ihn das erste Mal treffen, ist der Bär allerdings im Menschen versteckt.

Bilbo und die Zwerge reisen weiter zum Düsterwald, einem Waldraum, der ständig in Begrifflichkeiten des Unterirdischen beschrieben wird: »Den Waldpfad, einen dämmerigen Tunnel, betraten sie durch eine Art Torbogen, bestehend aus zwei großen zueinander geneigten Bäumen […] Bald war das Licht am Eingang nur noch ein kleines, helles Loch hinter ihnen.«[***] Sie durchqueren die verschiedenen gefährlichen Bereiche dieser Topogra-

---

[*]   Ebd., S. 135.
[**]   Ebd., S. 162–163.
[***] Ebd., S. 189.

fie, bis sie von Waldelben gefangen genommen werden, die ihrerseits eine große Höhle bewohnen, »von der zu jeder Seite zahllose kleinere abgehen«. Die Zwerge werden »in den innersten Höhlen« und »Verliesen« gefangen gesetzt. Mithilfe des Zauberrings entgeht Bilbo der Gefangenschaft und befreit seine Freunde, indem er sie in Holzfässern versteckt, Hohlräumen, die über einen Fluss getreidelt werden. Schließlich nimmt uns das Buch zu einem weiteren Berg voller Höhlen, Löcher, Schächte, Gänge und Leere mit: dem Einsamen Berg.

Man könnte eine Lesart des *Herrn der Ringe* skizzieren, die sich an den Momenten orientiert, in denen Schlüsselfiguren diese löchrige Wahrheit im Kern der von ihnen bewohnten Welt erkennen (eine Wahrheit, von der wir vermuten dürfen, dass Hobbits, Zwerge und sogar Orks sie bereits ansatzweise begreifen): Gandalf erfüllt sein Potenzial erst, als er in Khazad-dûm stürzt und sich durch ein gewaltiges Netzwerk unterirdischer Höhlen, Gänge und Schächte kämpfen muss. Von dieser Erfahrung kehrt er als Gandalf der Weiße zurück, voll neuer Kraft und mit neuem Wissen über die Welt. Auch Aragorn kann sein Schicksal erst erfüllen, nachdem er die unterirdischen Pfade der Toten beschritten hat; und Sams kurzes Erlebnis als Ringträger findet in den löchrigen Zwischenräumen der Schattenberge statt. Das Böse lauert in Löchern, von den Grabunholden bis zu Saruman in seinem Turm; aber gleichzeitig müssen die Agenten des Guten die durchlöcherten Räume bestmöglich nutzen, um die panoptische Macht zu umgehen, mit der sie im Widerstreit stehen. Dabei handelt es sich sozusagen um die Substanz Mittelerdes selbst: ein endloser, ineinander verschachtelter Raum von Löchern, Lücken, Tälern,

Taschen, Abwesenheiten, Höhlen und Leeren, der von einer konfliktgeladenen Ontologie geformt wird, welche wiederum von der Dialektik zwischen Überwachung (das alles sehende Auge des Romanautors) und der *Flucht* aus der Überwachung bestimmt ist – die Magie der Versetzung, der Traum des Entkommens, die Straße, die immer fortgleitet. All das hat enorm viel mit dem anhaltenden Reiz zu tun, den diese Bücher auf so viele Leser ausüben.

Mit anderen Worten: Dieser entzückende kleine Roman ist ein Rätsel, in dessen textuellem Loch etwas versteckt ist, und dieses versteckte Etwas bringt uns zurück zu Tolkien selbst. Bilbo der Hobbit ist ein angesehener, rechtschaffener Mann der Mittelklasse, in wohlvertrauter Weise englisch und (mit den Worten Tolkiens) durchaus jemand, der in eine Gemeinde gehört, »die mehr oder weniger an ein Dorf in Warwickshire etwa zur Zeit des 60. Thronjubiläums der Queen Victoria erinnert«. Mit anderen Worten: Der Hobbit hat den Hintergrund und die Werte von Tolkien selbst und den sozialen Stand, den Tolkien in seiner eigenen Jugend hatte. Aber Bilbo ist mehr als das. Er wird aus seinem gemütlichen, ländlichen Loch gescheucht und gezwungen, in ein weit entferntes Land zu reisen und in einem Krieg mitzukämpfen. John Garths Studie Tolkiens eigener Erlebnisse im Ersten Weltkrieg macht dazu einige vorsichtige Andeutungen:

Es wäre irreführend zu behaupten, dass *Der Hobbit* in Wirklichkeit nur ein Deckmantel sei, unter dem Tolkien von seinen Kriegserlebnissen erzählen würde; trotzdem ist leicht zu erkennen, wie einige seiner Erinnerungen dieser Behandlung des adelnden

Übergangsritus in den Klauen des drohenden Todes mehr Nachdruck verliehen haben. Der Held aus der Mittelschicht wird mit stolzen, aber tumben Gefährten zusammengeworfen ... Auf dem Weg ans Ziel ihrer Reise durchquert die Gesellschaft eine Ödnis, ein ehemals grünes Land, auf dem nun »weder Busch noch Baum wuchs und nur zersplitterte und geschwärzte Stümpfe von denen kündeten, die es vor langer Zeit einmal gegeben hatte«. Mit einem Mal folgen Szenen der Gewalt und des Untergangs ... Wir treten an die Lager der Kranken und Verwundeten und hören das Gezänk über Befehle und Strategien.[*]

Ich habe weiter oben zwei mögliche Etymologien für das Wort »Hobbit« angesprochen, aber ich möchte eine weitere vorschlagen. Obwohl Tolkien sich als zutiefst englisch empfand, war er sich seines deutschen Nachnamens sehr bewusst. Natürlich haben Namen eine Bedeutung, sowohl in unserer wirklichen Welt als auch in Tolkiens Fantasiewelt. Was bedeutet »Tolkien«? *Tol* bedeutet »närrisch, dumm, überstürzt« (»Tölpel« ist ein anderes deutsches Wort für »Narr«); und *kien* ist mit dem deutschen Wort »kühn« verwandt, heißt also »tapfer« oder »mutig«. Gelegentlich spielte Tolkien mit der Bedeutung seines eigenen Namens – er schrieb eine Figur namens »John Jethro Rashbold«, bei der es sich um eine Version seiner selbst handelt, in *The Notion Club Papers* hinein (einen unvollendeten Roman, den er 1945 begonnen hat und der posthum in *Sauron Defeated*, dem 9.

---

[*] John Garth: *Tolkien and the Great War – The Threshold of Middle Earth*, New York 2003, S. 307–308.

Band der *History of Middle Earth* veröffentlicht wurde). Das Wort *Rashbold* ist eine Möglichkeit, das Oxymoron von Tolkiens Nachnamen auszudrücken – mit der er anscheinend seinen Spaß hatte. Eine weitere Möglichkeit in Englisch wäre *dull-keen*, und sie hat den Vorteil, dass sie sich stärker an den Klang des Originalnamens anlehnt. Auf Englisch bedeutete *dull* nämlich ursprünglich »närrisch, dumm« (das Wort stammt laut Oxford English Dictionary von derselben althochdeutschen Wurzel ab: *tol*, »närrisch«) und nahm erst später die Bedeutung »stumpf« an. *Keen* ist in gewisser Weise interessanter. Ursprünglich bedeutete das Wort »scharf« (im Sinne von: scharfsinnig, schlau, geschickt); und im heutigen Englisch bedeutet es noch immer buchstäblich »scharf« – man bezeichnet eine scharfe Klinge auf Englisch nach wie vor als *keen blade*, genau wie Chaucer 1385 von »a knyfe as a rasour kene« schrieb. Aber *keen* bedeutet auch »eifrig, kühn, tapfer«. Das OED vermutet, dass die Bedeutung »scharf« der Bedeutung »mutig« vorausgeht.

Närrisch-schlau, *dull-keen*, Tolkien. Auf Altnordisch – eine Sprache, für die Tolkien selbstverständlich ein Experte war – lautete das Wort für »scharf« oder »kühn« *bitr;* genau wie das altenglische *bîtan* »beißend, schneidend, scharf« bedeutet. Das moderne englische Wort *bitter* enthält noch eine Ahnung davon. Ursprünglich nannte man etwas bitter – einen bitteren Wind oder einen bitterkalten Morgen – weil es *beißt;* weil es *scharf* ist, also *keen. Hob* hingegen bedeutet ursprünglich »rustikal«, »heimelig«, »albern«. Spenser hatte diese Bedeutung im Sinn, als er den einfältigen Mann vom Lande in seinem Naturgedicht *The Shepheard's Calender* (1579) als »Hobinall« bezeichnete. Und ungeschickte, linkische, lächerliche Gesellen wurden bis ins 19. Jahrhundert hinein als *hobbledehoys* bezeichnet. Die Stumpfheit des *hob* ist von ländlicher, heimeliger Art; aber trotzdem handelt es sich um Stumpfheit. Und es wäre genauso wie die Verbindung von *dull* und *keen*, »stumpf« und »scharf«, ein Oxymoron, aus diesen beiden Bestandteilen das Wort *hob-bitr* zu bilden.

Ich habe den Eindruck, dass diese spezielle Rätselantwort (»Was ist ein Hobbit?« – »Er ist stumpf-scharf, *dullkeen*, also: Er ist Tolkien«) der umfassenderen Logik der Geschichte entspricht. Bilbos Gewöhnlichkeit erlaubt es uns, an der Geschichte teilzuhaben; und Bilbos Erlebnisse sind tolkienisch. Darüber hinaus war diese Art von etymologischer Decodierung, das Herauslesen der ursprünglichen Bedeutungen aus modernen Worten und Namen, Tolkiens täglich Brot. Und Tolkien selbst schrieb an Deborah Webster: »Ich bin (abgesehen von der Größe) eigentlich ein Hobbit. Ich mag Gärten, Bäume und nicht maschinisierte Äcker; ich rauche Pfeife und mag gutes, einfaches Essen (nicht tiefgefroren), aber verabscheue die französische Küche. Ich mag verzierte Westen und wage selbst in unseren langweiligen Zeiten, sie zu tragen. Ich habe eine Vorliebe für Pilze (wild gesammelte); einen sehr einfachen Sinn für Humor (den selbst meine wohlwollenden Kritiker ermüdend finden); ich gehe spät zu Bett und stehe spät auf (wenn möglich). Ich reise nicht viel.«[*]

Das ist also, worauf ich hinauswill: Die beiden *Hobbits* sind im Kern Manifestationen der beiden Tolkiens, des Offiziers, der für seinen Dienst bei der Schlacht an der

---

[*]   Brief an Deborah Webster, 25. Oktober 1958. In: Carpenter (Hrsg.): *Letters of J. R. R. Tolkien*, New York 1995, S. 288 (Übersetzung: Jakob Schmidt).

Somme ausgezeichnet wurde, und des tölpelhaften, bescheidenen, ländlichen Hobbit-Menschen; des stumpfen Kerls und des scharfen; des *hob* und des *bitr*. Es ist das Zusammenspiel dieser beiden Aspekte, welches dem Buch eine solche Tiefe verleiht.

Karl-Heinz Witzko

DER SCHERGE DES DUNKLEN HERRN

Auch wenn ich selbst nicht zugegen war, so habe ich doch eine recht klare Vorstellung davon, wie der Besuch von Rudolph bei seinem Freund Londo in Bürglibach verlief.

Rudolph war ein Zauberer und ein ziemlich mächtiger dazu. Da er äußerst schlau war, war er allgemein als Rudolph der Gewitzte bekannt. Sein hohes Alter hatte ihm den Rücken gekrümmt, sodass er stark nach vorn gebeugt ging. Da deswegen sein spitzer Zaubererhut nicht stolz zum Himmel zeigte, wie es an und für sich gedacht war, sondern beinahe in Gehrichtung, erinnerte Rudolph geradezu verblüffend an einen Haken auf zwei Beinen.

Londo aus der Familie Twock und Rudolph kannten sich schon viele Jahre. Allerdings war Londo kein Zauberer, ja noch nicht einmal ein Mensch. Er war ein Halbling, was bedeutet, dass er halb so groß war wie ein Mensch, halb so stark wie ein Zwerg und halb so schlau wie ein Elb. Jedoch aß er wesentlich häufiger als die Genannten, nämlich zweimal zum Frühstück, zweimal mittags und zweimal zu Abend. Wirklich ausgleichen konnte er damit die erwähnten Unzulänglichkeiten jedoch nicht.

Londo wohnte in Bürglibach. Auf den ersten Blick stellte sich das kleine Dorf dem ortsfremden Besucher als eine auffällig dichte Ansammlung von Hügeln beiderseits eines schmalen, glucksenden Bächleins dar. Ein zweiter Blick offenbarte quietschbunte, kreisrunde Türen und ebenso runde Fenster in den Hügeln, die in Wirklichkeit die Wohnstätten der Halblinge waren. Durch die Türen konnte man sie betreten und durch die Fenster wieder hinausklettern, wenn man das unbedingt so halten wollte. Die Hügel waren von Stollen durchzogen und beherbergten mannigfach Speisekammern, Schlafräume und Wohnzimmer, Küchen, Weinkeller und Gästezimmer. Auf den Hügeln grasten friedlich Schafe und pickten braune Hühner nach Körnern, Würmern und Schnecken. Bisweilen ließ sich ein kleiner Geier zwischen ihnen nieder, um die Schafsköttel feinschmeckerisch zu entfernen. Manchmal schaute auch ein Wiesel vorbei, um etwas Ähnliches mit den Hühnern zu tun.

Fast am Ende des Halblingsdorfes gab es einen Weiher, der von einer Quelle an seinem Grund gespeist wurde und sein Wasser an den bereits erwähnten Bach abgab. Die meisten Menschen hätten Bürglibach als idyllisch bezeichnet. Und tatsächlich war es ein Ort, den man gerne besuchte, aber genauso gerne wieder verließ.

Als Rudolph seinen alten Freund besuchte, saß dieser gerade beim Essen. Er könnte jedoch genauso gut soeben seine lange, bis zum Boden reichende Tonpfeife angezündet oder sich die Locken seiner stark behaarten Halblingsfüße gekämmt haben. Doch bleiben wir der Einfachheit halber dabei: Er nahm das Mittagessen zu sich, und zwar das erste.

Londo begrüßte seinen Besucher freudig: »Zu Diensten, Rudolph! Nimm Platz und falls du gerade hungrig bist, so fülle dir gerne ein Schälchen. Heute gibt es bei mir leckeren Hurlimasch!«

»Ebenfalls zu Diensten, Londo Twock, aber ich habe bereits gespeist«, erwiderte Rudolph der Gewitzte und krallte die Finger unruhig in sein langes, weißes, mit Zaubersymbolen besticktes Gewand. Aus Erfahrung schlau geworden, aber teilweise auch seinem Alter geschuldet, war er stets etwas zurückhaltend, wenn ihn seine nichtmenschlichen Freunde zum Essen einluden. Vorsicht war ihm längst zur zweiten Natur geworden.

»Aber ich will mich gerne zu dir setzen, Londo«, fuhr er fort, lehnte seinen Zauberstab gegen eine Wand und griff nach einem Stuhl, der umgehend unter Gepolter in seine Einzelteile zerfiel. Rudolph zog die Augenbrauen hoch, legte den übrig gebliebenen Teil der Rückenlehne mit einem verlegenen Altmännerlachen beiseite und griff zum nächsten Stuhl. Dessen Zustand war nicht viel besser als der seines Vorgängers. Zwar fiel er nicht sofort auseinander, doch stand für Rudolph den Gewitzten außer Zweifel, dass es nicht sehr schlau wäre, sein Gewicht dem trügerischen Möbelstück anzuvertrauen. Missbilligend blieb er stehen und sah seinem Freund still und vorwurfsvoll beim Essen zu. Londo schien das Gepolter gar nicht aufgefallen zu sein! Zufrieden schaufelte er sich Löffel um Löffel des dunklen Breis in den Mund, den er Hurlimasch genannt hatte und für Rudolphs alte Augen aussah wie ein Gemenge aus rohen Erbsen, gehäckselten Tannenwurzeln und zerquetschten Engerlingen in einer Soße aus Ohrenschmalz.

Plötzlich fiel dem Zauberer auf, dass jedes Mal, wenn Londo den Löffel in sein Schälchen tauchte, die Platte des Esstisches sich schwankend von links nach rechts schob und wieder zurück. Nun platzte Rudolph der Kragen! »Londo aus der Familie Twock! Dein Volk steht im Rufe, handwerklich geschickt zu sein, doch was muss ich bei dir erleben? Das Gegenteil, mein lieber Freund!

Ich finde keinen Stuhl, auf den ich mich zu setzen wagte. Dein Tisch schwankt erbärmlich wie Schilf im Sturm, wie ein Blatt im Wind, kurzum, bewegt sich am Rande einer Katastrophe! Leim, Londo! Nägel, Londo! Leim und Nägel! Wohin ich auch schaue, überall in deiner Wohnstatt herrscht an beidem ein arger Mangel! Wie kannst du nur so leben?«

Während dieses Ausbruchs stapfte Rudolph aufgebracht in Londos Speisezimmer umher, wobei er noch vieles entdeckte, das er lautstark beanstanden konnte.

Ich kenne nur zwei Arten von Geschöpfen, denen es nichts ausmacht, wenn man ihnen während des Essens mit schnarrender Stimme vorwurfsvolle Vorträge hält. Die einen sind Halblinge, die anderen Höllenhunde. Der Grund ihrer jeweiligen Gelassenheit ist durchaus unterschiedlicher Natur. Nur so viel: Bei der einen Art hat sie mit stiller Vorfreude zu tun.

Londo der Halbling blieb also gänzlich unbeeindruckt von Rudolphs Predigt. Nachdem er sein feines *Hurlimasch* verspeist hatte, trug er das Geschirr in die Küche und setzte einen Tee auf. Wieder zurück, wählte er treffsicher einen Stuhl aus, der Rudolphs Gewicht aushielte. Jener ließ sich vorsichtig darauf nieder, nörgelte aber noch eine ganze Zeit lang weiter.

Londo ließ ihn reden. Zufrieden grunzend klopfte er mehrmals auf seinen vollen Bauch, dann stopfte und entzündete er sein Pfeifchen. Rudolph, dessen Grummeln inzwischen etwas seltener und leiser geworden war, ähnlich wie bei einem abziehenden Gewitter, sah darin sogleich einen Anlass für erneutes Aufbrausen.

»Londo aus der Familie Twock!«, sagte er streng. »Habe ich dich nicht oft genug vor den Gefahren des Rauchens gewarnt? Sagte ich dir nicht, dass dieses unselige Laster zu rasselndem Atem, schwerem Keuchen und holprigem Husten führe und obendrein zu ungesund grauer Haut? Weißt du denn nicht, dass es dir die Zähne bräunt und sie morsch macht, bis sie schließlich ausfallen?«

Unerwartet stutzte er: »Was riecht hier eigentlich so seltsam, Londo Twock?«

Diese kurze Unterbrechung nützte Londo für eine bedeutsame Frage: »Rudolph, mein alter Freund, was führt dich eigentlich zu mir?«

Die Miene seines Besuchers wurde sofort ernst, um nicht zu sagen, todernst.

»Gut, dass du fragst, Londo, denn es gibt fürwahr einen wichtigen und dringlichen Grund!«

Er griff in sein Gewand und brachte etwas zum Vorschein, das ihm schon viel zu lange schwer auf dem Herzen gelegen hatte. Bevor er aber noch irgendetwas erklären konnte, fiel er tot um, was nicht sehr schlau war. Doch wie bereits erwähnt, war Rudolph der Gewitzte nicht nur ein mächtiger Zauberer, sondern auch ein uralter.

Genau zur selben Stunde als Londo aus der Familie Twock den alten Freund verlor und mit entsetzt aufgerissenen Augen auf seinen Leichnam starrte, stand ich beim dunklen Herrn Oflugur Madur, oder kurz: Dunkler Herr, wie er sich seit etwa einem Zeitalter nur noch nannte. Gesellschaft leisteten ihm seine drei *Trochtvalliri*.

Eine solch präzise Zeitangabe legt stets den Verdacht nahe, dass sie nicht ganz der Wahrheit entspricht und vielleicht etwas beschönigt ist. So ist es auch in der Tat, doch klingt es weitaus gewichtiger, als wenn ich erwähnte, dass diese schicksalsschwere Begegnung bereits vier Monate und zweieinhalb Tage zuvor, vielleicht auch eine Woche früher oder später stattgefunden hatte. Bleiben wir also des besonderen dramatischen Effektes wegen einstweilen dabei: Es war nicht nur zur selben Stunde, sondern auch in derselben Minute, ja haargenau in der gleichen Sekunde!

Den Dunklen Herrn stellt man sich am besten als tiefschwarze Wolke vor, in der ein einzelner Funke wie ein Stück glühender Kohle leuchtete. Dieses dunkelrote Glimmen war Überbleibsel einer lange zurückliegenden und wahrscheinlich um ein Haar tödlichen Verletzung. Vermutlich war ein Zauberschwert für die Wunde verantwortlich gewesen oder eine Zauberlanze oder ein Zauberpfeil. Aufgrund meiner langen Existenz als *Illurandir* erkannte ich jedenfalls sofort, dass mit ihm nicht gut Kirschen essen war und daher verzichtete ich zunächst auf die rituelle Begrüßung. Ich schwieg und widmete mich den drei *Trochtvalliri*.

Sie sahen aus, als hätten sie die letzten paar Jahrhunderte in einem Salzbett verbracht. Ihren Körpern schien jeder Tropfen Feuchtigkeit entzogen zu sein und ihre rostbraune Haut spannte sich über Dörrfleisch und Knochen. Es gab nichts Rundes mehr an ihnen zu entdecken, nur Ecken und harte Kanten. Ihre Augen waren so tief in den Höhlen versunken, dass der Gedanke, die Hilfe eines Fährtensuchers in Anspruch zu nehmen, um sie zu finden, nicht völlig abwegig erschien. Ihre Lippen waren zurückgezogen, sodass sie ständig die Zähne entblößten, jedoch nicht in einem endlosen Lachen, denn dazu zeigten die Mundwinkel viel zu freudlos nach unten. Sie trugen Rüstungen und auf dem Kopf Helme mit kleinen

Kronen und waren mit Schwertern und Geißeln bewaffnet. Alles in allem verströmtem sie einen Furcht einflößenden Dunst vermischt mit ständiger Übellaunigkeit.

Alle drei waren beritten. Die Leiber ihrer Pferde waren mit Schabracken bedeckt, die mit dem Bildnis eines vom Blitz gespaltenen Turms verziert waren, dem alten Wappen der verlorenen Zwillingsstädte *Aton Achet* und *Aton Gror!* Auch die Köpfe der Rösser waren fast gänzlich unter Kapuzen verborgen, sodass man im Wesentlichen nur noch Beine, Schweif, Augen, Mäuler und Ohren der Gäule sah. Das reichte jedoch aus, um zu erkennen, dass sie nicht völlig in der Wirklichkeit verankert waren, denn je nachdem, wie man auf sie blickte, ob direkt oder aus den Augenwinkeln heraus, erschienen sie als gewöhnliche Tiere oder als belebte Skelette.

Ein viertes Pferd stand gezäumt und gesattelt, aber reiterlos neben diesen dreien.

Kommen wir nun zu mir. Ich war nicht immer ein *Illurandir* oder – wie der ungebildete Volksmund völlig unkorrekt daherfaselt – ein Dämon. Ich wurde aus eines Weibes Schoß als Mensch geboren, was man mir noch immer ansieht – größtenteils jedenfalls! Doch irgendwann während meines Lebens tat ich etwas, das zu meiner Zeit als schwere Sünde galt. Ich will nicht weiter darauf eingehen, aber dennoch nicht verhehlen, dass mein damaliges Vergehen heutzutage fast überall als harmlose Schrulle gilt. Doch so ist das Wesen ewiger Verdammnis: Ist man einmal verdammt, so ist man immer verdammt!

Die meisten Beschwörer verbergen ihr geringes Selbstwertgefühl hinter einem Schwall unflätiger Beleidigungen. Kaum ist der Illurandir, Dämon oder Geist erschienen, den sie mit ihrer Zauberkraft herbeigerufen haben, geht es schon los: Gehorche, eklige Ausgeburt der Schattenhöllen, tausendfach Verfluchter, schmieriger Schleimbolzen, wurmiger Kackfladen ... bla bla bla ....

Der Dunkle Herr war anders! Wie es einem künftigen Herrscher der Welt gut zu Gesicht stand, verzichtete er auf solche Beleidigungen und schwieg. Jedoch war bei ihm der Begriff »drückende Stille« mehr als nur ein Sprachbild, sodass ich mich rasch geschlagen gab und mich so tief es ging verbeugte. »Nenne deinen Wunsch, Dunkler Herr, damit ich ihn dir erfülle und so rasch wieder verschwinde, als wäre ich nie da gewesen!«

»Diene mir gut, Illurandir, und ich werde dich reich belohnen«, antwortete er. »Ich will dich zu einem meiner Trochtvalliri erhöhen, damit du mir für alle Zeiten dienst und in meinem Namen über einen der dreizehn Stämme der Menschheit herrschen wirst!«

Seine nächsten Worte richtete er an alle. »Der Zauberer Rudolph der Gewitzte stahl, was mir gehört, nämlich das Zepter von Trocht. Er hielt sich für schlau, doch ich will meine dreizehn Knechte entsenden, damit sie es wiederbeschaffen. Also reite ein jeder von euch in eine andere Richtung des Himmels und suche!«

Ich ging zu dem vierten Pferd, das offensichtlich für mich bestimmt war und mich sofort zu beißen versuchte. Da fiel mir etwas auf. »Dunkler Herr, wo sind deine anderen neun Diener?«

»Wir hatten einige Ausfälle, sodass es nötig ist, Lücken zu füllen. Allein deswegen bist du hier«, antwortete er mürrisch, während die Trochtvalliri zornige und reichhaltig variierte Schnarchgeräusche von sich gaben, was wohl ihre Art des Sprechens war. »Nun zögere nicht län-

102

ger! Finde meinen Feind und entreiße ihm oder demjenigen, dem er es gab, was mir gehört!«

Ich schwang mich auf das Geisterpferd, sah den drei diensteifrig davonreitenden Trochtvalliri hinterher und dachte: Wen immer der Dunkle Herr für die noch freien neun Plätze anwerben würde, es konnte eigentlich nur besser werden!

Wie es sich ergab, stieß ich bald auf Rudolphs Fährte. Ich folgte ihm einige Wochen lang bis nach Bürglibach und wartete außerhalb des Dorfes auf ihn. Sorgfältig plante ich, wie ich mit ihm verfahren wollte, denn schließlich war er ein mächtiger Zauberer! Doch nach ein paar Tagen gelangte ich zu der Einsicht, dass mein Warten sinnlos war. Er würde das Dorf nicht wieder verlassen! Was war vorgefallen? Offensichtlich hatten ihn seine falschen Halblingsfreunde umgebracht, womöglich zerstückelt und irgendwo verscharrt. Bei Letzterem war ich mir nicht ganz sicher, da ich den Eindruck hatte, dass der kleine Geier, der sich fast täglich auf den Hügelhäusern niederließ, von Mal zu Mal fetter wurde!

Mit wenig Mühe fand ich heraus, welches Haus Rudolph zuletzt auf eigenen Beinen betreten hatte, und beschloss, seinem Bewohner einen Besuch abzustatten. Hierbei machte ich von einer Fertigkeit Gebrauch, über die die anderen Diener meines künftigen Dunklen Herrn nicht verfügten: Ich materialisierte samt Pferd in Londo Twocks guter Stube! Eines hatte ich jedoch nicht bedacht. Bekanntlich sind Halblinge nur halb so groß wie Menschen. Völlig naheliegend ist daher, dass auch ihre Wohnräume nicht sonderlich hoch sind.

Jemand anderes hätte womöglich schallend gelacht,

wenn von einem Augenblick auf den anderen ein Geisterpferd mit angelegten Ohren, gesenktem Hals und stark gegrätschten Beinen in seinem Wohnzimmer gestanden hätte. Zumal, wenn er dann den Reiter entdeckt hätte, der eingeklemmt zwischen Pferderücken und Zimmerdecke auf seinem Tier hing und dagegen ankämpfte, nicht zerquetscht zu werden. Ich versuchte noch, die Situation mit einem beeindruckend schaurigen Gruß zu retten, doch in meiner gegenwärtigen Lage brachte ich nur ein erbärmliches »Londo Twock, ich bin … chr, chr, chr« heraus. Wie gesagt, jemand anderes hätte es mit Humor genommen, doch Londo fiel zum Glück in Ohnmacht. Das gab mir Gelegenheit, wieder zu verschwinden und ohne Pferd zurückzukehren.

Da Londo noch immer ohne Bewusstsein war, räumte ich den Tisch ab, an dem er gerade sein zweites Mittagessen eingenommen hatte, brühte einen Tee auf, setzte mich zu ihm und wartete. Doch als Londo zu sich kam und mich sah, wurde er augenblicklich erneut ohnmächtig. Das wiederholte sich mehrere Male und der Tee war schon ziemlich kühl, als mein Gastgeber einsah, dass er mir auf diese Weise nicht entkommen konnte. Als feststand, dass er nun ein wenig länger wach bliebe, füllte ich eine Tasse mit Tee, warf mit einer kleinen, silbernen Zange zwei Klümpchen Zucker hinein, rührte mit einem Löffelchen um und reichte sie ihm. Londo starrte mich währenddessen an, als hätte er noch nie jemanden mit Tentakeln statt Armen und Händen und einigen Dornen hier und da gesehen. Sein Verhalten war schon beinahe peinlich! Um die unangenehme Spannung aus der Situation zu nehmen, schlug ich einen leichten Plauderton an: »Ich habe leider keine Kekse gefunden!«

»Zweite Vorratskammer links«, antwortete Londo ton-
los. Damit erschien mir der Entspannung Genüge getan.

»Ich weiß übrigens, was ihr Halblinge während der
letzten Tage getan habt«, fuhr ich fort. »Ihr habt Rudolph
den Gewitzten um die Ecke gebracht, in kleine Würfel
zerschnippelt und verfüttert ihn nun schälchenweise an
den Geier. Eigentlich ziemlich schlau!«

Londo spie den Tee aus, von dem er gerade genippt
hatte, und kreischte: »Nichts davon ist wahr! Rudolph
war mein Freund. Er starb, weil er alt war, und wir haben
ihn im Feuer bestattet, wie er es sich gewünscht hätte.«

»Der Zauberer starb eines natürlichen Todes?«, fragte
ich verwundert. Dieser abwegige Gedanke war mir noch
gar nicht gekommen. In den Kreisen, mit denen ich gewöhnlich Berührung hatte, war diese Spielart des Ster-
bens ziemlich unüblich und vor allem Menschen vorbehalten, die es nie zu etwas gebracht hatten. Doch Londo
schien die Wahrheit zu sagen.

»Hat dir der Zauberer vielleicht eine wichtige Mittei-
lung gemacht?«, erkundigte ich mich.

Londo blickte betreten zu Boden. »Er meinte, ich solle
aufhören zu rauchen.«

»Soso, aha«, erwiderte ich. »Hat er dir vielleicht einen
geheimnisvollen Gegenstand anvertraut?«

Mein Gegenüber sah mich verständnislos an. »Was für
einen Gegenstand denn? Er hat sich sehr aufgeregt, weil
meine Möbel etwas wackelig waren und mir dann seinen
Hammer geliehen … oder wollte es jedenfalls gerade tun,
als er starb. Aber einen geheimnisvollen Gegenstand hatte er nicht dabei.«

Unversehens stieg Londo auf seinen Stuhl, stampfte
auf ihm herum, wackelte mit den Hüften und machte

ein paar kleine Tanzschritte. Dann kletterte er auch noch auf den Tisch. Seinem Teegeschirr zuliebe verzichtete er auf ähnliche sportliche Übungen und sprang gleich wieder herab.

»Jetzt ist alles wieder wie neu«, verkündete er zufrieden. »Ich habe Rudolphs letzten Wunsch erfüllt und alles in meiner Wohnung frisch verleimt, vernagelt und verfugt.«

»Einen Hammer, sagtest du?«, fragte ich, hellhörig geworden.

Londo senkte die Stimme und erwiderte in vertraulichem Tonfall: »Unter uns: Eigentlich ist es kein guter Hammer, aber man soll über die Toten nichts Schlechtes sagen und einem geschenkten Gaul schaut man auch nicht ins Maul. Er hat ja seinen Dienst getan! Wenn du wünscht, so zeige ich ihn dir. Aber ich muss ihn erst holen, denn jetzt, da ich ihn nicht mehr benötige, benutze ich ihn als Türkeil.«

Er eilte davon und kam alsbald mit einem Gegenstand zurück, der zweifellos das Zepter von Trocht war: schwarz schimmernd, entfernt keulenförmig, an einem Ende hammerkopfartig verdickt und am anderen in einer Spitze mündend, die zweifellos dafür gedacht war, während eines Rituals in lebendes, zuckendes Fleisch gerammt zu werden. Vorsichtshalber brachte ich etwas Abstand zwischen mich und Londo.

»Du kannst ihn ruhig anfassen«, sagte er freundlich, streckte mir das Zepter entgegen und trat einen Schritt auf mich zu. Geschwind wich ich etwas weiter zurück. Londo stutzte und trat abermals näher. Erneut bewegte ich mich rückwärts. Ein verschlagener Ausdruck breitete sich auf seinem Gesicht aus. »Macht dir das etwa Angst? Macht dir das Angst?«

Feixend stieß er mit dem Zepter nach mir und rief bei jedem Stoß heiser: »Ha! Ha!«

»Angst ist mir unbekannt!«, belehrte ich ihn und achtete darauf, nicht von ihm berührt zu werden. »In deinem ganzen Dorf gibt es nichts, was mir Schaden zufügen könnte. Nichts und abernichts!«

Als hätte ich das Schicksal herausgefordert, traf mich im selben Augenblick ein mörderischer Schlag in den Rücken. Wie sich zeigen sollte, war ich versehentlich auf Rudolphs Zauberstab getreten, der immer noch an der Wand gelehnt hatte!

»Nun hör auf, sonst ist es mit unserer Freundschaft ganz schnell vorbei!«, knurrte ich gereizt, da es mir einige Anstrengung abverlangte, mir den wahrlich höllischen Schmerz nicht anmerken zu lassen.

»Ich habe doch nur Spaß gemacht«, verteidigte sich Londo. »Wer kann denn ahnen, dass du solche Angst vor einem gewöhnlichen Hammer hast?«

»Ich habe keine Angst, doch wenn du mir zu nahe kommst, muss ich dir … den Hammer … abnehmen, so wie es mir mein Dunkler Herr befohlen hat. Die Konsequenzen dürften dir nicht gefallen! O nein!«

»Welcher Dunkle Herr?«, fragte Londo sogleich.

Ich entschied mich für brutale Offenheit: »Hältst du es etwa für Zufall, dass ich nur wenige Tage nach dem Ableben Rudolphs hier erscheine? Ganz gewiss hast du dir schon Gedanken gemacht, warum ich hier bin?«

Ein kurzer Blickt genügte, um mir zu zeigen, dass diese Annahme falsch war.

»Was will denn dein Dunkler Herr mit Rudolphs Hammer?«

»Frage lieber, was geschieht, wenn er ihn erst einmal

besitzt. Er wird die ganze Welt beherrschen und auf eine Weise verändern, dass du sie nicht wiedererkennen wirst!«

Tatsächlich hatte ich keine Ahnung, was der Dunkle Herr wirklich vorhatte. Ich ging einfach vom Üblichen aus. Londo schien mir mein Unwissen aber anzusehen, da er kein bisschen beunruhigt war. Ich musste wohl deutlicher werden! Einen Augenblick lang spielte ich mit dem Gedanken, diesem Halbling die Schreckensvision einer Welt ohne zweites Frühstück, zweites Mittagessen und zweites Abendessen zu skizzieren, doch dann entschied ich mich für etwas Konventionelleres: eine Welt, deren Himmel durchgehend von schwarzen Wolken bedeckt war, in der auch mittags Zwielicht herrschte, es abwechselnd Asche und Pech regnete und fortwährend ein leises Nagen zu hören war. Die Darstellung geriet mir so gut, dass ich anschließend einige Zeit benötigte, um herauszufinden, in welchem seiner zahlreichen Schlaf- und Gästezimmer sich Londo unter dem Bett verkrochen hatte.

»Ich will den Hammer nicht mehr«, wimmerte er. »Du kannst ihn haben!«

»Wenn ich ihn an mich nähme, dann träte genau das ein, wovor du dich fürchtest«, erinnerte ich ihn. »Londo Twock, nur du kannst diese schlimme Zukunft verhindern und die Welt retten! Also kriech wieder unter dem Bett hervor! Lass uns gemeinsam nachdenken! Vielleicht fällt uns ja etwas Gescheites ein.«

Mit viel gutem Zureden gelang es mir schließlich, Londo wieder in sein Wohnzimmer zu locken. Ich setzte einen frischen Tee auf und da ich nicht wusste, ob es womöglich schon wieder an der Zeit war für seine nächste Mahlzeit, legte ich ein paar Kekse neben die Tasse. Ich wusste ja inzwischen, wo er sie aufbewahrte. Londo hielt mit beiden Händen einen Keks und knapperte lustlos und schweigend an ihm herum. Damit er nicht vergaß, warum wir uns zusammengesetzt hatten, eröffnete ich das Gespräch: »Was könnte man denn wegen dieses … Hammers … unternehmen?«

Mir war durchaus bewusst, dass ich auf einem sehr schmalen Grat wandelte und genauestens auf jedes meiner Worte achtgeben musste. Es gibt schließlich Regeln, an die ich mich zu halten habe. Regeln und Auslegungen.

»Ich will den Hammer nicht, du willst ihn auch nicht, also geben wir ihn jemandem anderen«, schlug Londo vor.

»Aha! Interessant«, meinte ich. »Und wem geben wir das Zep… den Hammer?«

»Jemandem, der eine weite Reise plant. Also keinem Halbling, denn wir reisen nicht gerne. Einem Menschen vielleicht. Einem Händler. Jemandem, der in ein fernes Land will und dort dann den Hammer verkauft oder verliert!«

Ich nickte anerkennend. »Ein sehr guter Vorschlag! Aber stellen wir uns für einen Augenblick vor, der Händler verkauft den Hammer. Der Käufer verkauft ihn wieder und der nächste Käufer ebenfalls und so weiter und so fort … Solange, bis der Hammer wieder hier ist. Was dann? … Das wäre doch nicht gut. Aber vielleicht fällt uns noch etwas Besseres ein.«

Londo grübelte. »Wir vergraben den Hammer ganz tief in der Erde, wo ihn niemand finden kann.«

»Ein ausgezeichneter Vorschlag«, lobte ich ihn. »Doch stellen wir uns nun vor, einige Zwerge kämen vorbei. Wie du weißt, graben sie bei ihrer Suche nach Gold und Silber allerorts ihre Stollen wie Maden im Käse und manches Mal legen sie dabei etwas frei, was besser begraben bliebe. Bestimmt hast du von den Zwergen von Dvergaria und dem Drachen Ambrosius gehört? Tausend Jahre lang schlief er friedlich unter dem Berg, bis ihn die Zwerge mit ihrem Buddeln aufweckten. Einmal wach, war er dann nicht mehr ganz so friedlich und die Geschichte endete auch etwas traurig für die Zwerge. Immerhin haben sie danach niemals wieder jemanden im Schlaf gestört. Übrigens eine recht interessante Moral, wenn man es aus dem richtigen Blickwinkel betrachtet.«

Londo schüttelte mit furchtsam aufgerissenen Augen den Kopf.

»Man kann nicht alles kennen«, tröstete ich ihn. »Was fällt uns denn sonst noch ein, was wir mit dem Hammer anstellen könnten?«

»Ich hab's!«, rief er erfreut. »Wir verstecken ihn an einem Ort, wo ganz bestimmt keine Zwerge hinkommen. Wir werfen ihn in einen tiefen See!«

»Schlau!«, erwiderte ich anerkennend. »Sehr schlau. Das löst zweifellos das Zwergenproblem. Aber stellen wir uns nun vor, ein Fisch verschluckte den Hammer und jemand angelte danach den Fisch?«

Londo hob lachend das Zepter in die Höhe. »So große Fische gibt es überhaupt nicht.«

»Natürlich gibt es so große Fische«, belehrte ich ihn. »Warum denn nicht?«

»Weil es sie nicht gibt!«

»Aber klar gibt es sie!«

»Auf keinen Fall!«

Da ich keine Zeit mit einem läppischen Streit vertrödeln wollte, beschwor ich kurzerhand das Trugbild eines

110

Weißen Hais in Londos Wohnstube. Eines sehr hungrigen Weißen Hais! Londo gab ein kurzes Quieken von sich und war so schnell verschwunden, dass ich mir einen Augenblick lang unsicher war, ob ich mich vielleicht vertan und *kein* Trugbild herbeigerufen hatte, sondern einen echten Hai. Da ich mich mittlerweile einigermaßen in Londos Wohnung auskannte, fand ich ihn sehr viel schneller als beim letzten Mal.

»Komm unter dem Bett hervor, Londo Twock«, forderte ich ihn auf. »Wir haben Wichtiges zu bereden.«

»Ist der Fisch weg?«, antwortete mir ein zaghaftes Stimmchen.

Ich schlug einen versöhnlichen Ton an. »Er war überhaupt nicht wirklich da! Wo denkst du hin? Dem armen Tier wäre ein Besuch bei dir sehr schlecht bekommen. So ein Hai muss doch schwimmen. Er muss ständig schwimmen! Schwimmen! Aber wie du jetzt weißt, gibt es wirklich sehr große Fische. Ganz nebenbei: Es gibt auch verdammt große Angler! Nun komm wieder zurück. Zweifellos werden wir noch mehr hervorragende Einfälle haben.«

Londo tat sich etwas schwer mit der Rückkehr in sein Wohnzimmer und sah sich sehr gründlich um, bevor er wieder am Tisch Platz nahm. So als befürchtete er, der Hai könne sich hinter einer Truhe oder einer Vase versteckt halten.

Ich ließ Londo Gelegenheit, wieder zu sich selbst zu finden. Friedliche Stille kehrte in sein Hügelhaus ein und eine ganze Zeit lang hörte man nichts außer seinem Schlürfen des Tees, dem Knarren unserer Stühle und einem gelegentlichen Schmatzen, wenn ich spielerisch einen der Saugnäpfe meiner Fangarme vom Tisch löste.

Urplötzlich brüllte Londo: »Ich hab's! Wir machen den Hammer kaputt!« Ohne ein weiteres Wort schleuderte er das Zepter gegen die nächste Wand. Erwartungsgemäß trug es keinen Kratzer davon. Von der Wand konnte man das nicht behaupten. Doch so leicht gab sich Londo nicht geschlagen! Er rannte mit dem Zepter aus der Wohnung und bald darauf hörte ich in der Ferne lautes Hämmern. Es gab also auch einen Schmied in Bürglibach!

Ich war froh, Londo endlich auf die richtige Fährte gebracht zu haben. Er war eben ein Halbling! Ein Mensch wäre vermutlich viel früher zu dem Entschluss gelangt, den unerwünschten Gegenstand zu zerstören. Es wäre vielleicht nicht sein erster Gedanke gewesen, aber spätestens der zweite, gleich nach dem, das Zepter zu behalten, um selbst von seiner Macht Gebrauch zu machen.

Nach zwei Stunden kehrte Londo zurück. Wirklich verwundert war ich nicht, dass das Zepter noch immer unbeschädigt war.

»Man kann den Hammer nicht zerstören«, behauptete Londo.

»*Wir* können ihn nicht zerstören«, verbesserte ich ihn. »Aber vielleicht fällt uns jemand ein, der uns dabei behilflich sein könnte?«

»Rudolph hätte sicher eine Antwort gewusst!«, erwiderte er niedergeschlagen.

Dem wollte ich nicht widersprechen. Ganz bestimmt sogar hatte Rudolph der Gewitzte einen schlauen Zaubererplan ausgeheckt. Doch leider hatte er es vorgezogen, tot umzufallen, bevor er ihn enthüllen konnte!

»Das hilft uns jetzt nicht weiter«, antwortete ich. »Wer fällt uns denn noch ein, abgesehen von Rudolph?«

»Elben«, rief Londo aus. »Sie sind sehr schlau und können uns sagen, was wir tun müssen!«

»Ja, Elben sind sehr schlau«, stimmte ich zu. »In der Regel sogar schlauer, als gut für sie ist. Doch gibt es in dieser Gegend überhaupt Elben?«

»Es gibt den Elbenwald, einige Tagesmärsche entfernt.«

»Und du warst dort schon einmal, Londo?«

»Nein, aber jedes Kind weiß, dass im Elbenwald die Elben wohnen! Warum hieße er sonst so?«

Die Richtung, in der sich unser Gespräch entwickelt hatte, gefiel mir überhaupt nicht! Denn kurz gesagt, gibt es gewisse Animositäten zwischen Elben und Angehörigen meiner Art. Doch da die Auswahl möglicher Ratgeber und Gehilfen begrenzt schien, fand ich mich schweren Herzens mit einer Reise zum Elbenwald ab.

»Am besten brechen wir gleich morgen in aller Frühe auf«, schlug ich vor.

»Das geht auf keinen Fall!«, widersprach Londo heftig. »Kein Halbling verreist, ohne zuvor ein Fest auszurichten und das ganze Dorf dazu einzuladen! Selbstverständlich schwingt dabei die Hoffnung mit, dass er während des Festes wieder zur Vernunft kommt und zu Hause bleibt. Aber so ist es nun einmal Brauch.«

»Kein Fest!«, entschied ich. »Niemand darf von meiner Anwesenheit und unserem gemeinsamen Vorhaben erfahren.«

»Wieso?«, erwiderte Londo streitlustig und stemmte die Fäuste in die Hüften.

»Ist dir die berühmte Fabel von der toten Ratte ein Begriff?«, antwortete ich. Doch was fragte ich überhaupt noch? Londo kannte die Fabel natürlich nicht! Also erzählte ich sie ihm kurz.

»Es war einmal eine tote Ratte. Nacheinander kamen zu ihrem Leichnam Mutter Ameise und Mutter Grille, Gevatter Fuchs, Gevatter Rabe und Gevatter Igel. Die Ameise wollte die Ratte fressen. Der Fuchs wollte die Ratte ebenfalls fressen und auch der Rabe wollte ein Stück von ihr abhaben. Der Igel gab sich bescheiden mit der Grille zufrieden. Und die Moral von der Geschichte: Es gibt immer eine Ameise, einen Fuchs und einen Raben und die Grille wäre dem Treffen besser ferngeblieben.«

Das überzeugte Londo. Am nächsten Morgen schlich er sich unbemerkt aus Bürglibach davon. Die Sonne war gerade über den Horizont gekrochen, hatte aber den Nebel über dem namensgebenden Rinnsal noch nicht vertreiben können. Tau hing schwer an den Gräsern.

Ich erwartete meinen Gefährten außerhalb des Dorfes. Da mein Pferd keinerlei Notiz von ihm nahm und zufrieden damit schien, wenn es hin und wieder nach mir schnappen konnte, hätten wir sogar gemeinsam auf ihm reiten können. Theoretisch jedenfalls. Doch solche Nähe wäre mir fahrlässig erschienen, und ich hatte auch den Eindruck, dass Londo meinem Reittier nicht traute, da er während der ersten Stunden immer wieder schnell den Kopf zu ihm wandte, um es anzustarren.

Wir reisten tags und rasteten nachts. Ich wählte unseren Weg mit Bedacht und ohne ausführliche Erklärungen abzugeben, da ich meinen Gefährten nicht mit der Eröffnung verschrecken wollte, dass es gleich mehrere Parteien gab, denen ich wegen aktueller oder vergangener Anlässe nicht unbedingt über den Weg laufen wollte. Völlig überraschend für mich war, wie leicht er es hinnahm, einige seiner Doppelmahlzeiten ausfallen lassen zu müssen. Ich hatte mit erheblichem Widerstand gerechnet! Einzig auf sein abendliches Pfeifchen wollte er nicht verzichten.

»Erst wenn mein feines Tabakskräutlein im Pfeifenkopf glimmt und überall blaue Ringe schweben, fühle ich mich so richtig wohl!«, pflegte er zu sagen.

Tabak – na ja! In Wirklichkeit war sein *feines Kräutlein* eine raffinierte Mischung aus Bilsenkraut, Mutterkorn und einigen speziellen Pilzen der Umgebung, verfeinert mit zermahlener Muskatnuss und zerkrümelten Eukalyptusblättern. Ich ließ Londo jedoch in dem Glauben, sein kleines Geheimnis nicht durchschaut zu haben, zumal er beim Rauchen oft schwermütig wurde, wenn ihm wieder einfiel, welche Vorhaltungen ihm Rudolph deswegen gemacht hatte. Man kann jedoch sagen, dass wir beiden Gefährten, als wir am fünften Tag unserer Reise den Elbenwald erreichten, ganz gut zusammengewachsen waren.

Den Elbenwald umgab eine mächtige Aura, die jeder, der feinfühlig genug war, schon aus einigen Meilen Entfernung spürte. Man konnte ihn nur zu gewissen Stunden betreten, die sich wie Ebbe oder Flut von Tag zu Tag änderten. Außerhalb dieser Zeiten gelangte man lediglich in einen sehr finsteren und dichten Wald, in dem man vergeblich nach Elben suchte.

Wir warteten am Ufer eines breiten, aber höchstens knietiefen Flusses, auf dessen gegenüberliegender Seite der Wald begann. Da Londo auf sich allein gestellt sein würde, schärfte ich ihm noch einmal ein, dass er »den Hammer« auf keinen Fall aus den Händen geben durfte, selbst wenn der Häuptling oder die Häuptlingsfrau der Elben – oder wie immer sie sich schimpften – es persönlich von ihm verlangten. Es verstand sich von selbst, dass er von meiner Anwesenheit nichts verraten durfte und sich auch keine zusätzlichen Begleiter aufschwatzen lassen sollte. »Danke, ich bin völlig zufrieden«, sollte er auf Vorschläge solcher Art antworten.

Die Stunde unserer Trennung kam kurz nach Londos zweitem Frühstück. Ich begleitete ihn bis zur Mitte des Flusses. Ab hier musste er alleine weiter! Mutig stapfte er durch das gurgelnde Wasser, in dem vereinzelt Lachse sprangen, und verschwand, ohne sich noch einmal umzudrehen, zwischen den Bäumen. Ich blickte dem kleinen Burschen noch eine Weile hinterher. Gerade wollte ich mein Geisterpferd wieder zum Ufer lenken, als ein Brausen, Rascheln und Seufzen ertönte, das mit jedem Augenblick lauter wurde und näher kam. Eine bleiche Flut schwappte heran, begierig, mich zu verschlingen!

Hunderte von Elben brachen aus dem Wald heraus und stelzten ungelenk auf mich zu! Bei vielen entdeckte ich Bisswunden an den Wangen, Lippen oder am Hals, manchen fehlten Haare und Skalp, ein Arm oder Teile des Brustkorbs. Sie gaben Geräusche von sich, die mich stark an meine drei künftigen Mitherrscher über die Stämme der Menschen erinnerten, und waren allesamt tot. Wenn Londo diesen Gestalten in die Hände fiele, so wäre es mit ihm aus und vorbei! Trotz dieser Befürchtung zögerte ich, meinem Gefährten umgehend zu Hilfe zu eilen. Doch dann wurde mir bewusst, dass ich von diesen Elben und ihrem Elbenwald nichts mehr zu befürchten hatte. Jemand hatte gründliche Arbeit geleistet!

»Ho!«, rief ich und trieb das Pferd mitten in die Schar der untoten Elben hinein und auf den Wald zu. Anfänglich kam ich noch ganz gut voran, doch dann wurden es

116

einfach zu viele. Sie klammerten sich in Trauben an das Pferd, wurden mitgeschleift, gerieten unter seine Hufe und ließen dennoch nicht ab. Immer mehr von ihnen strömten herbei, bissen und kratzten mich, was ohne Auswirkungen blieb, denn einem Illurandir konnten sie nichts anhaben. Auch mein Geisterpferd hätte ganz gelassen bleiben können, doch stattdessen beschloss es zu denken. Dabei folgte es einer einfachen Logik: Es war in eine Lage geraten, die ihm nicht gefiel. In diese Lage hatte es sein Reiter gebracht. Also war es angebracht, den Reiter zu bestrafen!

Ich hatte geduldig ertragen, von zahllosen untoten Elben betatscht zu werden, doch dass mich nun mein Pferd biss, und zwar schmerzhaft, war einfach zu viel! Verärgert riss ich dem unleidigen Biest den Kopf ab und schleuderte ihn so weit weg, wie ich konnte. Das hatte es nun davon! Die untoten Elben – offenbar aufgeschlossen für alles Neue – schlurften und hinkten ihm sogleich hinterher, und endlich tat der Pferdekopf, was er schon die ganze Zeit hätte tun sollen: Er biss die Elben!

Ein Geisterpferd kann man auf diese Weise nicht töten. Ich will aber anmerken, dass das meinige anschließend sehr viel umgänglicher war, womit wieder einmal bewiesen wäre, dass aller Ärger häufig vom Kopf ausgeht. Allerdings stolperte es nun ständig oder stieß irgendwo an!

Der Elbenwald war zwar geschändet, doch immer noch verzaubert, sodass es mir leichtfiel, dem Ruf des Zepters zu folgen, in dessen Nähe sich hoffentlich auch mein Gefährte aufhielt. Außerhalb des Waldes war es Vormittag gewesen, doch im Elbenwald herrschte ständige Nacht. Eine helle Nacht, denn jeder Baum und jeder Busch leuchtete silbern und am Himmel blinkten und

117

funkelten mehr Sterne, als es nachweislich gab. Was soll man dazu sagen? Angeberische Elbenmagie eben!

Ich gelangte zu einer Lichtung, in deren Mitte sieben Linden wuchsen, deren Stämme so ineinander verschlungen waren, dass zwischen ihnen eine Grotte entstand. Ein goldenes Licht strahlte aus ihr heraus und beleuchtete eine scharf abgegrenzte Kreisfläche um die Baumgrotte herum. Innerhalb des Kreises lagen mehrere Skelette, in deren Knochen Paare von Pfeilen steckten: in den Augenhöhlen, im Brustkorb und im Becken. Auf dem Kreisrand entdeckte ich zwei sehr bemerkenswerte Exemplare toter Elben. Der Teil ihrer Körper, der sich innerhalb des Kreises befand, war vollständig skelettiert, während der andere Teil, der außerhalb lag, noch immer von verrottendem Fleisch bedeckt war. Es war nur zu offensichtlich, dass es für mich oder das Pferd sehr schädlich wäre, den Kreis zu betreten!

Ich rief laut: »Londo Twock, bist du hier?«

»Ja«, ertönte seine Stimme, aber er zeigte sich nicht.

»Was machst du gerade?«, fragte ich misstrauisch.

»Ich blättere in einem Buch.«

»In was für einem Buch denn?«

»Weiß ich nicht. Ich kann nicht lesen.«

»Ist jemand bei dir oder ist sonst noch etwas in der Grotte?«

»Beide Mal nein«, ertönte es.

Der Schluss lag nahe: So gut wie das Buch beschützt war, musste es etwas Wichtiges enthalten!

»Dann zeige dich und bringe das Buch mit. Ich kann nämlich lesen und ich glaube nicht, dass wir hier noch jemanden finden, den wir um Rat fragen könnten.«

Zaghaft trat mein Gefährte ins Freie. In seinen Händen hielt er ein Buch mit einem Einband aus Rosenblättern. Mit einem ängstlichen Blick auf die Skelette fragte er: »Wer hat das alles angerichtet?«

»Vermutlich *Der Nekromant*«, erklärte ich bereitwillig. »Bevor du weiterfragst: *Der Nekromant* ist in der Regel ein momentan noch völlig unbedeutender Nekromant, der sich zu Höherem berufen fühlt. Weltherrscher, Mann hinter dem Thron und so weiter! Die Untoten erschafft so ein Gernegroß bloß, um das Befehlen zu erlernen. Am Anfang sagt er noch: Geh und beiß! Sobald er darin Übung hat, wagt er sich an weniger offensichtliche Beeinflussungen heran, wie etwa: Wäre es nicht eine schöne Idee, ihr Untoten, diesen oder jenen zu beißen? Wer in der Zukunft eine Graue Eminenz sein will, kann schließlich nicht sagen: König, beiß! Oder: König, mach Krieg! … In meinen Kreisen sind diese Gestalten berüchtigt.«

»Dein Pferd hat keinen Kopf mehr«, unterbrach Londo meine lehrreichen Ausführungen.

»Ja, ist mir auch schon aufgefallen«, erwiderte ich. Aber ich hatte nun auch eine Frage: »Liegt in der Grotte Sand?«

Londo verneinte. »Warum fragst du?«

Ich deutete auf sein Buch, aus dem etwas herausrieselte. Verwundert klappte es Londo auf und begann sogleich heftig zu husten, als eine Staubwolke aufstieg. Ich begriff, was vorging, und rief: »Londo, zurück in die Grotte! Das Licht zerstört das Buch!«

Wieselflink rannte er zurück. »Hat es argen Schaden genommen?«, fragte ich ihn.

Eine Antwort erhielt ich erst nach einem ausgiebigen Hustenanfall. »Eine Seite ist noch übrig.«

Ich verfluchte mich. Mein eitles Verlangen, Wissen und Bildung meines Gefährten auf dieser Zepterqueste zu bereichern, hatte mich einen Fehler begehen lassen, den ich vielleicht noch lange bereuen würde! Es stand jedoch zu viel auf dem Spiel, um jetzt aufzugeben.

»Du kannst die Worte zwar nicht lesen, Londo, aber du kannst mir beschreiben, wie sie aussehen«, sprach ich.

»Das kann ich«, bestätigte er. »Mit welchem soll ich denn anfangen?«

»Mit irgendeinem, das dir auffällt. Von da an machen wir dann weiter.«

»Also gut«, stimmte er zu. »Ich sehe eine Schlange, einen langen Strich mit drei kurzen Strichen, einen Stab, einen langen Strich mit einem kurzen Strich, nochmals einen langen Strich mit drei kurzen und zwei Becher.«

Zusammen ergab das S-E-I-L-E-U-U – und gleichzeitig auch sehr wenig Sinn. Das war weder ein Wort noch ein elbischer Name. Ich hatte noch nie von einem Elben namens Seileu-u gehört! Also bat ich Londo, das Wort nochmals zu beschreiben. Vielleicht hatte er etwas ausgelassen? Doch diese Hoffnung trog, denn er wiederholte genau das, was er zuvor gesagt hatte. Ich dachte nach und kratzte dabei »SEILEUU« in den Boden. Was sollte das denn bedeuten? Urplötzlich kam mir ein waghalsiger Verdacht.

»Londo, was geschieht, wenn jemand Wasser in die beiden Becher gießt?«

Londo lachte. »Es fließt heraus und er wird nass.«

»Die Becher sind wohl umgekippt? Liegen sie auch übereinander?«

Londo bestätigte beides. Nun klärte sich alles von alleine. Die beiden Us waren keine Us und auch das vermeintliche L war wohl doch ein T. Alles zusammen ergab somit: SEITE 3.

Es wäre wohl zu viel erwartet gewesen, hätten wir schon beim ersten Versuch etwas Brauchbares herausgefunden. Doch da an der Herangehensweise nichts auszusetzen war, hieß ich Londo, sich ein weiteres Wort vorzunehmen. Nach einiger Zeit waren wir ganz gut aufeinander eingespielt. Wie sich zeigte, war es nicht nötig, jedes Wort zu entschlüsseln, um zu verstehen, was auf den beiden Seiten geschrieben stand. Vor allem auf die kurzen Wörter konnte man oft verzichten. Warum das Buch so gut beschützt gewesen war, erfuhren wir zwar nicht, doch die erhalten gebliebenen beiden Seiten erzählten eine Geschichte, die unserer ähnelte!

Sie handelte von einem Reiter, bei dem Londo und ich uns nicht einig werden konnten, ob er – wie Londo meinte – häufig kopflos handelte oder gar keinen Kopf besaß, wie es mir stimmiger erschien. Dieser Reiter hatte die Elben mit einem geheimnisvollen »bösen Ring« aufgesucht, den er zu vernichten trachtete. Die Elben hatten ihn laut eigenen Angaben »sehr gut beraten«, worauf er am nächsten Tag aufgebrochen war zum …

Was nach »zum« kam, hatte leider auf Seite fünf gestanden, die unwiederbringlich zu Staub zerfallen war. Niemand würde es je erfahren! Wir waren also an einem einzigen, fehlenden Wort nach diesem verhängnisvollen »zum« gescheitert und Schuld daran trug unser fahrlässiger Umgang mit dem Elbenbuch! Allerdings könnte man anführen, dass der elbische Chronist ruhig etwas straffer und weniger schwatzhaft hätte formulieren können. Schon eine einzige eingesparte Zeile hätte uns vor der Niederlage und die ganze Welt vor künftiger Tyrannei, Knechtschaft und Leid bewahrt!

»Sicher haben wir noch mehr gute Einfälle!«, versuchte

ich, meinen Gefährten aufzumuntern. Vergebens! Denn während wir wachsam zum Waldrand marschierten, quälte er sich mit Aufzählungen wie: *zum* See, *zum* Fluss, *zum* Gebirge, *zum* Tal.

»Immerhin können wir eine Höhle ausschließen!«, stellte er zufrieden fest. *»Zur* Höhle!«

»Zum unterirdischen Labyrinth«, wandte ich sogleich ein.

Derweil bereitete mir das Geisterpferd nur noch Ärger! So oft stolperte es oder rannte gegen ein Hindernis, dass ich an einen Zufall nicht mehr glauben wollte. Zumal nachdem ich eben erst von einem gleichfalls Kopflosen erfahren hatte, der mühelos zu den Elben gefunden hatte und anschließend schnurstracks – und ohne zu stolpern! – zum unbekannten »Zum« aufgebrochen war. Doch wer weiß, womöglich war auf den folgenden Seiten zu lesen gewesen, dass der Reiter im Kreis ging und alle zwei Tage wieder bei den Elben vorsprach?

Als wir den Wald verlassen und den Fluss überquert hatten, gab ich mich geschlagen und sprach zu meinem Gefährten: »Londo Twock warte hier auf mich, denn ich muss noch einmal zurück in den Elbenwald. Solange der Gaul seinen Kopf nicht wiederhat, gibt er ja doch keine Ruhe. In meiner Abwesenheit meide Elben! Vor allem die, die etwas hilfsbedürftig erscheinen.«

Ich fand den abgerissenen Kopf schon nach kurzem Suchen auf einem stattlichen Haufen gründlich durchgekauter und nun nicht mehr ganz so *un*toter Elben. Ein Ausdruck glücklicher Bösartigkeit lag auf seinem langen Pferdegesicht. Zwischen seinen Kiefern steckte noch immer ein einzelner Arm. Ich zog ihn aus seinem Maul heraus und sofort fiel mir auf, dass er erstaunlich warm war für den Arm eines Untoten! Anscheinend hatte das Pferd noch einen lebendigen Elben vorgefunden! Ich blickte mich um, entdeckte aber keine Überreste, die zu dem Arm passten. Dann bemerkte ich etwas anderes: Die tote Elbenfaust hielt etwas umschlossen! Ich bog die klammen Finger zurück und stieß auf ein zusammengeknülltes Blatt Elbenpapier. Ich entfaltete es und konnte es kaum glauben, als sich herausstellte, dass es sich dabei um die verloren geglaubten Seiten fünf und sechs des zerfallenen Buches handelte! Manchmal lohnt es sich eben doch, einem geschenkten Gaul ins Maul zu schauen.

Selbstredend kamen mir viele Fragen in den Sinn. Konnte es einen solchen Zufall geben? Warum hatte der Elb ausgerechnet diese Seite aus dem Buch gerissen? Wieso zerfiel das Blatt nicht im Licht – und etliche andere. Die meisten beantworteten sich beim Lesen. Unserem kopflosen Reiter waren nur noch drei Zeilen gewidmet. Der nächste Eintrag begann mit einer umfangreichen Liste von Zutaten für einen Zauber zur Abwehr von Untoten. Die hatte der einstige Besitzer des Armes also zusammentragen wollen!

Im Grunde war das doch recht erheiternd, da ich die komplizierte Liste im Maul einer einzigen Zutat gefunden hatte, die ganz erheblich zur Eindämmung des Untotenproblems im Elbenwald beigetragen hatte.

Ich kehrte zu Londo zurück und zeigte ihm schon von ferne, was ich gefunden hatte. Im Sonnenlicht zerfiel das Blatt zwar umgehend, aber das machte nichts mehr, da ich ja wusste, was darauf gestanden hatte. Während ich dem Pferd wieder den Kopf auf den Hals setzte, fragte ich: »Londo Twock, ist dir *Funkensattel* ein Begriff? Dort wollte der kopflose Reiter den Ring zerstören.«

»Aber ja«, sagte er. »Ich habe schon als Kind von ihm gehört. Es ist ein Feuer speiender Berg, der vor allem nachts schaurig anzusehen ist.«

»Magma, das heiße Blut der Erde«, antwortete ich. »Darum geht es also! Wo ist der Berg?«

»Nördlich von Bürglibach soll er sein, etwa sieben Tagesreisen entfernt. Wenn ich jetzt wüsste, in welcher Richtung mein liebes Bürglibach liegt, könnte ich dir genau sagen, wo du ihn findest.«

»Keine Sorge«, beruhigte ich ihn. »Ich weiß, wohin wir müssen.« Tatsächlich waren wir schon ganz richtig, denn vom Elbenwald aus konnten es allenfalls noch vier Tage bis zum *Feuersattel* sein.

Londo hatte dem Geisterpferd von Anfang an nicht über den Weg getraut. Inzwischen hatte er gelernt, dass es auch ohne Kopf zurechtkam und sich das Vorhandensein oder Abhandensein dieses Körperteils nicht auf seine Existenz, sondern allenfalls auf seine Stimmung auswirkte oder den Grad seiner Renitenz. Das machte ihm zu schaffen! Während wir dem feurigen Berg näher und näher kamen und damit auch dem Ende unserer gemeinsamen Queste, wurde er zunehmend bedrückter. Ich versuchte, ihn mit unterhaltsamen Wissensfragen aufzuheitern. »Wusstest du, dass Hunde die besten Freunde sind, Londo Twock? Menschen haben ein eigenes Sprichwort, um ihr Verhältnis zu Pudeln, Pinschern und Teckeln zu beschreiben. Der Hund ist des Menschen bester Freund! Dasselbe gilt aber auch für Seehunde und ihr Verhältnis zu Nixen und Wassermännern! Auch mit Flughunden ist sehr gut Kirschen essen, vor allem, wenn man selbst einer ist. Möglicherweise gibt es nur eine einzige Ausnahme: Höllenhunde! Niemand hat je herausgefunden, wessen bester Freund sie sind.«

Besserung brachte das leider nicht!

Zwar schwebte keine Rauchfahne über dem *Funkensattel*, doch dem kundigen Betrachter erschloss sich seine Natur sofort. Er war ein Kegelberg, der sich einsam aus der Landschaft erhob. Wir erkletterten ihn, wobei ich den Kraterrand als Erster erreichte, da Londo nicht ganz bei der Sache war. »Londo Twock«, rief ich von oben zu ihm hinab. »Wer hat dir von dem Feuerberg erzählt?«

»Mein Großvater!«, antwortete er keuchend.

»Und woher hat dein Großvater die Geschichte?«

»Von seinem Großvater!«

»Und wer erzählte sie dem Großvater des Großvaters?«

»Sein Großonkel!«

»Man kann also sagen, dass schon lange kein Twock mehr in dieser Gegend war?«

»Das will ich meinen! Reisen ist bei uns nicht sehr angesehen, denn Reisende erzählen oft seltsame Geschichten, die ihnen niemand glaubt.« Der Rest seiner Worte, der etwas mit Pferden zu tun hatte ging in Genuschel unter.

Bald darauf war auch er oben angekommen. Atemlos und schweißüberströmt blickte Londo in den Krater und sah, was ich etwas früher entdeckt hatte: ein kreisrundes, saftiggrünes Tal mit Blumen, Sträuchern und jahrhundertealten Bäumen und einem glasklaren See, in dem sich das Regenwasser vieler Jahre gesammelt hatte. Dieser Vulkan hatte sein wildes Wüten schon vor langer Zeit eingestellt!

»Ein See! Genau das, was ich nach diesem beschwerlichen Aufstieg brauche«, rief Londo erfreut, kletterte eilig die Kraterwand hinab und rannte zu dem Gewässer. Mit einem Jauchzen sprang er in das kühle Nass – und mit einem mörderischen Kreischen kam er sofort wieder heraus! Ich eilte zu ihm. »Das Wasser ist kochend heiß!«, beschwerte er sich. »Ich habe mich am ganzen Körper verbrüht!«

»Das ist die beste Nachricht, die ich seit Tagen gehört habe!«, antwortete ich erfreut. Londo bedachte mich mit einem beleidigten Blick und suchte seine Kleidung zusammen, die er während des Laufens ausgezogen und von sich geworfen hatte. Aber es war tatsächlich eine gute Nachricht, denn irgendein Feuer musste das Wasser des Sees schließlich aufheizen! Wir mussten es nur noch finden.

»Ich habe etwas gefunden!«, verkündete Londo wie aufs Stichwort. Er stand vor einem Felsentor, das in die Kraterwand hineingehauen war.

»Was steht da?«, fragte er und deutete auf eine zwergische Inschrift, die am Rand des Tors entlanglief. Ich übersetzte sie ihm: »Sag was und tritt ein!«

»Was soll ich denn sagen?«, fragte Londo. Knirschend öffnete sich das Tor.

»Irgendwas reicht also«, stellte er erfreut fest und wollte eben hindurchtreten, als es dicht vor seiner Nasenspitze wieder zuschlug. »Was soll das denn?«, rief er empört. »Was da alles hätte passieren können!«

Ein schnelles Öffnen und sofortiges Wiederschließen des Tores folgte auf seine Worte. Er schüttelte den Kopf: »Was sagt man dazu? Seltsam, was?« Erneut öffnete und schloss sich das Tor. Londo stampfte empört auf und schimpfte: »Wasser auf die Mühlen von allen, die sagen, mit Zwergen stimme was nicht! Das ist wohl was Komplizierteres, was? Nun sag doch was!«

Öffnen und wieder Schließen – das ging eine ganze Zeit lang gut, dann war ein lautes Knirschen zu hören und das Tor bewegte sich nicht mehr. Zum Glück stand es gerade offen. Eine Felsenkammer und ein weiteres Tor mit Inschrift drum herum erwartete uns.

»Was steht dieses Mal darauf?«, fragte Londo. Ich übersetzte es ihm: »Sag noch mal was!«

»Was?«, kreischte Londo außer sich. Dieses Mal benötigte er nur noch halb so lange, um das Meisterwerk zwergischer Handwerkskunst zu zerstören. Es musste ein Heidenspaß sein, ihn bei einem Spaziergang durch eine der alten Zwergenstädte zu begleiten!

Hinter dem Tor begann eine abwärts führende Treppe, die nach wenigen Stufen in völliger Dunkelheit verschwand. Ich traute ihren Erbauern jedoch zu, dass sie demjenigen, der die Treppe benutzen wollte, nicht zumuten würden, sich durch die Finsternis zu tasten, und Vorsorge getroffen hatten. Wie wahr! Kaum belasteten wir die erste Stufe, trat eine silbern leuchtende Flüssigkeit aus den Wänden und sammelte sich in einer Rinne zu beiden Seiten der Stufen. Aber es war keine Flüssigkeit, sondern gefangenes Mondlicht! In seinem ausreichend hellen Schein stiegen wir tiefer und tiefer. Am Fuß der viele Hundert Stufen zählenden Treppe erwartete uns ein Gewirr von Gängen. Ich führte Londo auf kürzestem Weg hindurch, verkniff mir aber nicht einen kleinen Seitenhieb. »*Zum* unterirdischen Labyrinth«, erinnerte ich ihn. »Also war es voreilig von dir, *zur Höhle* auszuschließen.«

Das Labyrinth mündete in einen einzelnen, leicht abfallenden Gang. Je weiter wir ihm folgten, desto rötlicher färbte sich das bislang silberne Licht und auch die Luft wurde immer wärmer. Plötzlich verstellte uns eine mannsgroße Gestalt den Weg. Zuerst erkannte man kaum mehr von ihr als einen Schatten, doch bereits an jenem störte mich etwas, wiewohl ich nicht gleich sagen konnte, was es war. Der Kopf, erkannte ich schließlich. Die Gestalt besaß keinen Kopf!

Ich hatte nicht ganz ausgeschlossen, dass wir dem kopflosen Reiter begegnen könnten. Aber ich hatte nicht damit gerechnet, dass mein Halblingsgefährte umgehend auf ihn zurennen und brüllen würde: »Der kann uns helfen! Zu Diensten, Londo Twock.« Und schon gar nicht war in der Elbengeschichte erwähnt gewesen, dass der Reiter schwer bewaffnet sei.

Er trug Panzer und Schwert und griff sogleich damit an. Londo versuchte, den Hieb mit dem Zepter abzuwehren, doch die rötlich schillernde Klinge schnitt ungehindert hindurch! Hätte ich nicht blitzschnell einen Fangarm vorschnellen lassen und Londo weggezerrt, so hätte die Bezeichnung Halbling eine ganz neue Bedeutung erhalten! Allerdings berührte mich das Schwert dabei und schnitt ein Stück aus meinem Tentakel heraus! Dafür konnte es nur eine Erklärung geben: Stahl aus den Essen von Qalhâmúr – dagegen war auch ich schutzlos!

Erstaunlich behände schritt der kopflose Reiter auf uns zu. Als er erneut sein Schwert schwang, setzte ich alles auf eine Karte und rief: »Was!« Sofort verharrte er in der Bewegung!

»Ich werde ihm jetzt das Schwert abnehmen«, schnauzte ich Londo an. »Doch solange ich es nicht in meinen Tentakeln halte, will ich keinen Mucks von dir hören!«

Ich ging zu dem Reiter, doch gerade als ich nach dem Schwert greifen wollte, hörte ich hinter meinem Rücken ein verständnisloses »Was habe ich denn getan?«. Zum Glück zerfiel der Krieger im selben Augenblick zu Staub und dachte nicht daran, sich erneut zu erheben. Daher ließ ich die nun ungefährliche Klinge liegen und sammelte stattdessen das abgeschnittene Kopfstück des Zepters auf.

Londo hatte seine Fassung schnell zurückgewonnen. »Können wir den Hammer nicht mit dem Schwert zerhacken?«

»Ein hervorragender Einfall, Londo Twock«, lobte ich ihn. »Leider kann man fast alles, was zerbrochen oder zerschnitten war, neu zusammenfügen. Schwerter, Ringe, Reifen … darüber könnte ich dir stundenlang Geschichten erzählen. Nur die Schmelze im kochenden Blut der Erde bewirkt etwas.«

Am Ende des Ganges fanden wir im Boden ein enges Gitter. Tief unter ihm strömte blendend helles, dünnflüssiges Gestein vorbei. Londo versuchte, den Zepterstumpf zwischen die Gitterstäbe zu zwängen, doch sie waren viel zu eng beieinander. »Ich hole das Schwert, damit wir ein paar Stäbe entfernen können«, verkündete er.

»Damit wirst du nichts erreichen«, widersprach ich, »denn Schwert und Gitter sind beide aus qalhâmúrischem Stahl. Sie beschädigen sich gegenseitig nicht. Bei dem Zepter ist das allerdings eine andere Sache …«

»Zepter?«, fragte er.

Ohne Vorwarnung entriss ich ihm den vermeintlichen Hammerstiel. »Das Zepter von Trocht! So heißt dein

Hammer wirklich. Doch nun ist die Zeit gekommen, unsere Gemeinschaft zu zerbrechen! Londo, ich habe dir nie verschwiegen, dass ich den Befehl meines Herrn Wort für Wort auszuführen habe.«

Londo starrte mich an wie ein waidwundes Tier, und ich erkannte, dass ihm das Konzept von Lüge und Verrat völlig fremd gewesen war!

Als ich wieder vor dem Dunklen Herrn stand, hatten sich die drei Trochtvalliri bereits eingefunden. Sie merkten gleich, dass ich erfolgreicher gewesen war als sie, und ich spürte ihren Neid. Stolz streckte ich dem Dunklen Herrn meinen Fund entgegen. »Wie du befahlst!«

Er starrte auf den Stiel des Zepters und erwiderte: »Es wurde zerstört!«

»Halb so wild«, beschwichtigte ich ihn. »Ein begabter Töpfer kann das fehlende Stück leicht ersetzen. Oder noch besser jemand, der geschickt mit Wachs modellieren kann! Wachs und ein wenig Farbe können wahre Wunder bewirken.«

Nach einem Augenblick völliger Stille explodierte genau vor mir ein Vulkan. »Das Zepter von Trocht ist zerbrochen und du rätst mir, es mit Wachs ausbessern zu lassen?«, brach es aus dem Dunklen Herrn heraus.

»Und mit etwas Farbe«, erinnerte ich ihn.

»Aus meinen Augen«, brüllte er unbeherrscht. »Aus meinen Augen! Aus meinen Augen!«

So leicht wollte ich mich nicht abwimmeln lassen. »Du versprachst mir bei Zufriedenheit mit meinen Diensten die Herrschaft über einen der Stämme der Menschen. Welcher wird es sein und wann soll ich mich ihm offenbaren?«

Dass ich auf meinen Lohn nicht verzichten wollte, reizte den Dunklen Herrn nur noch mehr. »Bei Zufriedenheit?«, wiederholte er mit überschlagender Stimme. »Aus meinen Augen! Aus meinen Augen! Geh mir aus den Augen!«

Die Trochtvalliri hatten unbeteiligt zugesehen. Ich deutete auf sie und beschwerte mich: »Im Gegensatz zu mir haben deine drei vertrockneten Vögel überhaupt nichts erreicht!« Sofort krächzten sie bedrohlich und der Dunkle Herr befahl erneut: »Geh mir endlich aus den Augen, Illurandir!«

Ich hatte aufmerksam mitgezählt! Soeben hatte er mir zum siebten Mal befohlen, mich zu entfernen, womit sichergestellt war, dass er mich nie wieder zu sich rufen konnte. Es gibt Regeln! Manche sind interpretierbar, aber diese eine ist es ganz gewiss nicht! Er würde sich leider einen anderen Dummen suchen müssen, den er für alle Zeiten in seinen Dienst pressen konnte.

»Wie du wünscht, Dunkler Herr«, erwiderte ich unterwürfig und verschwand.

Der arme Londo! Er hatte mich für einen Freund gehalten und konnte nicht verstehen, warum ich ihn derart hinterging. Irgendwann, während wir uns noch gegenüberstanden, entdeckte er den Zepterkopf, der mir scheinbar unbemerkt aus dem Gewand gefallen war. Er wollte nicht auf ihn starren, doch sein Blick wanderte immer wieder zu ihm. Um ihn nicht unnötig in der Angst schweben zu lassen, ich könne meinen »Verlust« bemerken, entfernte ich mich. Bei dem Schwert des kopflosen Reiters hielt ich inne. »Ein sehr scharfes Schwert. Achte darauf, dass du nicht versehentlich darüber stolperst, Londo Twock, und dich … oder deinen Besitz … in ganz dünne Scheiben schneidest«, ermahnte ich ihn. Als ich mir sicher war, dass er verstanden hatte, wie er die verbliebene Hälfte des Zepters in die heiße Glut bekäme, löste ich mich auf.

Ich habe mir vorgenommen, Londo irgendwann zu besuchen. Sein fünfzigster Geburtstag scheint mir ein guter Anlass dafür zu sein, aber vielleicht warte ich auch bis zu seinem einhundertelfzigsten.

Wieland Freund

BLINDFLUG NACH MITTELERDE

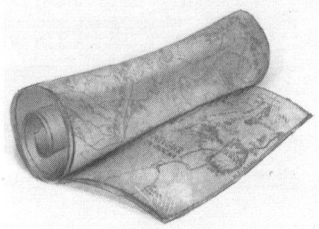

Üblicherweise bleibt das Schriftstellern, die für Kinder schreiben, erspart: »Normale« Kinderliteratur braucht selbst im Klassikerstatus keine Fußnoten, Anmerkungs-apparate und historisch-kritische Editionen. Bei dem Fan-tastischen verfallenen Oxford-Dozenten allerdings machen die Angelsachsen gern mal eine Ausnahme. Eine annotierte *Alice im Wunderland* (Lewis Carroll lehrte in Oxford Mathematik) gibt es schon seit 1960, und einen annotierten *Hobbit* gibt es jetzt auch: Der Tolkien-Exper-te Douglas A. Anderson hat J. R. R. Tolkiens erstes Buch als *Das große Hobbit-Buch* neu herausgegeben – mit Hun-derten von Anmerkungen, diversen Anhängen und allem bibliografischen Drum und Dran. Und dass es jetzt über-setzt wurde, hat auch seinen tieferen Grund: Wir leben im Jahr des Hobbits. Tolkiens Debüt von 1937 steht vor seinem 75. Geburtstag, vor allem aber steht es unmittel-bar vor seiner Monumentalisierung durch das große, di-gitale Kino.

Der alte Tolkien hätte sich das wohl nicht träumen las-sen. Zwar besaß er eine Schreibmaschine mit zusätzli-chen Kursivbuchstaben (woraus sich vielleicht schließen lässt, dass er Sinn gehabt hätte für die neuen Möglich-keiten der Textverarbeitung), von der Opulenz des ame-rikanischen Films aber hielt er (obwohl er als Leser Tri-viales durchaus zu schätzen wusste) wenig. Seinen ersten deutschen Illustrator, den, wie Tolkien schrieb, »armen

Horus Engels«, beschuldigte er der »Disnität«; Walt Disney selbst, zweifellos sein Zeitgenosse, hielt er für talentiert, aber »korrumpiert«: »In den meisten Filmen, die aus den Disney-Studios kommen, gibt es erstaunliche und bezaubernde Momente, doch der Gesamteindruck ist nur abstoßend für mich. Bei einigen ist mir richtig schlecht geworden.«

Dennoch: Tolkien hat diese Filme gesehen – nicht selbstverständlich für einen Oxforder Linguistik-Professor des Jahrgangs 1892. Obwohl (oder gerade weil) früh verwaist, hat er die Verbindung zu dem Kind, das er war, ein Leben lang gehalten. Die diversen Clubs und Gesellschaften, denen er angehörte, darunter die berühmten »Inklings«, zu denen auch der *Narnia*-Schöpfer C. S. Lewis zählte, Tolkiens bester Freund, waren wohl nicht zuletzt Banden spielender Jungs, die sich statt im Wald oder auf der Straße nun am Kamin eines Oxforder Colleges oder, vorzugsweise dienstags, im Bird and Baby versammelten, um sich dort ihr neues Spielzeug, das heißt: ihre Manuskripte zu zeigen. Dabei spielte gerade Tolkien – wie alle Kinder wesenhaft ein Fragmentarier – seine Spiele oft nicht zu Ende. Mal erlag er einem anderen Reiz, mal scheint er sein Spielzeug einfach verbummelt zu haben.

Andererseits fand er stets mühelos ins Spiel zurück. Einen Brief, den er im Laufe des Jahres 1967 aus welchen Gründen auch immer abbrach, konnte er im Herbst 1968 einfach so fortsetzen. Und so ist es ihm auch mit dem *Hobbit* gegangen. Auch das Buch, das ihn überhaupt erst zum (veröffentlichten) Schriftsteller machte, brach er ab und vergaß es dann so gründlich, dass es Douglas A. Anderson und viele andere Tolkien-Forscher, von denen es nicht wenige gibt, bis heute viel Mühe und detektivischen Spürsinn kostet, die Entstehungsgeschichte zu rekonstruieren. Jede Menge Briefe, Erinnerungen und ein peinlicher Abgleich diverser erhaltener Manuskripte sind nötig, um den berühmten ersten Satz »In einem Loch im Boden, da lebte ein Hobbit« auf den reichlich vagen Zeitraum 1928 bis 1930 zu datieren.

In jedem Fall war der *Hobbit* im Frühsommer 1936 nicht fertig. Damals lieh sich eine Lektorin des Verlags Allen & Unwin, die wegen einer Übersetzung des angelsächsischen Heldenepos *Beowulf* in Oxford war, das unvollendete Manuskript eher beiläufig aus und ermunterte Tolkien nach der Lektüre, es fertigzustellen. Der zehnjährige Verlegersohn verfasste ein etwas vollmundiges, aber sehr freundliches Gutachten; Tolkien begann sein Kinderbuch (denn das war es) selbst zu illustrieren, der Verlag kündigte (in erheblicher Verkennung der Tatsachen oder mit einer gehörigen Portion Frechheit) »vielleicht ein neues *Alice im Wunderland*« an, und dann druckte man ganze 1500 Exemplare. Wie so ziemlich jedes Buch kam auch *Der Hobbit* am Abgrund des Vergessens zur Welt. Letzte Reste einer zweiten Auflage von 2300 Stück gingen 1940 im deutschen Bombenhagel unter. Und in der Notzeit danach fehlte es dem Buch, dem ein nicht ganz unvoreingenommener C. S. Lewis »das Zeug zum Klassiker« attestiert hatte, erst einmal an Papier. Hätte Tolkien nicht den *Herrn der Ringe* geschrieben (und damit die Fantasy begründet), sein *Hobbit* wäre heute vergessen. Hätte er allerdings nicht den *Hobbit* geschrieben – er hätte den *Herrn der Ringe* vergessen können. Es war erst der *Hobbit* (als Buch wie als Identifikationsfigur), der das Tor zu Tolkiens fantastischer Welt Mittelerde aufstieß und auch solchen Menschen Zugang gewährte, die keine Mediävisten, Linguisten oder Mythomanen waren.

Wie heute jeder seiner Fans weiß, hat Tolkien schon als Jugendlicher Sprachen erfunden. Zum Erzähler aber wurde er erst, als er in einem billigen Notizbuch mit dem Verfassen der sogenannten *Lost Tales*, der Verschollenen Geschichten, begann, aus denen mit der Zeit *Das Silmarillion* erwuchs, Tolkiens große Kunstmythologie, der Eisberg unter der Spitze, die *Der Hobbit* und *Der Herr der Ringe* darstellen. Tolkien hatte, als er mit den *Lost Tales* begann, erkannt, dass eine (erfundene) Sprache einen (erfundenen) mythologischen Urgrund braucht; ebenso aber wollte er den historischen Verlust einer solchen Mythologie in England wettmachen. Über die normannische Eroberung konnte er wie ein Bierkutscher fluchen, über das finnische *Kalevala*, eine im 19. Jahrhundert zusammengestellte Sammlung finnischer Mythen, schrieb er: »Ich wünschte, wir hätten noch mehr davon – etwas von der gleichen Art, das uns Engländern angehörte.« In Tolkien steckte von Anbeginn an ein fantastischer Bruder Grimm, nur war, was er schrieb, keiner Öffentlichkeit vermittelbar. Eriol, übersetzbar als »einer, der alleine träumt«, hieß sein erster Erzähler.

Im Familienmenschen Tolkien jedoch, dem Vater von vier Kindern, steckte auch so etwas wie ein Gelegenheitsdichter, und im *Hobbit* fanden der mediävistisch inspirierte Eriol und der auf der Bettkante erzählende Vater zusammen. Und der erste Satz, den Tolkien in seinem Arbeitszimmer, während er Prüfungsarbeiten korrigierte, auf ein frei gebliebenes Blatt einer dieser Arbeiten schrieb, könnte bettkantenmäßiger, kinderbuchtypischer nicht sein: »In einem Loch im Boden, da lebte ein Hobbit.« Nichts an diesem Satz (und zwar nicht einmal das seltsame Wort *Hobbit*) weist einen Bezug zum *Silmarillion* auf. Dafür kann Douglas A. Anderson in seinem *großen Hobbit-Buch* auf vielerlei Bezüge zur Kinder-, Abenteuer- und Unterhaltungsliteratur verweisen – und zwar auf Bücher, die um 1930 allesamt schon ein bisschen angestaubt waren.

Dass »Hobbit« sehr nach »rabbit«, dem englischen Kaninchen, klingt, war Tolkien lebenslang eher unangenehm, andererseits wird Bilbo Beutlin, der kleine Titelheld mit den großen behaarten Füßen, im Text mehr als einmal mit einem Kaninchen verglichen. Fleißige Tolkien-Exegeten haben das Wort »Hobbit« zwar in einer volkskundlichen Broschüre des 19. Jahrhunderts entdeckt (wo es »eine Art Geister« bezeichnet), doch die Welt der Eingangskapitel von Tolkiens *Hobbit* sind durch und durch kaninchenhaft und verweisen auf die Gesellschaft vermenschlichter Maulwürfe, Wasserratten und Wiesel, wie sie Kenneth Grahame in seinem bereits 1908 erschienenen Kinderbuchklassiker *Der Wind in den Weiden* beschreibt. Und auch der Name Bilbo gehört nicht nach Mittelerde, sondern in die Jugendzeit seines Verfassers, der sich, wie der Humorist P. G. Wodehouse, der sein zutiefst britisches Personal gern Bingo oder Pongo nannte, damit als ewiger Edwardianer outete.

Tolkien selbst hat, wenn er über sein Schreiben sprach, gern auf mittelalterliche Quellen wie den *Beowulf* verwiesen, sein *Hobbit* aber kommt zunächst als Produkt einer englischen Kindheit um 1900 daher. Bilbos Heimat »Auenland«, im Original schlicht »Shire«, ist Tolkiens Kindheitslandschaft am Vorabend einer Moderne, von der Tol-

kien sich auch in seiner Sehnsucht nach einer ganzheit-
lichen Sprache, die leider verloren und deshalb neu zu
erfinden war, geradezu angewidert abwandte. Das steckt,
wie Anderson zeigt, hinter diesem, im *Hobbit* eher un-
vermittelten Satz über Bilbo, der gerade den Schatz des
famosen Drachen Smaug entdeckt: »Es gibt keine Worte
mehr für solches Erstaunen, seit Menschen der Sprache
verlustig gingen, die sie einst von den Elben erlernten,
als die Welt noch voller Wunder war.« Als Sprachwissen-
schaftler war Tolkien ein Zeitgenosse der Strukturalisten
im Gefolge Ferdinand de Saussures, der das Zeichen vom
Bezeichneten trennte. Als Eriol jedoch (oder auch als Bilbo Beutlin, der wie sein Schöpfer bunte Westen liebt) ist
Tolkien ein Prä-Strukturalist gewesen.

Erst später im *Hobbit*, wenn Bilbo, die Zwerge und
der Zauberer Gandalf vielerlei Orks, Elben, Menschen
und Riesenspinnen begegnen, um schließlich tief unter
dem Einsamen Berg den Drachen Smaug aufzustören
und sich dann in der Schlacht der Fünf Heere gegen die
Orks zu bewähren, entfaltet sich unversehens die lange
vorher erdachte Mittelerde-Welt. Doch das ist dem an-
fänglichen Verfasser eines edwardianischen Kinderbuchs
eher unterlaufen, der Methode Tolkien gemäß, die zu stu-
dieren es eigentlich nicht mehr als die ersten beiden Sät-
ze des *Hobbit* braucht. Der erste (»In einem Loch im Boden, da lebte ein Hobbit«) gehorcht ganz der Intuition,
im zweiten macht sich Tolkien dann seinen Reim auf den
ersten. Im Fall des *Hobbit* korrigiert der zweite den ersten
Satz sogar: »Nicht in einem feuchten, schmutzigen Loch«,
schreibt Tolkien: »Nein, das Loch war eine Hobbithöhle,
und das heißt, es war sehr komfortabel.«

Überspitzt formuliert, hat Tolkien nie wieder etwas anderes getan, als den so unvermittelt begonnenen *Hobbit* in Einklang mit dem ganzen kunstmythologischen Rest zu bringen: dem *Silmarillion* und dann dem *Herrn der Ringe*, seinem unvergleichlichen Welterfolg, der auf Wunsch des Verlegers als bloße *Hobbit*-Fortsetzung begann und sich in fast 20 Jahren Arbeit zum Zwölfhundertseiter auswuchs. Zahlreiche Anmerkungen im *großen Hobbit-Buch* sind den zahllosen Änderungen im *Hobbit* gewidmet, die Tolkien in diversen Nachauflagen vornahm, um das erste, intuitive Buch mittels des zweiten zu interpretieren und manchmal auch zu korrigieren. So ist der Ring, um den sich im Ring-Epos alles dreht, im *Hobbit* bloß ein nützliches Utensil – und weit entfernt davon, der eine, mächtige Ring des »Dunklen Herrn auf Dunklem Thron« zu sein. Und auch Gandalf, das Mastermind des *Herrn der Ringe*, musste sich erst vom »kleinen Zauberer« der ersten Fassung (der obendrein einen Zwergennamen trägt) zum »odinhaften Wanderer« entwickeln, den Tolkien später in ihm sah. Die Elben des *Hobbit* sind weit feenhafter als die des *Rings*, und die schrecklichen Orks heißen hier meist noch »goblins«, Kobolde, so als wären sie mit dem Pumuckl verwandt.

Die Stimmigkeit des Ganzen aber, das er zusehends als »wirklich« begriff, war irgendwann Tolkiens ganzes Streben – dass etwas nicht stimmig war, konnte ihm offenbar nagende Schuldgefühle verursachen, die er dann auf Bilbo Beutlin übertrug, um sie mit den Mitteln der Erzählung zu rationalisieren: Im Prolog des *Herrn der Ringe* etwa erklärt Tolkien mit der ihm eigenen Umständlichkeit, warum Bilbo im *Hobbit* nicht die Wahrheit über seinen Ringfund sagt (eine Wahrheit, die Tolkien zu diesem Zeitpunkt selbst noch gar nicht kannte), um dann, wohl weil er es schlicht nicht aushielt, die entsprechende Passage im *Hobbit* doch noch zu verändern. Am staunenswerten Fakt, dass die Fortsetzung eines schon damals ziemlich altmodischen Kinderbuchs mit der Neugründung eines ganzen Genres endete, haben Korrekturen wie diese freilich nichts mehr geändert. Die Unwucht zwischen *Hobbit* und *Ring* blieb bestehen. In der Literaturgeschichte, die voller Sonderbarkeiten steckt, ist sie einmalig.

Lena Falkenhagen

DIE LEGENDE VOM RIESENORK

Für Karsten, meinen Lieblingshobbitzuhörer

Jeder junge Halblingsbursche aus den Dörfern und Weilern entlang der Windungen des Blauen Jockels träumte davon, in den Reihen der Grenzgarde von Spitzbärtlingen dienen zu dürfen. Dieser Dienst an der Gesellschaft galt als große Auszeichnung. Jarik hatte seinem Vater die letzten Jahre, immer kurz bevor sich sein Geburtstag gejährt hatte, so eindringlich in den Ohren gelegen, dass dieser schließlich seufzend nachgegeben und ihn in die Rolle der Aspiranten hatte eintragen lassen – verbunden mit einer zünftigen Feierstunde im »Wilden Eichhorn« verstand sich, der Spitzbärtlinger Gaststätte. Und so nahm der Bursche Jarik Grünblatt das gelb leuchtende Ehrenband am Tag der Ernennungszeremonie mit vor Stolz geschwellter Brust und freudig gerötetem Kopf entgegen. Diese Schärpe trugen die Grenzler ständig, sei es während des Dienstes in den Flussauen, beim Einkauf auf dem Großwurzener Bauernmarkt oder bei dem wohlverdienten Humpen Bier oder Met zum Feierabend.

In die Reihen der Grenzgarde wurden jedoch nur die vielversprechendsten Kandidaten aufgenommen, von denen man sich erhoffte, den Herausforderungen des Dienstes in der Wildnis sicher zwanzig Meilen von jeglicher Zivilisation entfernt gewachsen zu sein. Zumindest sagten das die Grenzler, die Halblinge munkelten, dass die alten Herren der Garde in Spitzbärtlingen immer

145

dann einen neuen Rock spazieren trugen oder ein neues Paar Stiefel vorzeigen konnten, wenn im Frühling die
Frischlinge, wie sie sie nannten, berufen worden waren.
Doch diese bösartigen Gerüchte schmälerten weder den
Ruhm, den der Dienst bei den Grenzlern mit sich brachte, noch das Ansehen, das die neuen Rekruten von nun
an in der Gesellschaft genossen. Denn man wusste, dass
sie eine lange und anstrengende Ausbildung vor sich hatten, bis sie sich wahrhaftig »Veteranen der Grenzgarde
von Spitzbärtlingen« nennen konnten und zu der Schärpe
auch noch ein kurzes Schwert tragen durften – das Stan-
dessymbol eines vollwertigen Mitglieds.

Doch es gab auch Neider, wie Jarik sogleich erfahren musste. Sein bester Freund Warlin Frischtrümmler,
ein Jahr jünger als er und bislang untrennbar mit ihm
verbunden, war nicht in die Reihen der Frischlinge berufen worden, obwohl auch sein Vater den Jungen bei
den Grenzlern als neuen Anwärter vorgeschlagen hatte. Dies hatte der Freundschaft zwischen den beiden einen Knacks versetzt, den Jarik zwar bemerkte, von dem
er aber nicht wusste, wie er ihn heilen sollte. Wann immer er auf Warlin zuging, wandte der Freund sich zornig von ihm ab.

So kam es, dass Jarik trotz seiner Freude und Aufregung sein Met allein im Wilden Eichhorn trank, das von
den Gästen liebevoll »Im Hörnchen« getauft worden war.
Die Veteranen prosteten sich gemeinsam zu und schlos-
sen ihn in diesen Gruß aus der Ferne ein, doch der Junge
merkte schmerzlich, dass er sich in dieser Gemeinschaft
erst einmal beweisen musste, bevor er dazugehören würde. Umgekehrt schien ihn die gelbe Schärpe den Rängen
seiner Freunde bereits entfremdet zu haben, denn sie hat-

ten sich an einem Ecktisch ohne ihn zusammengefunden. Warlin saß unter ihnen und stürzte grimmig einen Krug Met nach dem anderen hinunter.

An diesem so ereignisreichen Tag dachte Jarik bereits freudlos darüber nach, früh ins elterliche Haus zurückzukehren, um für den ersten Dienst am morgigen Tag gut ausgeschlafen zu sein. Allein die Tatsache, dass das Schankmädchen Lilly noch spät arbeitete, hielt ihn zurück. Heute stellte sie ihm stets einen besonders vollen Krug Met auf den Tisch und blickte ihn dabei mit einem Funkeln in den Augen an, das er dort bislang vermisst hatte.

Die Schwärmerei für die unerreichbare schöne Lilly hatte Warlin und Jarik stets besonders verbunden. Viele Nächte hatten sie auf der Wiese hinter dem einen oder anderen elterlichen Hof gelegen und darüber gefachsimpelt, ob ihr langes Haar eher dem Gold der Sonne oder dem Silber des Mondes ähnelte – Jarik war stets auf der Mondseite gewesen – und ob ihre blauen Augen eher tiefen Sommerseen oder wilden Sturmnächten glichen – Jarik hatte vehement für die Sturmnächte argumentiert. Oft hatten sie lange bis in die frühen Morgenstunden im Hörnchen gesessen, nur um ein Lächeln von Lilly zu erhaschen oder ein fröhliches »Gute Nacht, Jungs!« zu hören. Doch keiner von beiden hatte sich bislang dazu durchringen können, einen Schritt weiter zu gehen und Lilly anzusprechen – nicht auf die normale, beiläufige Art, wie man »Guten Morgen!« oder »Schönes Wetter heute!« sagt, sondern sie auf ein Picknick im Grünen oder einen Spaziergang am Blauen Jockel einzuladen. Und so war es bei der jungenhaften Schwärmerei geblieben, die das Herz oftmals mehr entzündet als erfüllte Hoffnungen.

»Das Band steht dir prächtig«, hörte Jarik Grünblatt Lilly heute Abend sagen und glaubte, seinen Ohren nicht trauen zu können. Die Schankmaid hatte weder Warlin noch ihn jemals aus eigenen Stücken angesprochen – zumindest hatte sie nie mehr gesagt als »Was darf's denn heute sein, Jungs?« oder »Das macht drei Schilling.«

»D-danke«, stotterte Jarik und errötete ob der Tatsache, dass ihm plötzlich selbst dieses simple Wort nicht mehr glatt über die Zunge kommen wollte. »Dein Kleid steht dir auch prächtig«, fügte er noch hinzu. Dann schloss er den Mund und lächelte, bevor er sich noch weiter blamieren konnte.

»Danke schön«, sagte sie und schlug die Augen nieder. »Wann machst du deine erste Patrouille?«

»M-morgen schon«, sagte er. »Gleich in der Frühe.«

»So schnell! Ich hoffe, euch begegnet nichts Gefährliches. Ein Wolf oder ein Ork oder so.«

Jarik lachte.

»Das hoffe ich auch. Aber einen Wolf bekommen wir zu viert sicher klein«, er nickte hinüber zu den drei Grenzlern, mit denen er morgen auf Streife gehen würde. »Und Orks hat schon seit Jahrhunderten kein Halbling mehr im Jockelland gesehen.« Insgeheim stellte er erleichtert fest, dass sich der Knoten in seiner Zunge zu lösen begann.

»Na dann ist ja gut. Noch einen Krug Met, Jarik?« Sie griff nach seinem Krug und wandte sich ab, ohne seine Antwort abzuwarten. Bis sie zu dem Tisch zurückgekehrt war, hatte Jarik sich schwitzend zu einem Entschluss durchgerungen. Heute war der Tag gekommen – heute würde er wagen, sie anzusprechen.

»Lilly?«, fragte er also, als sie ihm den Met auf den

Tisch stellte; das Herz hämmerte ihm schnell in der Brust, »d-du hast nicht vielleicht Lust, am Wochenende mit mir einen S-spagierzwang in die Jockelauen zu machen? Spaziergang, meine ich natürlich.« Der Knoten band seine Zunge fester und härter als zuvor.

Sie hielt zögernd inne und strich sich das blonde Haar zurück, das das Schimmern des Mondes so perfekt einzufangen schien. »Doch, warum sollte ich nicht? Vielleicht am Sonntag? Holst du mich ab?«

»J-ja. Ja!«

»Gut, dann ist ja alles geklärt. Und viel Glück bei deinem ersten Grenzgang morgen. Gib auf dich acht, ja?« Damit beugte sie sich über den Tisch und gab ihm einen Kuss auf die Wange. Jarik saß wie vom Schlag getroffen da. Noch Stunden später hatte er den Lilienduft ihrer Haare in der Nase. Als er schließlich die Rechnung beglich und ein weiteres Lächeln geschenkt bekam, bemerkte er verwundert, dass Warlin das Hörnchen irgendwann bereits verlassen haben musste, denn er saß nicht mehr am Tisch im Kreise seiner Freunde.

Wie auch immer also der junge Jarik Grünblatt zu der Ehre gekommen war, Anwärter in dem ehrwürdigen Vereine der Grenzler geworden zu sein – wir wissen es nicht und erlauben uns kein Urteil –, er durfte am folgenden Tage als einer von fünf auserwählten jungen Halblingen der Lande entlang des Blauen Jockels hinausziehen, um von den alten Hasen zu lernen, was es bedeutete, die Grenzen des Jockellandes zu schützen. Es gab noch vier weitere Gruppen, die in andere Himmelsrichtungen unterwegs waren. Und so streifte Jarik nun zum ersten Mal an der Seite seiner großen Vorbilder durch Wiesen und Wälder und entfernte sich dabei so weit von Spitzbärtlingen, wie er es noch nie zuvor getan hatte. Als er sich umwandte, konnte er nur noch so eben das Dach des Gasthauses sehen – und das war immerhin das höchste Gebäude in dem kleinen Ort und eines der wenigen, die nicht in einen Hügel hineingebaut, sondern aus Holz obenauf gezimmert worden waren.

»Dies, junger Halbling, ist eine gelbstreifige Turmdrossel. So genannt, weil sie gern in hohen Gemäuern und Bäumen überwintert und dort große Nester baut, um ihre ganze Familie unterzubringen«, dozierte Bartholomäus Salzendengler, genannt der Prächtige. Und wahrhaft eindrucksvoll sah er aus mit seinem weit schwingenden Halbmantel, dessen Saum von Zierketten und Pelzstreifen geschmückt wurde. Auf dem Kopf prangte seit Kurzem eine mit Münzen bestickte braune Samtmütze, die wunderbar mit dem ausufernden langen Schnauzbart harmonierte.

»Gelbstreifige Turmdrossel«, murmelte Jarik pflichtbewusst, um sich den Namen gut einzuprägen.

»Die gelbstreifige Turmdrossel wohnt besonders oft in der Nähe des großblättrigen Wurzelknollenstrauches«, fügte Bartholomäus gewichtig hinzu und deutete auf ein Gewächs unter den Bäumen.

»Großblättriger Wurzelknollenstrauch«, wiederholte Jarik. Das Gewächs musste ein schlimmes Gift in sich tragen, dass der Hauptmann ihn darauf aufmerksam machte. Er wollte es sich genau einprägen. Vielleicht gab es zum Abschluss dieses ersten Ganges sogar eine Prüfung über alles, was ihm gezeigt wurde!

»Sieht mir aus wie ein Rhododendron«, entgegnete Veridimus Irksleben, der seine gelbe Schärpe als Einziger nicht gewaschen und geplättet hatte, sondern sie mit Flecken und Knittern trug. Er wirkte auch sonst lustlos und bummelte stets ein wenig hinterher.

»Für den Ungebildeten mag das so wirken«, belehrte Bartholomäus ihn. Er war der unangefochtene Anführer des Viererträppchens, das von dem alten Nikodemus Bronn ergänzt wurde. Dieser Greis war Jarik schon immer ein wenig seltsam vorgekommen – immerhin wohnte die Familie Grünblatt direkt an sein Anwesen angrenzend und seine Erdbeerfelder stellten eine stete Verlockung dar – und er tat auch jetzt nichts dagegen, den Eindruck eines düsteren, missmutigen alten Kauzes zu zerstreuen. Er trug grüne und braune Gewänder, die weit weniger prachtvoll als Bartholomäus' Tracht, aber trotz ihrer Schlichtheit gepflegter als des Herrn Irkslebens wirkten. »Der Ungebildete mag auch einen rotschwänzigen Waldhund mit einem veritablen Grauwolf verwechseln!«, fügte der Hauptmann nun in strafendem Unterton hinzu.

»Das war nur ein einziges Mal«, beschwerte sich Irksleben. »Und er ist vorbeigezogen, ohne dass er uns etwas getan hätte. Ich glaube, er hat sogar gegrüßt.«

»Papperlapapp!«, brachte ihn Bartholomäus zum Schweigen. »Fast umgebracht hättest du uns!«

»Rotschwänziger Waldhund«, murmelte Jarik Grünblatt wie ein Echo.

Bartholomäus Salzendengler verfiel nun in einen langen Monolog über die Kunst des Schwertkampfes und die Einheit eines Kämpfers mit seiner Klinge, die ihm schon so manches Mal das Leben gerettet hatte, da machte Nikodemus Bronn »Pssst!«.

»Wie, psst?«, fragte Salzendengler konsterniert. Er

schätzte es nicht, wenn man ihn unterbrach, und schon gar nicht so rüde.

»Psst wie – halt den Mund. Hab was gehört!«

»Pssst!«, machten nun alle anderen Halblinge und sperrten ihre spitzen Ohren auf. Auch Jarik lauschte angestrengt.

Halblingsohren sind ausgesprochen hellhörig, besonders wenn es um merkwürdige Geräusche aus dem Nachbarhaus oder ferne Gespräche geht. Im Wald aber, wo keine Marktgeräusche oder das Klappern von Wagenrädern ablenken, sind sie von besonderem Nutzen.

»Ich höre eine schwarzflüglige Samtdrossel«, sagte Bartholomäus Salzendengler schließlich.

»Ich höre einen gelbbäuchigen Grünspringer quaken«, verkündete Jarik Grünblatt stolz. Er kannte die Frösche, er hatte sie seinen Schwestern mit Vorliebe in die Wäschekörbe gesetzt.

»Ich höre gar nichts«, sagte Veridimus Irksleben mit einem Gähnen.

Der Einzige, der schwieg, war Nikodemus Bronn. Er wandte den Kopf wie ein witterndes Tier von einer Seite zur anderen. Plötzlich krachten Äste im Gehölz und ein Schwarm Vögel – gelbstreifig oder schwarzflüglig konnte nicht einmal der Hauptmann unterscheiden – flatterte auf und suchte das Weite. Die Halblinge sprangen wie auf ein unsichtbares Zeichen hin in Deckung.

Für ein paar Augenblicke schien der Wald verstummt. Kein Vogelzwitschern war zu hören, kein Froschquaken, kein Halblingsgähnen. Dem jungen Grünblatt schlug sofort das Herz im Halse. Eine halbe Ewigkeit schien zu vergehen, bis er es wagte, den Kopf aus dem Busch zu stecken, den er sich zum Versteck erkoren hatte. Er spähte erst vorsichtig mit einem Auge durch die Blätter. Der Wald lag ruhig da – trügerisch ruhig, wie er fand. Trotzdem stand er vorsichtig auf, bereit, sich beim kleinsten Anzeichen von Gefahr sofort wieder fallen zu lassen. Etwa zum selben Zeitpunkt lugte auch Bartholomäus Salzendengler hinter einem Baum hervor. Die Münzen an seiner Mütze funkelten prächtig in den Strahlen des Sonnenscheins, die zwischen den Blättern bis auf den Waldboden fielen. Ein Halbling nach dem anderen steckte den Kopf hervor und kroch mit angehaltenem Atem hinter das Gebüsch, in dem Jarik bereits hockte.

»Was war das?«, flüsterte Veridimus Irksleben mit einem Beben in der Stimme. »Ein Wolf?«

»Oder Schlimmeres«, ergänzte der Hauptmann gepresst. »Wir sollten hier schnell verschwinden.«

Jarik Grünblatt schlug das Herz bis zum Halse. Was auch immer den Krach verursacht hatte, es hatte groß geklungen und so, als müsse es im Wald nichts fürchten. Das Schlimme war – es lauerte noch immer dort draußen. Ein falsches Geräusch, eine laute Stimme und es würde sie bemerken. Die Chance, dass es sich um einen freundlich gesonnenen Nachbarn handelte, war so weit von der Ortschaft entfernt höchst unwahrscheinlich.

»Wird es uns nicht nachstellen?«, fragte er atemlos.

»Das ist möglich«, brummelte Nikodemus Bronn. »Ich mag es nicht, etwas in meinem Rücken zu haben, das mir vielleicht in selbigen fällt.«

»Ein scheußlicher Gedanke«, murmelte Irksleben. »Was, wenn es wirklich ein Wolf ist? Was, wenn es gar kein Wolf, sondern … sondern ein Ork ist?«

Diese Vermutung verschlug den vier Grenzlern für

einen Augenblick die Sprache. Orks kamen in der Nähe des Jockellandes selten vor. Die Erzählungen am Stammtisch des »Wilden Eichhorns« berichteten aber von einigen Wintern vergangener Jahrhunderte, in denen sich viele Stämme dieser wilden Kreaturen aus ihren Löchern in den Bergen gewagt haben sollten, um die tiefer gelegenen Regionen zu plündern. Damals hatten die Grenzler ihnen einen regelrechten Krieg geliefert, um das Jockelland zu schützen.

»Dann will ich ihn noch viel weniger in meinem Rücken wissen«, sagte Nikodemus leise. »Wir sollten herausfinden, worum es sich handelt und es jagen, bevor es uns jagt.«

»Ein noch scheußlicherer Gedanke«, flüsterte Veridimus mit erstickender Stimme. »Ihr wollt doch nicht wirklich dort hinausgehen!«

»Bronn, du bist der beste Fährtenleser hier«, beschloss der Hauptmann gedämpft. »Sieh nach, ob du was findest. Wir warten hier und kommen dir zu Hilfe, wenn etwas passiert.«

Es knackte neuerlich im Gebüsch, und die Halblinge zogen wie ein Mann die Köpfe hinter dem Busch ein. Sie wagten für den vierten Teil eines Stundenglases kaum zu atmen.

»Es entfernt sich«, behauptete Salzendengler schließlich leise. »Bronn, jetzt bist du dran.«

»Alleine …?«, wisperte Nikodemus zögerlich. »Wenn etwas passiert, seid ihr sicher zu weit weg.«

»Das ist nun einmal die Standardprozedur!«

»Ich habe von dieser Standardprozedur noch nie etwas gehört«, beschwerte sich Irksleben.

»Wer von uns beiden ist der Anführer – und wer der

faule Sack, der die Prozeduren gar nicht erst liest?«, schimpfte Salzendengler leise.

Irksleben wollte protestieren, doch sie wurden unterbrochen. »Ich gehe mit.«

Aller Augen wandten sich zu dem jungen Jarik Grünblatt. Der zitterte am ganzen Leibe, stand jedoch zu seiner Entscheidung. »Irgendjemand muss es doch tun! Und so lerne ich vielleicht gleich etwas über das Fährtenlesen.«

So kam es, dass die beiden Späher auf leisen Sohlen durch das Gras schlichen, während der Hauptmann und sein Begleiter sich als Nachhut hinter Baum und Busch verbargen und warteten.

Tatsächlich staunte der junge Bursche über seinen eigenen Mut, als er kurz darauf hinter dem knurrigen Alten unter das grüne Blätterdach der Büsche abtauchte, hinter denen sie das erste Mal das Geräusch gehört hatten. Das Herz klopfte ihm wild im Leibe und er reagierte schreckhaft auf jedes Zirpen und Rascheln in den Blättern. Der Wald, den er in den ersten Stunden als so sonnig und aufregend empfunden hatte, wirkte mit einem Mal wie eine trügerische Venusfliegenfalle. Er hätte schwören können, dass ihn etwas aus den Schatten lauernd anstarrte, etwas, das nur darauf wartete, dass er sich bewegte, um ihn zu Tode hetzen zu können … er zwang sich, ruhig zu atmen.

Wie sehr wünschte Jarik sich in diesem Augenblick an den heimatlichen Herd zurück! Seine Frau Mutter würde ihn sicherlich in den Schaukelstuhl am Ofen setzen, ihm einen großen Krug heiße Schokolade mit einem ordentlichen Schuss Rum in die Hand drücken und liebevoll einen Teller selbst gebackener Kekse daneben stellen.

Jarik lief allein bei dem Gedanken das Wasser im Mund zusammen. Er erwog kurz, einen Keks aus der Proviant-tasche zu ziehen, um die Angst zu bezwingen, doch er zwang sich eisern dazu, sich auf seine Umgebung zu konzentrieren. »Entbehrungen im Dienst an Spitzbärtlin-gen!«, ermahnte er sich. Der Gedanke stillte seine Keks-lust nicht – Essen beruhigte ihn immer, und er war hung-rig –, ließ ihn sich aber gleich viel nobler fühlen.

»Schau!« Bronns heisere Stimme riss Jarik aus seinen Essensträumen.

Wenige Augenblicke später hatten die beiden Späher sich in eine feuchte Senke hinabgelassen, die von Wei-den und Fliederbüschen gesäumt war. Dort konnte Jarik nun auch besichtigen, was Nikodemus' scharfe Augen von oben gesehen hatten. In dem dunklen und halb mit Blättern bedeckten Matsch zeichnete sich deutlich eine riesige Fußspur ab.

Und was für ein Fuß das sein musste, der solche Spu-ren hinterließ! Jarik hielt den Atem an. Geformt wie eine lange Hand mit langen Zehen, die mehrgliedrig wie Fin-ger sein mussten, schien dieser Fuß gleichzeitig zum Lau-fen wie zum Greifen gedacht. Er hatte keine Ahnung, zu welcher Kreatur er gehören mochte.

»Beim Sternenzelt, was ist das?«, fragte Jarik atemlos. Er hielt seinen eigenen Fuß daneben, um die Größe zu vergleichen, und schluckte vor Entsetzen schwer. Vor-ne und hinten zusammengenommen stand die Spur si-cherlich eine ganze Fußlänge über, und rechts und links mochte sicherlich eine Fußbreite Platz sein. »Was hat so riesige Füße?«

Nikodemus antwortete nicht. Stattdessen verglich er ebenfalls seinen eigenen Fuß mit dem Abdruck in dem dunklen Matsch. Dabei murmelte er unverständliche Dinge vor sich hin – Jarik meinte, den einen oder anderen unflätigen Fluch herauszuhören. Dann zog der Alte immer größere Kreise um die Spur und hielt dabei die Nase tief über den Boden wie ein Spürhund. Ein merkwürdiger alter Kauz, fand der junge Halbling, und stieg die Böschung wieder halb hinauf, um aus dem Weg zu gehen. Außerdem – wenn sich diese riesenhafte Kreatur wieder näherte, dann wollte er einerseits frühzeitig gewarnt sein und andererseits nicht direkt in der Angriffslinie stehen. Nicht, dass Jarik feige war – aber immerhin war er bis auf sein Wurstmesser unbewaffnet und fand sich erschreckend wehrlos.

»Da drüben ist erst die nächste Spur«, sagte Bronn schließlich, als er neben ihm zum Stehen kam, und deutete neben eine Birke auf dem Sattel der Böschung nördlich von ihnen. »Nur diese eine. Es gibt nur eine Erklärung.«

»Welche?«, fragte Jarik und hielt den Atem an.

»Ein Riesenork.«

»Ein …« Dem jungen Halbling blieben die Worte im Halse stecken. Ein Ork allein wäre ja schon schlimm – und stark genug, sie beide gleichzeitig in einer Hand hochzuheben und ihnen mit der Faust die Gurgel herauszureißen! Doch ein Ork, der hier wohl nur zufällig oder aus Unachtsamkeit einen Abdruck hinterlassen hatte – wie riesig musste der sein, wenn in der ganzen Senke keine zweite Spur zu finden war! Jariks Blick wanderte an der Birke auf dem Rand der Senke hinauf bis zu der vermuteten Höhe und schluckte entsetzt.

»Komm, wir müssen ihm folgen.«

»Folgen?«, fragte der junge Halbling. Die Stimme entglitt ihm für einen Augenblick. »Aber wir haben doch getan, was die Prozeduren verlangen. Wir haben die Spur gefunden und wissen, wer sie hinterlassen hat – ein Riesenork. Sollten wir jetzt nicht besser zu den anderen zurückgehen und dem Hauptmann Bericht erstatten?«

Bronn schnaubte nur und wandte sich zum Gehen, sodass Jarik die Wahl hatte – entweder hier mitten im Wald bei der Riesenorkspur zu bleiben oder dem alten Kauz in den dunklen Teil des Waldes zu folgen, auf den dieser nun zuhielt. Da der Junge nicht sicher war, ob er den Weg zum Hauptmann zurück allein finden würde, war die Entscheidung schnell getroffen. Inzwischen verfluchte er die Stunden, die er den Vater angebettelt hatte, bei den Grenzlern anfangen zu dürfen. Er hatte Abenteuer erleben wollen, das wohl! Aber niemand hatte von Lebensgefahr gesprochen! Mit einem tiefen Atemzug blickte Jarik in das lauernde, schattige Grün um sich herum. Dann riss er sich zusammen und folgte Bronn todesmutig in das Unterholz. Vielleicht fand er es auch wenig heldenhaft, hier in der Senke eine Orkspur zu bewachen.

Schon bald zogen ihm dornige Ranken an Kleidern und Haaren, niedrig hängende Äste peitschten ihm ins Gesicht und Kletten sammelten sich in den Haaren auf seinen Füßen und Beinen. Sie gaben sich alle Mühe, sich lautlos zu bewegen, um den Riesenork nicht frühzeitig auf sich aufmerksam zu machen. Und wenn Halblinge nur wollten, dann konnten sie sehr leise sein und sich selbst für die Augen geübter Fährtenleser beinahe spurlos bewegen. Jarik schwitzte bald vor Anstrengung eine Steigung hinaufzuschleichen. Sie kamen nur langsam voran und fanden immer mal wieder eine der riesigen Spuren, meist in feuchtem Untergrund. Die Schritte dieses Orks mussten wirklich gewaltig sein.

Erst als er auf einer kleinen Lichtung zurücksah und er viele Meilen über den Blauen Jockel hinwegsehen konnte, da erkannte er, welchen Hügel sie gerade bestiegen. »Das ist die Donnerkuppe!«, stieß er aus. Viele Legenden und Geschichten rankten sich um diesen Berg, der in Herbst- und Wintermonaten oft von Gewittern gekränkt war, die dort ihren schlimmsten Zorn abreagierten, bevor sie weiter ins Tal zogen. »Psst!«, machte Bronn.

Jarik Grünblatt duckte sich und lauschte. Das Unterholz, durch das sie sich gekämpft hatten, war hier weniger dicht, nur wenige Büsche behinderten den Blick zwischen den schlanken Fichtenstämmen hindurch. Nach einer Ewigkeit, wie es ihm vorkam, vernahm auch er wieder ein gedämpftes Knacken im Gehölz, in Richtung eines großen Felsvorsprunges, vor dem eine weite Lichtung im Wald klaffte. Darin öffnete sich eine große, finstere Höhle. »Herr Bronn«, flüsterte der Junge entsetzt. »Ihr wollt doch dort nicht hingehen, oder?«

»Von Wollen kann keine Rede sein«, knurrte der alte Kauz zögernd. »Wenn es nach meinem Willen ginge, säße ich jetzt mit einem Pfeifchen auf der Veranda im Schaukelstuhl, immer in der Hoffnung, dass meine Beete nicht von jungen und frechen kleinen Schurken wie dir niedergetrampelt werden. O ja, ich habe dich durchaus erkannt!«

Jarik wurde bleich. Es galt als beliebte Mutprobe unter jungen Halblingen, dem alten Bronn eine Erdbeere aus dem Beet zu stehlen. Wer es gar schaffte, Kirschen von seinem Baum zu pflücken, galt als besonders dreist, denn der Baum stand mitten im Garten und musste erst erstiegen werden.

»Aber wir müssen nun mal herausfinden, ob es sich nur um diesen einen merkwürdigen Ork handelt oder um mehrere. Denn wenn mehr als einer vom Berg hinabsteigt, dann hat Spitzbärtlingen – und das ganze Jockeltal – ein großes Problem.« Der Alte blickte ihn nicht wütend, sondern beinahe mitleidig an. »Aber mir ist klar – wer Erdbeerbeete niedertrampelt, ist noch lange nicht aus dem Holz geschnitzt, aus dem ein wahrer Grenzler gemacht ist. Also wartest du besser hier.« Damit huschte er von Busch zu Busch, bis er aus Jariks Blickfeld verschwunden war.

Der Junge atmete erleichtert auf. Nikodemus Bronn war viel erfahrener als er, wenn es um solche Dinge ging, er würde das schon machen. Außerdem würde Jarik gar nicht viel helfen können, wenn es tatsächlich zu einem Kampf mit dem Riesenork käme – er trug ja nicht einmal ein Schwert! Doch es dauerte gar nicht lange, da wurde Jarik von einer unerklärlichen Unruhe erfasst. Was, wenn Nikodemus sich dort wirklich dem Feind stellen musste, jetzt doch ganz allein, weil er eben nur einen Jungspund, einen feigen Erdbeerdieb, auf seinem ersten Gang in die Wildnis mitgenommen hatte? Und hatte Jarik ihm nicht versprochen, er werde es nicht bereuen?

Schlimmste Bilder entfalteten sich in seinem Geiste. Bronn, erschlagen auf dem steinernen Boden einer Felsenhöhle, der Riesenork mit einem Hammer über ihm stehend, Jarik verloren und verlaufen im Wald. Dann kehrte sich das Bild um und Nikodemus Bronn stand triumphierend mit dem Orkhammer über dem Riesen und kehrte schließlich mit einem kleinlauten Jarik zurück zum Hauptmann, um ihm mitzuteilen, dass man sich getäuscht hatte, dass der Junge eben doch nicht das Zeug zum Grenzler hätte. Wie Jarik es auch drehte und wendete, seine Situation war verzweifelt. Dieser Moment im Leben des jungen Halblings veränderte ihn bis auf die Wurzeln seines Wesens.

Entschlossen schob er das Kinn vor und zog sein Wurstmesser aus der Scheide am Gürtel. Er hatte scheußliche Angst davor, sich dem Riesenork zu stellen. Doch er konnte auch nicht hierbleiben und sein Schicksal abwarten – dann wäre er wirklich nur ein feiger Erdbeerdieb, der zu nichts anderem taugte. Nein, er würde seinen Waffenbruder dort in der Höhle nicht allein lassen. Komme, was wolle, er würde an seiner Seite stehen.

Am ganzen Leibe zitternd schob er sich durch die Büsche, immer auf der kaum sichtbaren Spur von Nikodemus Bronn. Oder waren das nicht seine Fußabdrücke? Der Alte hatte große, knorrige Zehen, diese hier wirkten eher kleiner. Doch Jarik hatte keinen Kopf dafür, über solche Dinge nachzudenken, er hörte nur ein nervöses Rauschen in den Ohren und musste sich den Schweiß aus den Augen blinzeln. Er näherte sich der Baumgrenze und schob vorsichtig den Kopf zwischen den Blättern hervor, um die Lichtung zu beobachten.

Vögel zwitscherten im Nachmittagslicht, Grillen zirpten, und Jariks Magen knurrte vor Hunger. Er hatte mindestens zwei Mahlzeiten verpasst. Doch er achtete nicht darauf, sah nach rechts und links und schlich dann so leise wie ein Nebelstreif über die freie Fläche zur linken Seite des Höhleneingangs. Dort angekommen, presste er sich gegen den Fels und versuchte, seinen hektischen Atem zu beruhigen. Dabei lauschte er auf Geräusche aus dem Innern. Merkwürdiges hörte er da – Zischen, Knurren und Wimmern. Vor seinem geistigen Auge steckte Nikodemus Bronn bereits im Riesenkochtopf des Riesenorks und starb einen qualvollen Tod. Der Schweiß lief dem Burschen den Hals hinab, doch er konnte Bronn nicht im Stich lassen!

Vorsichtig betrat Jarik Grünblatt die Höhle und hatte doch noch nie im Leben so viel Angst verspürt. Er tastete sich erst blind an der Wand lang und stieß sich die Zehen dabei an einem spitzen Vorsprung. Er biss sich auf die Lippen und gab keinen Laut von sich, bis der Schmerz wieder abgeklungen war. Dabei starb er tausend Tode. War er entdeckt worden? Würde der Riesenork ihn im Dunkeln zerschneiden, bevor er überhaupt ahnte, welche Gefahr hier lauerte?

Etwas klackte. Jarik erstarrte in der Bewegung und hielt den Atem an. Waren das die Scheren eines Riesenhöhlenkäfers gewesen? Das Poltern eines sich lösenden Steines, als sich eine Riesenspinne an der Wand herabließ? Oder das Schnalzen eines Orks, der seine Gefährten rief, um ihn zu fangen, auf einen Spieß zu stecken und über kleiner Flamme langsam zu rösten? Der junge Bursche war vor Furcht zur Salzsäule erstarrt, denn jede Bewegung konnte nun eine falsche sein.

Ein neuerliches Klacken erklang und Funken sprangen auf. Sie fraßen sich in ein Bündel trockenes Gras, sprangen auf ein ölgetränktes Stück Stoff über und weiteten sich zu einem kleinen Feuerlein aus. »So. Nun lass dich mal ansehen«, brummte jemand. War das der Ork, der ihn entdeckt hatte? Jarik entdeckte im zuckenden Schein eines wachsenden Feuerchens einen Furcht einflößenden, breiten Schemen auf der gegenüberliegenden Höhlenwand. Er griff sein Wurstmesser fester und wagte sich trotzdem voran – für Nikodemus, beschloss er, würde er wenigstens einen Blick riskieren.

Jarik traute seinen Augen nicht. Im Schein des Lagerfeuers sah er Nikodemus Bronn in der Höhlenmitte stehen. Der hatte das Schwert in der Linken, die Rechte hatte er am Ohr eines jungen und schlanken Halblings, der eine Art Hammer in der Hand hielt. Beide zusammen mussten den breiten Schemen gebildet haben, den er eben gesehen hatte. »Warlin!«, entfuhr es dem jungen Grenzler entrüstet. »Was machst du denn hier?«

Die beiden Halblinge sahen verduzt zu ihm herüber. »Ah, er hat sich doch getraut. Und er kennt den Burschen sogar?«, fragte Nikodemus belustigt. »Das wundert mich nicht.«

»Das ist Warlin Frischtrümmler, ein Freund von mir.« Jetzt sah Jarik, dass das Gerät in der Hand seines besten Freundes kein Hammer war, wie er eigentlich gedacht hatte. Dabei handelte es sich um die riesenhafte hölzerne Attrappe eines langgliedrigen Fußes. Langsam begriff er. Es gab gar keinen Riesenork! Warlin hatte sie alle hinter's Licht geführt! Als die Furcht von ihm abfiel, stellte sich die Empörung ein. »Zumindest war er das mal, bis er sich entschlossen hat, ehrbare Grenzler mit falschen Orkspuren zu foppen!«

»Pah«, machte Warlin. »Wir waren einmal Freunde, bis du vor Stolz und Einbildung darüber, dass du nun ein ehrbarer Grenzler geworden bist, nichts mehr mit den normalen Halblingen zu tun haben wolltest, Jarik Grünblatt! Und Lilly hast du mir auch weggeschnappt mit deiner neuen gelben Schärpe!«

»Das ist nicht wahr. Sie hätte dich eh nicht gewollt!«

163

»Ist es wohl!«

»Nicht!«

»Doch!«

»Jetzt klärt sich einiges auf«, murmelte der alte Bronn mit einem breiten Grinsen. »Deshalb die merkwürdigen Orkspuren, die keine Schritte sein konnten, es sei denn, der Ork hätte durch Baumstämme schreiten können, ohne sie umzuknicken – und wäre dabei auf einem Bein gehüpft.«

»Ihr wusstet davon, dass es kein echter Ork ist?«, fragte Jarik bestürzt. »Und Ihr habt nichts gesagt? Ich bin tausend Tode gestorben!«

»Ich bin nicht erst seit gestern ein Grenzler, Junge«, sagte der Alte mit einem Schmunzeln. »Und warum hätte ich es wohl sagen sollen? Du hättest die Schlüsse ja selbst ziehen können.« Warlin kicherte dazu hämisch. »Tausend Tode, hah! Das ist mir ein mutiger Grenzler!«

»Wer ist ein mutiger Grenzler?«, erklang von der Höhlenöffnung her die Stimme von Bartholomäus Salzendengler. Kurz darauf stand er mit Veridimus Irksleben neben dem kleinen Grüppchen und stützte sich mit den Händen auf den Knien ab, um nach dem anstrengenden Aufstieg wieder zu Atem zu kommen. Beide hatten ihre Schwerter gezogen. »Wir sind euch in einigem Abstand gefolgt. Standardprozedur.«

Doch Jarik kümmerte die Ankunft des Hauptmannes nicht. Mit ein paar langen Schritten stand er neben Warlin und griff ihn beim Schlafittchen. Zum Glück des jungen Schelms ließ Bronn das Ohr los, denn sonst wäre es für ihn sehr schmerzhaft geworden: Jarik schüttelte ihn so kräftig durch, dass er beinahe eine Genickstarre bekam. »Neidhammel, verräterischer!«, rief er dabei.

»Eingebildetes Muttersöhnchen!«

»Taugenichts!«

»Aufgeblasenes Warzenschwein!«

»Quastenkröte, verruchte!«

Und so ging es hin und her, bis die beiden Jungs sich auf dem Höhlenboden balgten und mal der eine, mal der andere ringend oben saß. »Ich glaube, wir kommen gerade recht. Was geht hier vor?«, fragte Salzendengler gewichtig.

Doch zu einer Antwort kam niemand mehr.

Hinter den beiden Streithammeln erklang ein ungeheuerliches Brüllen aus der Tiefe der Höhle. Jarik, der gerade auf Warlin saß, hielt ebenso entsetzt inne wie alle anderen. Er schaute auf den anderen herab und fragte: »Du hast dir doch den hinteren Teil der Höhle angesehen, nicht wahr?«

Schwere Schritte ließen den Felsen erbeben und kleine Steine von der Decke rieseln. »Keine Zeit gehabt«, keuchte der unten Liegende bleich.

Jarik reagierte, ohne nachzudenken. Er riss Warlin am Kragen mit hoch und zog ihn weg von der dunklen Finsternis, die ein weiterer Gang tiefer in den Berg sein musste. Keinen Augenblick zu früh.

Ein Hammer sauste dorthin, wo sie eben noch miteinander gerungen hatten. In das Licht des kleinen Feuers trat ein großer Ork. Kein Riesenork, so wie die falschen Spuren draußen es ihnen glauben gemacht hatten, doch immerhin ein Ork, der jeden der Halblinge um mindestens zwei Köpfe überragte. Die Schultern waren so breit wie die eines Ochsen, der Kopf auf dem kurzen Hals saß so tief, dass er ihn gedrungen wirken ließ. Sein ganzer Körper war mit schwarzem Haar bedeckt und sein vorspringendes Maul war gespickt mit einem Raubtiergebiss. Mit kleinen funkelnden Augen sah er sie an, verzog die Lippen zu einem hämischen Grinsen und hob den Hammer.

Zwei Schwerter fielen klirrend zu Boden und zwei Halblinge ergriffen schreiend die Flucht. Der Ork schlug nach Bronn, dem es knapp gelang, sich mit einem Hechtsprung zur Seite zu retten. Dabei griff er eines der am Boden liegenden Schwerter, warf es mit dem Heft voran in Jariks Richtung und zog sein eigenes. Dann stürzte er dem Feind entgegen.

Die Klinge landete mit einem Poltern vor den Füßen des jungen Grenzlers. Er sah darauf herab, wieder auf zu Nikodemus, der dem Ork inzwischen einen blutigen Stich auf den Oberschenkel versetzt hatte, und wieder hinab zu dem Schwert. »Feigling«, keuchte Warlin neben ihm, hob das Schwert auf und wollte schon voranspringen. Doch Jarik reagierte endlich und fasste ebenfalls nach dem Griff. Mit verbissenen Gesichtern rangen sie um das Schwert, das mal der eine, mal der andere dem Konkurrenten beinahe aus der Hand gedreht bekam. Sie starrten einander grimmig an, denn sie wussten beide, dass hier mehr auf dem Spiel stand als bloß eine Klinge – wer auch immer diesen Kampf gewann, war der größere Held und würde darüber entscheiden, ob Lillys Haar mehr dem Schein des Mondes oder der Sonne glich. Keiner von beiden würde sich bei diesem Wettstreit leichtfertig geschlagen geben.

Ein Schrei von Nikodemus Bronn lenkte Jarik ab. Er sah, dass der Ork den Alten am Schlafittchen hielt und sein Gesicht zu seinem Maul zog. Bronn wehrte sich mit Händen und Füßen, doch das Ungeheuer triumphierte Zoll für Zoll.

Jarik seufzte. Als er das Heft des Schwertes fahren und Warlin mit einem hämischen »Aha!« gewinnen ließ, da dachte er nicht mehr an Lilly. Er erkannte plötzlich, dass es hier nicht um die Hand einer schönen Schankmaid ging, sondern um das blanke Überleben. Warlin glotzte ihn verdutzt an, ging mit dem Schwert in Position und wandte sich bleich dem Feinde zu.

Jarik hechtete zu dem zweiten Schwert, das noch dort lag, wo Bartholomäus Salzendengler es fallen gelassen hatte. Doch so weit kam er nicht. Von der Rückhand des Orks weggefegt, purzelte Warlin in ihn hinein und riss ihn mit sich zu Boden. Dort blieb der Freund benommen liegen. Grünblatt zerrte ihn ein Stück beiseite und bog ihm die Finger auf, um sich das Schwert zu greifen. Dann sprang auch er, ohne nachzudenken, zu dem Ork und hieb auf ihn ein, so wie er es an den armen Baumstämmen der Umgebung des Hauses seiner Eltern in den letzten Tagen geübt hatte. Offenbar überraschte er den Feind, denn die Klinge drang durch seine Deckung und traf den Unterschenkel. Der Ork brüllte vor Schmerz und fuhr zu ihm herum.

»Oh-oh«, entfuhr es Jarik, denn er fand sich mit dem Rücken zur Wand in die Enge gedrängt. Der Ork türmte über ihm und holte mit dem Hammer aus, um ihn zu Brei zu zermalmen. Der Junge sah nur einen einzigen Ausweg und nahm ihn, ohne nachzudenken: voran. Er bückte sich und rutschte dem Ork zwischen den Beinen hindurch. Dann sprang er auf und versetzte ihm einen Streich gegen das Hinterteil. Womit er nicht gerechnet hatte, war, dass der Ork den Hammer einfach wieder rückwärts über den Kopf schwang. Zu spät wich Jarik aus, erkannte jedoch noch in der Bewegung, dass er nicht schnell genug sein würde. Das schwere Gerät erwischte ihn mit einer Kante an der Schulter, schleuderte ihn herum und gegen die Felswand.

Jarik schrie erst vor Schmerz auf, doch bald fühlte er gar nichts mehr – der Arm war taub. Mit einem gutturalen Knurren wandte sich der Ork zu ihm um. Er machte einen Schritt auf ihn zu und ragte drohend über ihm auf. Er verzog das Gesicht zu einem Raubtiergrinsen und hob den Hammer. Der junge Halbling blickte hilflos zu ihm auf und versuchte, rückwärts an der Felswand wegzukriechen, doch er fand keinen Ausweg. Ein zweites Mal würde der Ork ihn nicht zwischen seinen Beinen durchrutschen lassen. Er wusste, dass dies sein Ende war.

Was dann geschah, drang nur noch wie ein Traum zu Jarik durch. Er sah, wie Nikodemus Bronn dem abgelenkten Ork von hinten auf den Rücken sprang und die Klinge tief in die Schulter stach. Das Blut spritzte auf den am Boden liegenden jungen Grenzler herab. Der Ork bäumte sich auf, schrie wie ein verwundeter Bär und ging in die Knie. Mit einem gewaltigen Schwung schüttelte er Bronn von seinem Rücken. Dann sprang er auf und rannte aus der Höhle. Sein Gebrüll hallte weit in dem Wald wider.

Stille kehrte in die Höhle auf der Donnerkuppe ein. Als Jarik Grünblatt sich wieder bewegen konnte, spürte er etwas Kaltes auf der Schulter. Bronn, selbst nicht ohne Blessuren davongekommen, drückte ein mit Wasser getränktes Stück Stoff über seinem Arm aus. »Das wird schon wieder«, murmelte er dabei. »Warlin?«, fragte Jarik schwach. Nikodemus deutete mit einem Daumen zu seiner Rechten.

Dort lag Warlin Frischtrümmler genauso an die Höhlenwand gelehnt wie Jarik auf der anderen Seite. Auch er war versorgt worden und lächelte nun schwach zu seinem alten Freund hinüber. »Zwei wackere Gesellen sind wir, was?«, fragte er. Auch Jarik musste grinsen. Er wusste nicht genau warum, aber obwohl der Ork entkommen war und trotz seiner Wunden überkam ihn eine merkwürdige Euphorie. »Ja, ein Stupser mit dem Hammer und wir sind aus dem Spiel.« Sie glucksten miteinander, als hätte er einen Scherz gemacht – und als hätte es die Rivalität um Lilly nie gegeben.

»Immerhin seid ihr beiden nicht gelaufen. Allein hätte ich den Ork nie verjagen können. Der hätte mich zum Frühstück verspeist«, sagte der alte Bronn schnaufend. »Ihr seid beide mehr Grenzler als der Geck und sein fauler Geselle.«

Als wäre dies sein Stichwort, tauchte Bartholomäus Salzendengler mit Veridimus Irksleben im Schlepptau wieder in der Höhle auf. »Er ist fort«, erklärte er gewichtig. »Ich glaube, er kommt nicht wieder.«

»Oh doch, der kommt wieder«, widersprach Bronn. »Und er wird seine Freunde mitbringen.« Er deutete zu dem dunklen Bereich, aus dem der Ork gekommen war. »Ich habe einen Blick in die Höhle geworfen, als ihr alle … auf die eine oder andere Weise verhindert wart. Der Schurke hatte nicht nur eine Jagdausrüstung dabei, sondern Gepäck. Viel Gepäck. Warum auch immer, aber dieser Ork verlässt das Gebirge. Und ich glaube nicht, dass er der Einzige ist, der das tut.«

»Die Orks kommen in die Auen?«, fragte Irksleben mit entsetzt aufgerissenen Augen. »Das müssen wir den Leuten in Spitzbärtlingen sagen. Wir müssen eine Verteidigung aufbauen, Leute rekrutieren!«

»Dafür gibt es Prozeduren«, erwiderte Bartholomäus bestimmt. »Der Hauptmann berichtet dem Bürgermeister über große Gefahren. So ist es schon immer gewesen und so wollen wir es auch weiterhin halten. Los, auf! Wir können es noch bei Tageslicht nach Hause schaffen.«

»Das Gasthaus hat heute Eintopftag«, rief Irksleben bei dem Gedanken an die Ortschaft.

Jarik und Warlin blickten einander an und grinsten schwach. Beiden knurrte der Magen, und ihnen stand der Sinn nach einem guten Essen im Hörnchen.

»Na, dann lasst uns mal«, sagte auch Bronn. Er half den beiden jungen Halblingen auf die Füße. Als Jarik jedoch das Schwert aufsammeln wollte, mit dem er soeben gefochten hatte, trat ihm Bartholomäus Salzendengler in den Weg. »Ich denke, das gehört mir, junger Halbling.«

Jarik verspürte weder Kraft noch Lust, sich zu streiten. Das Gefühl kehrte langsam in seinen Arm zurück – und er wünschte, es wäre anders, denn der Schmerz war überwältigend. »Manche Dinge ändern sich nie«, sagte Bronn und zuckte mit den Schultern. »Lasst uns im Hörnchen einen Krug Met miteinander trinken, was meint ihr beiden?«

Warlin trat neben ihn, blickte Jarik fragend an und hob eine Augenbraue. »Das ist eine gute Idee«, sagte dieser schließlich, heilfroh, dass sie wieder beste Freunde waren. Damit grinsten die beiden Freunde einander an und stützten sich auf dem Weg hinunter zum Gasthaus gegenseitig. An Lilly und den Spaziergang dachten sie beide nicht einmal mehr, als diese ihnen im Hörnchen mit bewunderndem Augenaufschlag den Rindereintopf servierte.

Die Geschichte von dem Riesenork auf der Donnerkuppe aber ging in die Legenden von Spitzbärtlingen ein, ohne dass ein Schatten des Zweifels am Heldenmut der drei erfahrenen Grenzler und ihrer beiden jungen Anwärter bestand, die in den schweren nächsten Monaten bereits zu den kampferprobten Veteranen zählten.

Anna Thayer

BEGEGNUNG MIT FEUER UND SCHWERT ODER: NEUES ÜBER HOBBITS

I need a hero. I'm holding out for a hero 'til the end
of the night. And he's gotta be strong, and he's gotta
be fast ... and he's gotta be larger than life.[*]

Diese Worte singt Bonnie Tyler, während sie nach ihrem
Helden Ausschau hält. Doch: Umreißt ihre Definition
eine Art »Universalhelden«? Es gibt viele verschiedene
Arten von Geschichten und damit auch – keineswegs
überraschend – genauso viele verschiedene Typen von
Helden. Und wie das spezielle Exemplar einer seltsamen Gattung in einer sonderbar literarisch anmutenden
Naturdokumentation pflegt jeder (oder jede) von ihnen
gut angepasst zu sein an die Welt, die er oder sie bewohnt, ist vielleicht auf merkwürdige Weise sogar deren
Produkt.

Außerdem bewegen sich die meisten Helden irgendwie
jenseits der Grenzen unserer gewöhnlichen Welt. Diese
Männer und Frauen haben Erfahrungen mit Feuer und
Schwert gemacht, durch die sie erst wirklich zu dem wur-
den, was sie sind. Hier einige Namen wohlbekannter
Helden, vornehmlich aus der Welt der Literatur: Achilles.

---

[*] Aus »Holding Out for a Hero«; Text: Jim Steinman und Dean Pritchford,
gesungen von Bonnie Tyler auf ihrem Album *Secret Dreams and Forbidden
Fire*, Erstveröffentlichung 1986, Columbia Records. Anm. d. Übersetzerin:
Dt.: »Ich brauche einen Helden. Ich warte auf einen Helden, bis die Nacht
vorüber ist. Und stark muss er sein, und schnell muss er sein ... und überlebensgroß.«

Odysseus. Aeneas. Der heilige Georg. Beowulf. Karl der Große. Roland. Lanzelot. Hamlet. Und Bilbo.

Viele würden der Feststellung zustimmen, dass alle diese Männer in die Kategorie Held gehören. Doch ebenso einig wären sie sich in der Beobachtung, dass sie nicht alle auf dieselbe Art und Weise heroisch sind. Achilles ist der Inbegriff eines klassischen Helden – um mit Bonnie Tylers Worten zu sprechen: Er ist schnell, stark und überlebensgroß.

Odysseus eilt sein Beiname »der Listige« mit der Geschwindigkeit eines Steppenbrandes voraus. Wir haben »pius Aeneas«, den Gottesfürchtigen, Pflichtbewussten, sein Schicksal Annehmenden als Grundpfeiler des neuen römischen Heroentums.* Auf der eher heiligen Seite finden wir Sankt Georg mit seinem Drachen. Außerdem können wir in Dutzenden von Hagiografien die heroischen Taten anderer Heiliger nachlesen, die ähnlichen Mustern folgten. Beowulf schlug sich im Kampf mit seinem Monster besser als alle seine Kritiker, während andere Helden, manchmal sogar mithilfe derselben Kritiker, selbst zu literarischen Tropoi wurden. Auf Lanzelot, Vater des einzigen Mannes, welcher auf dem *siege perilous* sitzen durfte, jenem gefährlichen Platz an Artus' Tafelrunde, der dem Ritter vorbehalten war, welcher dereinst den Heiligen Gral finden würde, gehen zum Beispiel in großen Teilen sowohl die Vorstellung des Viktorianischen Zeitalters wie auch unser moderner Begriff vom Rittertum zurück. Hamlet, der in einem unausweichlichen Zirkel tragischer Rache gefangene existenzialistische Den-

---

* Anm. d. Übersetzerin: Vergil bezeichnet seinen Helden immer wieder mit dem Adjektiv »pius«. Damit ist die richtige Einstellung gegenüber den Göttern, der Familie, der Heimat und den Gesetzen gemeint.

ker, wurde zu einem der beliebtesten und bekanntesten literarischen »Heroen« und fand Nachahmer und Bewunderer auf der ganzen Welt.

Und Bilbo? Es braucht weder Kritiker noch Akademiker, um festzustellen, dass er in einer völlig anderen Liga spielt als alle zuvor genannten Helden. Versuchen Sie doch mal, ihn sich zum Beispiel bei der Belagerung von Troja vorzustellen oder wie er Grendels Mutter in den dänischen Sümpfen entgegentritt oder wie er Rolands Horn bläst ... Es funktioniert nicht so ganz.

Was für eine Art Held ist also Bilbo? Die Antwort dürfte überwiegend lauten: Bilbo ist ein Jedermann, eine Art von Held, für den, und das vielleicht sogar mehr als für jeden anderen, die Begegnung mit Feuer und Schwert eine echte Prüfung darstellt. Die Untersuchung von Bilbos Jedermann-Heldentum ist Gegenstand dieses Beitrags.

JEDERMANN UND DIE REISE DES HELDEN

Unsere erste Frage muss lauten: Wer oder was ist ein »Jedermann«? Das *Oxford English Dictionary* definiert einen Jedermann als »gewöhnlichen oder typischen Menschen«. Tatsächlich begleitet uns der Begriff »Jedermann« schon seit langer Zeit. Er lässt sich bis zu den mittelalterlichen Mysterienspielen zurückverfolgen. Eine genauere Betrachtung dieser Moralstücke führt in Verbindung mit der Definition des Wörterbuchs recht schnell zu dem Schluss, dass ein Jedermann-Held gewöhnlich oder typisch ist und dass sein Zweck in einer besonders intimen Kommunikation mit dem Leser oder Zuschauer liegt, weil er ganz alltägliche menschliche Wesenszüge anspricht.

Wir identifizieren uns stark mit einem Protagonisten, der uns an uns selbst erinnert, und während wir seine (oder ihre) Erlebnisse durch unsere Augen sehen, erblicken wir vielleicht sogar eine Spur des eigenen Ichs im dem Drama, das sich vor uns entfaltet. Der Jedermann-Held macht die Geschichte auf uns selbst anwendbar, er fungiert nicht nur als unser Repräsentant in ihr, sondern übernimmt gleichzeitig auch die Rolle des Vermittlers.

Genau hierin liegt natürlich der Grund, warum die Jedermänner so geschätzt werden. Sie unterscheiden sich von den anderen Vertretern der Gattung Held – den Kriegern, Denkern und Heiligen –, weil sie uns gleichen: Sie sind gewöhnlich und typisch. Jedermann besitzt weder Verbindungen zum Übernatürlichen noch verlorene Königreiche noch einen ermordeten Vater. Er ist an der Hohen Tafel der Helden das schwarze Schaf.

Natürlich gehört zu jedem Helden auch eine Heldenreise. Doch die Reise des Jedermann ist anders: Er sieht sich regelmäßig Umständen gegenüber, die weit über seinen Erfahrungsbereich hinausgehen – manchmal auch jenseits seines Begriffsvermögens liegen – und muss irgendwie seinen Verstand und seine noble Gewöhnlichkeit einsetzen, um sie zu bezwingen. Anfangs ist Jedermann dazu nicht in der Lage. Wir alle kennen die sogenannten »Montage«-Sequenzen in Filmen, welche zeigen, wie er ausgebildet wird, wobei er unzählige Male stolpert und versagt (meist mit musikalischer Untermalung), bevor seine Entschlossenheit durchzuscheinen beginnt und er seine Aufgabe erfolgreich meistert. Hat er dann durch die Praxis seinen letzten Feinschliff erhalten, folgt in der Regel noch eine weitere Etappe der Reise: Der Welt wird vorgeführt, wie das vollkommen Gewöhnliche in den von übermenschlichen Helden bevölkerten Hallen ein Zeichen von Größe setzen kann.

Nach Erfüllung seiner Aufgabe kehrt Jedermann – durch das Abenteuer in jeder Hinsicht, hauptsächlich jedoch im Hinblick auf seine Persönlichkeit bereichert – glücklich nach Hause zurück. Manchmal hilft er sogar noch dabei, ein übles Problem zu lösen, dem sich seine Heimat oder Kultur gegenübersieht. Seine Geschichte ist die von jemandem, der unerwartet aus seinem Alltagsleben gerissen und auf eine Abenteuerreise »hin und zurück« geschickt wird. Diese sind es, welche Shakespeare meint, wenn er von jenen spricht, denen »Größe zugeworfen« wird (*Was ihr wollt*, 2. Aufzug, 5. Szene). Sie werden unvorbereitet – und manchmal auch gegen ihren Willen – zum Gegenstand einer Veredelungsarbeit in einer Welt weit jenseits ihrer eigenen.

Rufen wir uns doch zum Beispiel einmal die Szene am Beginn des Films *Gladiator** von Ridley Scott ins Gedächtnis. Der alte Imperator teilt dem Helden, Maximus, seinen Wunsch mit, dieser möge seine Nachfolge antreten. Im Gegensatz zum amoralischen Sohn des Herrschers hat Maximus jedoch nicht den geringsten Wunsch, das zu tun. Wir haben hier einen Widerschein jenes Gedankens, den Douglas Adams in seinem *Per Anhalter durch die Galaxis* so formulierte: »Jeder, der imstande

---

* *Gladiator,* Regie: Ridley Scott, Premiere: Mai 2000

ist, sich zum Präsidenten wählen zu lassen, sollte unter allen Umständen daran gehindert werden, die Stelle anzutreten.«[*]

Für Tolkien ist der Vorgang der Heldenwerdung ziemlich ähnlich dem Vorgang der Herrscherwerdung. *»Nolo heroizari«*, schrieb er, »ist gewiss für einen Helden ein ebenso guter Anfang wie *nolo episcopari*[**] für einen Bischof« (*Briefe*, S. 284). Zu sagen »Ich will kein Held sein« zeugt von einem Grad an Demut, den man allzu oft nur bei gewöhnlichen Menschen findet. Und eben diese Demut ist es, welche, zumindest in unserer modernen Sichtweise, eine ausgezeichnete Basis für Heldentum bildet.

BILBO: »NOLO HEROIZARI!«

Bilbo wirkt auf den ersten Blick wie der perfekte Kandidat für einen Jedermann-Helden, und zwar genau deshalb, weil er nicht den geringsten Wunsch hat, einer zu sein, schon gar nicht, wenn das bedeutet, der Protagonist in einem Abenteuer zu sein. »Tut mir leid!«, sagt er zu Gandalf, »Ich wünsche keine Abenteuer, nein danke! Heute nicht. Guten Morgen!« (*Hobbit*, S. 20) Bilbo versteckt sich vor Abenteuern hinter seinem Mantel aus Gewöhnlichkeit. Er wünscht Gandalf so lange einen »Guten Morgen«, bis er glaubt, die Abenteuer seien »noch mal an ihm vorübergegangen« (*Hobbit*, S. 20). Wie viele von uns haben sich nicht auch schon einmal potenziell unan-

---

[*] *Das Restaurant am Ende des Universums*, Aus dem Engl. von Benjamin Schwarz, Ullstein. Frankfurt a. M., Berlin 1995[16], S. 173.
[**] *Nolo heroizari:* »Ich will kein Held sein«; *Nolo episcopari:* »Ich will kein Hirte (Bischof) sein«. Anm. d. Übers.

genehmen – oder entschieden unerwünschten – Situationen auf exakt die gleiche Weise entzogen?

Tolkien selbst gibt uns den Rahmen vor, durch den wir Bilbo als den Jedermann sehen. In einem Brief an Milton Walden schrieb er, *Der Hobbit* sei »letztlich … eine Studie über einen schlichten, gewöhnlichen Menschen, weder kunstbegabt, noch edel oder heroisch« (*Briefe*, S. 211). Bilbos Gewöhnlichkeit wird in allen Details nicht nur als grundlegender Wesenszug bei der Einführung seines Charakters ausgearbeitet, sondern auch in der Art und Weise, wie in den ersten Passagen der Geschichte die Gesellschaft und Kultur dargestellt werden, in denen er lebt: Bilbo ist von einem schützenden Wall aus Briefen und Rauchringen, dem Bühl und der Wässer, Tee und Kuchen, Gästebetten und Taschentüchern umgeben.

Von seinem Auftritt als bedrängter und frustrierter Gastgeber, der versucht, höflich zu bleiben, bis hin zu dem träge hingeworfenen »Guten Morgen« – Bilbo stellt das fein ausgearbeitete Porträt eines nicht über die Maßen reichen und beruhigend durchschnittlichen englischen Landedelmanns dar.

Und doch ist da ein Funke in Bilbo, der ihn Geschichten von der Welt jenseits seiner eigenen lieben lässt:

> Bei diesem Gesang spürte der Hobbit … etwas in ihm [erwachte], das er von den Tuks haben musste, und er wünschte sich, mit fortzuziehen und die hohen Berge zu sehen, die Kiefernwälder und die Wasserfälle rauschen zu hören, die Höhlen zu erkunden und statt des Spazierstocks ein Schwert bei sich zu tragen. Er blickte aus dem Fenster. Die Sterne standen am dunklen Himmel über den Bäumen.

Er dachte an die schimmernden Edelsteine der Zwerge in ihren dunklen Höhlen. Plötzlich leuchtete im Wald am andern Flussufer eine Flamme auf – wahrscheinlich machte jemand ein Lagerfeuer –, und er dachte an raubgierige Drachen, die auf seinen kleinen Hügel herabstießen und alles in Brand steckten. Er erschauerte, und gleich darauf war er wieder der solide Herr Beutlin von Beutelsend unter dem Bühl. (*Hobbit,* S. 31 f.)

Diese Passage trägt Entscheidendes zu unserem Bild von Bilbo als Jedermann bei: Das Lied der Zwerge weckt etwas in ihm, das der Abenteuerlust ziemlich nahekommt – doch die Vorstellung, was Drachen in der realen Welt anrichten könnten, holt ihn schnell wieder auf festen Boden zurück.

Ungefähr an dieser Stelle geraten wir mit unserer Definition von Bilbo als Jedermann in Schwierigkeiten, denn Bilbo mag zwar gewöhnlich sein, trotzdem ist er nicht typisch in unserem modernen Sinn. Immer wieder wird der Tuk betont, der in ihm steckt, und die Tatsache, dass der Gesang der Zwerge überhaupt etwas in ihm auslöst, ist ein zusätzlicher Beweis: Bilbo ist atypisch. Andere Hobbits, wie zum Beispiel Timm Sandigmann im *Herrn der Ringe,* würden solche Lieder einfach als baren Unsinn abtun. Auf Bilbo üben sie jedoch eine große Wirkung aus.

Es scheint daher, dass Jedermann-Helden in mindestens zwei Gruppen eingeteilt werden können: den typischen Jedermann und sein gewöhnliches Gegenstück. Arthur Dent aus *Per Anhalter durch die Galaxis,* der ohne seinen geliebten Tee und im Morgenmantel kreuz und quer durch die Galaxis trudelt, gibt ein schönes Beispiel für einen typischen Jedermann ab. Bilbo hingegen scheint ein gewöhnlicher Jedermann zu sein. Mit anderen Worten: Es gibt etwas an und in ihm, das ihn von den anderen, typischen Hobbits in seiner Umgebung unterscheidet, etwas, das ihn beinahe außergewöhnlich macht.

Tolkien merkte dazu an: »Bilbo wurde dank Gandalfs Einsicht und Autorität als ein *abnormer* Hobbit ausgewählt« (*Briefe*, S. 476). Und wenn wir noch einmal zu seinem Brief an Walden zurückkehren, dann finden wir die Aussage, dass es sich bei Tolkiens Studie eines einfachen, unkünstlerischen Menschen (in diesem Fall Bilbo) eigentlich um die Studie eines Menschen handelt, der *»nicht ohne die unentfalteten Keime all dessen«* ist (*Briefe*, S. 211; Hervorhebung der Autorin).

Im Gegensatz zum typischen Jedermann trägt der gewöhnliche Jedermann den unentfalteten Keim für Größeres in sich. Und mehr als das: Vielleicht ist der gewöhnliche Jedermann sogar hin und wieder geneigt, Gebrauch von solchen Tugenden zu machen, und der typische Jedermann nicht.

Welche verborgenen gewöhnlichen Tugenden besitzt nun Bilbo? Tolkien zählt in seinen Briefen die folgenden auf: »Verstand, Großmut, Geduld, Charakterstärke und auch einen starken, noch nicht angefachten ›Funken‹« (*Briefe*, S. 476). Bilbo trägt also viele dieser Tugenden »in gut abgewogener Mischung« in sich, und es ist klar, dass der Funke in ihm einfach nur darauf wartet, entzündet zu werden. Vom Erzähler erfahren wir: »Bilbo … [hatte] etwas von einem Tuk mitbekommen … eine absonderliche Ader, die bei passender Gelegenheit hervortreten konnte« (*Hobbit*, S. 16).

Und genau in diesem Teil von Bilbos Persönlichkeit erkennt Gandalf das in seinem ausgesuchten Meisterdieb seit jeher schlummernde Potenzial. Der Hobbit ist der perfekte Gegenstand für einen Veredelungsprozess, wie er durch die Begegnung mit Feuer und Schwert auf der Heldenreise stattfindet, und in der Tat werden wir Zeugen, wie sich der gewöhnliche Bilbo aus dem Auenland vom völlig überforderten Gastgeber eines Abendessens (welcher sogar kurzzeitig einen Nervenzusammenbruch erleidet) in jemanden verwandelt, der Rätselraten mit einem Drachen spielt. Viele würden dies als typische Feuer- und Schwertreise eines Jedermann bezeichnen, und damit gut. Nur gibt es da noch ein kleines Problem.

Wir haben gesehen, dass Bilbo, in dem ein Funke verborgen liegt, der noch nicht entfacht worden ist, nicht als typischer Hobbit durchgehen kann – vielmehr ist er einer von der gewöhnlichen Sorte. Doch auch das greift noch zu kurz. Bilbo ist nicht bloß ein gewöhnlicher Hobbit. Er ist unerwartet unkonventionell, und dies in einem Maße, das ihn vielleicht sogar vom traditionellen Status des Jedermann ausschließt.

Von Beginn der Geschichte an weist uns der Erzähler immer wieder darauf hin, dass Bilbo möglicherweise aus einem Geschlecht von Hobbits abstammen könnte, dessen Angehörige in mancher Hinsicht außergewöhnlich waren, zum Beispiel groß genug, um auf einem Pferd zu reiten. Und: »In den anderen Hobbitfamilien wurde gemunkelt, vor langer Zeit müsse ein Tuk einmal eine Elbin geheiratet haben« (*Hobbit,* S. 15).

Ob Bilbo nun tatsächlich von seinem Status als Jedermann ausgeschlossen werden kann oder nicht, hängt sehr stark davon ab, wie man diesen Satz interpretiert. Entweder stimmt es, dass ein Tuk sich eine Elbenfrau genommen

184

hat – was bedeuten würde, in Bilbos Stammbaum gäbe es vor sehr langer Zeit, ähnlich den klassischeren Helden, irgendwo »über-menschliche« Vorfahren. Oder wir müssen Tolkien so verstehen, dass er eine höchst erstaunliche Aussage darüber trifft, was das Gewöhnliche seinem Wesen nach eigentlich ist. Im letzteren Falle erscheint es nämlich völlig normal für einen gewöhnlichen Hobbit, einen Funken in sich zu tragen, der ihn mit der Elbenwelt verbindet, und vielleicht liegen genau dort die Keimzellen seiner bis dato unentdeckten Größe. Diese unkonventionelle, jedoch offenbar gewöhnliche Wurzel rückt Bilbo noch weiter weg vom typischen Hobbit.

Aus eben dieser Wurzel erwächst Bilbos innerer Konflikt, welcher ihm diese unglaubliche Authentizität verleiht: Bilbo hegt den Wunsch nach Abenteuern und hat zugleich Angst vor ihnen. Er ist von ihnen gleichermaßen hingerissen wie abgestoßen. Gäbe es nicht diesen atypischen Konflikt in ihm – nichts auf der Welt hätte ihn dazu bringen können, seine Hobbithöhle zu verlassen.

Dieser Konflikt bildet auch die Voraussetzung dafür, dass Jedermann Bilbo eine noch weit ernsthaftere Rolle spielen kann: die Brücke zwischen verschiedenen Welten zu sein. Bilbo trägt einen Funken in sich, lebt jedoch in einer »vertrauten« Alltagswelt (nämlich Hobbingen und dem Bühl). Als ihn Gandalf dazu bringt, seine Hobbithöhle zu verlassen, betritt er die »Sagenwelt« von Mittelerde. Bilbo ist ein Teil der gewöhnlichen Welt, den es in die Welt der Legenden verschlägt – genau so, wie es bei einem guten Jedermann sein sollte. Und da Bilbo ein gewöhnlicher Jedermann ist, fühlt er sich in der Welt der Zauberer, Zwerge, Orks und Drachen keineswegs wohl, sondern höchst unbehaglich.

Bilbos Unbehagen führt dazu, dass er schnell verschiedene Diskrepanzen zwischen der Wirklichkeit der Sagenwelt und den Schilderungen bemerkt, welche über diese in der Alltagswelt kursieren, aus der er kommt. Am Anfang der Reise bemerkt der Erzähler: »Meistens war es bisher so schön gewesen, wie es im Mai selbst in einer heiteren Geschichte schöner nicht sein kann, aber nun war es kalt und regnete« (*Hobbit*, S. 51). Bilbos Enthusiasmus hält sich sogar noch mehr in Grenzen: »Und dabei wird es doch bald Juni‹, brummte Bilbo.« (*Hobbit*, S. 52).

Als Gegenstück zu Bilbo, dem gewöhnlichen Jedermann, der sich in der Welt der Legenden zurechtfinden muss, haben wir einen ganzen Trupp Zwerge und Thorin Eichenschild. Die gewöhnliche Welt in Gestalt von Bilbos Hobbithöhle scheint, und das sowohl im Wortsinne als auch metaphorisch betrachtet, kaum groß genug zu sein, um sie alle zu fassen. Thorin, der um sein Erbe gebrachte Nachkomme des Königs unter dem Einsamen Berg, verkörpert einen ähnlichen Typus wie Aragorn in *Die Rückkehr des Königs,* ist im Gegensatz zu diesem jedoch bloß noch ein schwacher Abglanz der Welt, die er repräsentiert.

Der Grund hierfür scheint nicht in erster Linie darin zu liegen, dass er als Gestalt in der Geschichte eines Hobbits auftritt, sondern vielmehr in seinem eigenen Wesen. Gandalfs Beschreibung der Heldentaten von Thror in den Verliesen des Nekromanten klingt so heroisch und tragisch, wie es großen Heldentaten angemessen ist. Thorins Rede jedoch, wie uns der Erzähler genüsslich berichtet, wirkt unnötig aufgebläht und in die Länge gezogen: »Das war Thorins Stil … Hätte man ihn gelassen, so hätte er vermutlich so weitergeredet, bis ihm die Luft ausging,

186

und doch nichts gesagt, das man nicht schon wusste.«
(*Hobbit*, S. 33) Während Gandalf wiederholt feststellt,
dass an Bilbo mehr dran ist, als das Auge sieht, sagt er zu
Thorin, und zwar nur wenige Seiten, nachdem wir diesen
kennengelernt haben, die diesem bevorstehenden Aufgaben seien »schwer genug« (*Hobbit*, S. 45).

In der Art, wie Bilbo und Thorin nebeneinander gestellt werden, könnte man sie als Parallelfiguren sehen,
als Vertreter zweier absteigender Linien. Bilbo, der gewöhnliche Jedermann, hat die Wahl, entweder zu einem
ganz durchschnittlichen, typischen Vertreter seiner Spezi-
es zu werden, in die Bedeutungslosigkeit abzusinken, indem er den Ruf des Abenteuers überhört, oder auf eine
Art weiterzuleben, die dem Funken in seinem Inneren
gerecht wird, welcher dem Auge verborgen ist. Und Thorin, Nachkomme einer sagenumwobenen, heldenhaften
Vergangenheit, kann entweder zu einem schwafelnden
Liliputaner werden oder zu einem König, der den ihm
zustehenden Thron wieder in Besitz nimmt.

Und damit ist die Bühne bereitet für eine Geschichte,
welche davon erzählt, was es in der Welt der Legenden
bedeutet, gewöhnlich zu sein – genau der Stoff für einen Jedermann, genau die Mischung, in der sein Mut geschmiedet wird. Doch die Geschichte handelt nicht nur
davon, wie Bilbo und Thorin dazu gebracht werden, ihr
Schicksal zu erfüllen, indem sie Feuer und Schwert begegnen, oder von dem Versuch, die gewöhnliche Welt und
die Heldenwelt wieder miteinander in Einklang zu bringen. Mithilfe von Bilbo verleiht Tolkien auch dem Heldentum der Hobbits neuen Schliff und gibt diesem Volk
den ihm gebührenden Platz in der legendären Geschichte
von Mittelerde wieder.

LEGENDÄRES UND ALLTÄGLICHES

Alfred Lord Tennyson bemerkte einmal, das Verfassen eines guten Hymnus sei die schwierigste Sache der Welt, denn: »In einem guten Hymnus muss man beides sein – alltäglich und poetisch« (*Memoirs*, S. 754).

Bilbos Geschichte ähnelt dem so schwer zu erreichenden »guten Hymnus« in vielerlei Hinsicht: Er ist gefangen zwischen der Alltagswelt und der poetischen bzw. mythischen Welt, die er vor allem aus seinen Büchern kennt. Als er sich den Zwergen als Dieb zur Verfügung stellt, findet er sich plötzlich zwischen diesen beiden Welten wieder. Er sieht Feuer und Schwert nicht mehr nur auf den Seiten eines Buches – er durchlebt es selbst. Mitten hineingeworfen in ein Abenteuer, dessen Ablauf sich seiner Kontrolle vollständig entzieht, besetzt er plötzlich eine Position in beiden Territorien, was ihn zwingt, den Dialog zwischen seinem eigenen, alltäglichen Leben und dem, was er in der Welt jenseits davon vorfindet, neu zu interpretieren.

Durch seine Interpretation wird er zum unbewussten Mediator für den Leser, zum Vermittler sowohl alltäglicher Vorgänge wie auch der – manchmal unangenehmen – Ereignisse im Reich der Legenden. Diese Rolle als Vermittler und Interpret bildet die Grundlage seiner Heldenreise und seines Status als Jedermann. Aber da ist noch mehr: Der Prozess der Interpretation ist zugleich der Prozess seiner eigenen *Integration* in die Welt der Legenden.

Anfangs kommt Bilbo in dieser Welt der Legenden überhaupt nur deshalb zurecht, weil er sich auf die Hilfe Gandalfs verlassen kann. Es ist der Zauberer, der den

Brief der Zwerge »interpretiert« und Bilbo rät, sich zu beeilen, um nicht zu spät zu kommen. Und häufig ist es Gandalf, der im Verlaufe des Abenteuers an Bilbos statt oder auch für die ganze Reisegesellschaft agiert (wie zum Beispiel mit den Adlern oder bei der Begegnung mit Beorn). Als voll integriertes Mitglied jener Welt, durch die sie sich bewegen, ist er für Bilbo gleichermaßen ein Quell der Geborgenheit wie auch der Ermutigung. Doch je länger seine Reise dauert, desto mehr integriert sich Bilbo in die Welt der Legenden, und seine Interpretationen derselben werden zunehmend scharfsinniger.

Ein gutes Beispiel für Bilbos fortschreitende (allerdings immer noch merkwürdig anmutende) Integration bietet bei näherer Betrachtung sein Traum im Nebelgebirge: »Er träumte, dass ein Spalt in der Rückwand der Höhle immer größer und größer wurde und sich immer weiter und weiter auftat, und zu seinem tiefsten Bedauern konnte er nicht aufschreien oder etwas anderes tun als daliegen und zusehen. Dann träumte er, dass der Boden der Höhle nachgab und dass er ins Rutschen kam und zu fallen begann – tiefer und immer tiefer, wer weiß, wohin.« (*Hobbit,* S. 86)

Träume sind seit jeher ein elementarer Bestandteil des Funktionsmechanismus von Märchen und Heldengeschichten, und dieser hier ist ziemlich prophetisch. Bilbo ist in dem Traum unfähig, laut zu schreien – ein Beleg für die Tatsache, dass er hier immer noch Interpret bzw. bloßer Betrachter des in der heroischen Welt ablaufenden Geschehens ist. In seiner Angst weckt er Gandalf, welcher dann die Schlüsselrolle bei der Flucht der Zwerge und des Hobbits vor den Orks übernimmt. Der Traum, obgleich er Bilbo nicht die aktive Fähigkeit verleiht, selbst etwas zu tun, entlockt ihm einen stummen Schrei, welcher Einfluss auf die wache Welt ausübt – und auf Gandalf, der in dieser Welt eine Schlüsselfigur ist. Es ist der erste Schritt eines Jedermanns, seine neue Umgebung nicht nur wahrzunehmen, sondern auch zu beeinflussen.

Die Bedeutung der Interpretation der Legendenwelt und ihrer Verbindung zur Integration in und Einflussnahme auf dieselbe zeigt sich besonders stark im Rätselwettstreit mit Gollum. Wie der Erzähler feststellt, waren das Finden des Rings und die darauf folgenden Geschehnisse »ein Wendepunkt in [Bilbos] Leben, aber er wusste es nicht« (*Hobbit*, S. 99). Ironischerweise ist Bilbo in dem Moment, als er die Welt der Legenden zu verstehen beginnt, ganz allein und in völliger Finsternis – er sieht, dass sein eigenes, in der Dunkelheit schimmerndes Schwert »auch eine Elbenklinge« ist (*Hobbit*, S. 100). Der Rätselwettstreit selbst hat heroische Wurzeln. Bilbo weiß, dass »das Rätselspiel heilig und ungemein altehrwürdig« ist (*Hobbit*, S. 112). Wie Bilbo, so hat auch diese uralte Tradition ihren Platz in beiden Welten, der der Legenden und der gewöhnlichen Welt – viele der Rätsel, welche Gollum und Bilbo austauschen, kennen sie beide aus ihrem Leben in letzterer. Das Rätseln fällt Bilbo so natürlich zu, und er ist darin so geschickt wie ein großer Held, aber er tut es als ein ganz gewöhnlicher Mann. Den eigentlichen Wendepunkt markiert die Tatsache, dass Bilbo, ganz allein im Dunkeln, schlau genug ist, sowohl Gollum als auch den Orks am Tor zu entkommen. Als Belohnung behält er den Ring, seinerseits ein Werkzeug aus der heroischen Welt, und dieser verleiht ihm selbst Züge einer legendären Gestalt, als er wieder vor den Zwergen erscheint.

Der in sich verschlungene Charakter des Rätselwettstreits ist einerseits nicht allzu weit entfernt von Bilbos Alltagserfahrung, gleichzeitig handelt es sich dabei aber auch um einen heroischen und legendären Akt. Ohne es zu merken, hat Bilbo seine erste Feuerprobe bestanden, seine Schwertleite erhalten und sich dem Legendären weiter angenähert, indem er es mit den Augen eines gewöhnlichen Menschen wahrnimmt und mit dem Verstand eines gewöhnlichen Menschen deutet.

VOM GEWÖHNLICHEN ZUM LEGENDÄREN

Dies ist der erste von diversen legendären Erfolgen, die Bilbo beschieden sind. Von da an findet seine wachsende Integration in die Welt der Legenden ihren Ausdruck in heroischen Topoi: Im Düsterwald tötet Bilbo die erste Spinne allein und ohne jede Hilfe; danach gibt er seiner Klinge einen Namen. Das »hatte den guten Herrn Beutlin mächtig verändert« (*Hobbit*, S. 209). Sowohl das Töten wie auch die Namensgebung sind Schritte auf dem Weg zum legendären Status, und doch könnten Bilbo, genau wie Samweis Gamdschie im Kampf mit Kankra, Gedanken an Heldentum und Legenden in diesem Moment kaum ferner liegen. Die Idee, sein Schwert Stich zu nennen, scheint Bilbo ganz natürlich zuzufallen; er verbindet damit keinerlei Behauptung von Heldentum. Hierin liefert uns Tolkien ein zweifaches Beispiel, nämlich sowohl für das Stereotyp wie auch den reinen Typus des Helden. Wir bekommen die Möglichkeit, Bilbos Heroismus ohne die Scheuklappen des Heldenkanons zu betrachten (obwohl wir ihn natürlich trotzdem im Hinterkopf haben), und diese neue, frische Bewunderung all dessen, was Heldentum ausmacht, rührt daher, dass Bilbo unser Jedermann ist.

Man könnte einwenden, dass der Ton des Erzählers uns von diesem Punkt an daran hindert, die Taten Bilbos im Düsterwald in ihrer ganzen Bandbreite zu sehen und ihn als vollwertigen Helden zu bewundern. Der Erzähler hüllt Bilbo auch weiterhin fest in seine Verkleidung als Jedermann, statt ihn als legendären Heros zu zeigen. Details aus der Zeit, welche Bilbo versteckt in den Hallen Thranduils verbringt, liefert er uns zum Beispiel kaum. Mithilfe des Ringes wird Bilbo zum unverhofften Retter Thorins aus der Not und setzt seine ganze Gerissenheit und Schläue ein, um die Flucht der Zwerge einzufädeln. Wieder ist es eine Zeit der Prüfung durch Feuer und Schwert, wieder hat er keinerlei Hilfe, und dieses Mal schwebt er in gewissem Sinne sogar in größerer Gefahr als während seines einsamen Kampfes mit den Spinnen.

Nach der großartigen Flucht schildert der Erzähler uns Bilbos nachfolgende Erkältung bis in die kleinsten Einzelheiten und zeigt uns damit den Protagonisten auch hier noch in seinem ganz gewöhnlichen Wesen. Abgesehen davon, dass die Erkältung als solche nicht ganz unerwartet auftritt, nachdem sich jemand in einem Fass aus einem finsteren Verlies geschmuggelt hat, bildet diese detailreiche Schilderung einen komischen Kontrast zu dem legendären Charakter der Flucht, die Bilbo bewerkstelligt hat. In Gestalt von Bilbos Erkältung ist plötzlich das Eindringen des Alltäglichen in das Legendäre und nicht das Eindringen des Legendären in das alltägliche Leben des gewöhnlichen Jedermann zum Ausgangspunkt der Komödie geworden.

Dies markiert einen wichtigen Wendepunkt im Erzählton und illustriert, wie weit Bilbos Integration gegangen ist. Wir stellen erleichtert fest, dass unser Jedermann immer noch »gewöhnlich« ist und dass wir damit sehr gut leben können, denn es ist Bilbos gewöhnliche Jedermann-Natur, die ihn vor einigen der eher ärgerlichen Begleiterscheinungen bewahrt, unter denen das traditionelle und klassische Heldentum so oft leiden: namentlich ein verhängnisvolles Schicksal und Hybris.

Die Unterhaltung mit einem Drachen ist nach allem, was man weiß, eine äußerst gefährliche Angelegenheit. Dies sieht auch der Erzähler so und lässt uns miterleben, welch verstörende und beunruhigende Wirkung es auf Bilbo hat, als Smaug versucht, in ihm Misstrauen gegenüber seinen Freunden und Verbündeten zu wecken. Bilbo jedoch baut sich vor dem Drachen auf und fängt ein Rätselspiel mit diesem an, in dem es um seinen Namen und seine Abenteuer geht:

Ich bin der wandelnde Unsichtbare … Ich bin der Rätsellöser, der Netzzerhauer, die Stechfliege. Ich wurde wegen der Glückszahl genommen … Ich bin, der seine Freunde lebendig begräbt, sie ersäuft und lebendig wieder aus dem Wasser zieht. Ich komme aus dem Ende eines Beutels, wurde aber in keinen Beutel gesteckt … Ich bin der Ringfinder … und … Fassreiter …« (*Hobbit*, S. 292 f.)

Bilbo beginnt »an seiner Rätselrede Spaß zu finden« (*Hobbit*, S. 293). Und wäre unser Held nicht der, der er ist, nämlich ein Jedermann, dann wäre dies ein Moment entsetzlicher Hybris. Dann könnten wir die Szene zum

Beispiel mit dem vergleichen, was folgt, nachdem Odysseus sich dem Zyklopen als *Niemand* vorgestellt hat, oder mit der Szene, in der Turin mit Glaurung spricht. Wäre Bilbo ein epischer Held, dann würden wir auf der nächsten Seite vermutlich davon lesen, wie Smaug Seestadt zerstört und die Zwerge tötet – alles eine Folge von Bilbos Worten. Bilbo seinerseits würde erkennen, dass er die alleinige Schuld an der ganzen Katastrophe trägt, und dann in einem letzten heroischen Kampf mit seinem Feind sterben.

Doch Bilbo ist ein Jedermann – er ist ganz normal und wirkt daher aus Smaugs Sicht wie ein Fremdkörper: Den »Hobbitgeruch … kannte er noch gar nicht, und das irritierte ihn gewaltig« (*Hobbit*, S. 294). Smaug fühlt sich unangreifbar. Ähnlich wie Gandalf im allerersten Kapitel merkt er an, dass es die Helden von einst »heut auf der ganzen Welt nicht mehr [gibt]« (*Hobbit*, S. 39/297). Allerdings übersieht er die Tatsache, dass eine ganz neue Art Held vor ihm steht, und ebenso entgeht ihm die Ähnlichkeit, die Bilbo mit seinem unbehaglichen Traum aufweist, »in dem ein Krieger, der Größe nach harmlos, aber sehr mutig und mit einem bissigen Schwert, eine sehr störende Rolle spielte« (*Hobbit*, S. 285). Smaug deutet seinen Traum falsch, weil er das Gewöhnliche nicht versteht. Und so ist es Bilbos Normalität, welche ihm im nachfolgenden Wettstreit zwischen Hobbit und Drache das Leben rettet. Er entzieht sich seiner Begegnung mit Smaug unter Verwendung genau jener Platitüden und auf dieselbe Art, derer man sich bedienen würde, um, sagen wir mal, ein peinliches Abendessen mit der ungeliebten Verwandtschaft zu vermeiden. Es handelt sich hier um eine ganz alltägliche Fertigkeit, und wir können mit Sicherheit davon ausgehen, dass Bilbo einige Erfahrung darin hat.

Bilbos unkonventionelle und aufreizende Gewöhnlichkeit ist es, die Smaug dazu veranlasst, nach Seestadt zu fliegen, wo er von Bard getötet wird. Bilbos Auftritt in dem Heldentropos »Drachengespräch« findet ein gutes Ende – außer für den Drachen – und das ist genau so, wie es sein soll.

Nach Smaugs Tod wird Thorin in den Status einer Legendengestalt erhoben: Während der Verhandlungen mit Bard schwingt sich seine Rede zu höchster Eloquenz und epischer Breite auf. Doch mit dieser Erhebung befällt ihn auch Arroganz. Thorin ist gegen die Wirkung des Drachenhorts nicht gefeit, und so macht ihn das Wiedersehen mit dem Schatz seiner Vorfahren ganz klar ebenfalls zum Teil des legendären Heldenkanons, und zwar in negativer Weise. Bilbo dagegen scheint nach diversen Begegnungen mit Drache und Hort dezidiert wieder in seinen Status des Alltäglichen zurückzukehren.

Auch in der Sache mit dem Arkenstein bewahrt sein messerscharfer gesunder Menschenverstand Bilbo davor, einen heroischen Verrat zu begehen, diesmal in Gestalt eines ganz gewöhnlichen Geschäftsmannes, der einfach das tut, was er unter den gegebenen Umständen für das Beste hält. Bard, ein weiterer Repräsentant der Legendenwelt, versteht Bilbos Motivation an dieser Stelle überhaupt nicht:

»Wollen Sie Ihre Freunde verraten, oder wollen Sie uns drohen?«, fragte Bard finster. »Mein lieber Bard«, piepste Bilbo, »… Ich möchte allen Beteiligten nur Ärger ersparen.« (*Hobbit*, S. 355)

Der einzige echte Akt des Diebstahls, den Bilbo jemals begeht – die Übergabe des Arkensteins an Bard –, hat ganz und gar nichts Episches. Gleichwohl ruht der Ausgang des ganzen Abenteuers genau darauf. Auch wenn der Diebstahl für Bilbo selbst kaum mehr als ein Akt gesunden Menschenverstandes ist, wird er von den Elben als große Geste interpretiert:

> Der Elbenkönig sah Bilbo mit neuer Verwunderung an. »Bilbo Beutlin«, sagte er, »du bist würdiger, die Rüstung eines Elbenprinzen zu tragen, als manch einer, der stattlicher darin aussah.« (*Hobbit,* S. 356)

Bilbos Gewöhnlichkeit hat vor unseren Augen eine Metamorphose durchgemacht und sich in wahre Größe verwandelt. Genau das stellt auch Thorin fest, als er zum letzten Mal mit Bilbo spricht: »In dir steckt mehr Gutes, als du weißt, du Kind des freundlichen Westens. Ein bisschen Mut und ein bisschen Klugheit in gut abgewogener Mischung. Gäbe es solche nur mehr, die ein gutes Essen, einen Scherz und ein Lied höher achten als gehortetes Gold, so wäre die Welt glücklicher.« (*Hobbit,* S. 378)

Als Thorin stirbt, haben sich zwei bemerkenswerte Dinge ereignet: Bilbo hat sich mit der Welt der Legenden soweit versöhnt, dass er sich geehrt fühlt, bei Thorins gefährlichem Abenteuer dabei gewesen zu sein, und Thorin versteht, dass an der gewöhnlichen Welt mehr dran ist, als das legendäre Auge sieht. Durch die Abenteuer und die Interaktion zwischen Zwerg und Hobbit sind die Alltagswelt und die Welt der Legenden auf machtvolle Weise miteinander verzahnt worden, und es ist eine Bereicherung für beide.

BEGNADETE GÜTE, UNERWARTETE GRÖSSE

In seinem Buch *Der Heros in tausend Gestalten* schreibt Joseph Campbell, der Anfang einer Heldenreise könne »ein Versehen ... der läppischste Zufall« sein, welcher »eine ungeahnte Welt [offenbart] und ... den Menschen in ein Kräftespiel [verstrickt], dem sein Verständnis nicht gewachsen ist ... Ein Versehen kann sich zum Schicksal entwickeln.« (*Heros*, S. 51)

Campbells Definition eines Versehens, das sich zum Schicksal entwickelt, hat scheinbar keinen Platz im Leben eines Jedermanns. Und doch ist es einer der Schlüsselaspekte von Bilbos Reise und wird durch ihn zu einer prägenden und grundlegenden Facette im Wesen der Tolkien'schen Hobbits.

Tolkien schrieb, *Der Hobbit* handele »von den Leistungen ... geweihter Personen, die von einem Sendboten inspiriert und zu Zwecken angeleitet werden, die über ihre persönliche Erziehung und Erweiterung hinausreichen« (*Briefe*, S. 476).

Also ist Bilbo Beutlin, ungeachtet der Tatsache, dass er bis ins kleinste Detail einem gewöhnlichen Jedermann entspricht, vom Anfang bis zum Ende der Geschichte als ein geweihter Jedermann zu betrachten, als »ausgesuchter Dieb« (*Hobbit*, S. 36). Doch diese Weihe überschreitet den Horizont jener Welt, in der Bilbo für seine Reise auserwählt wurde: Der Erzähler des *Hobbit* weist uns darauf hin, dass »von einem Hobbit in den Liedern ja nicht einmal anspielungsweise die Rede« (*Hobbit*, S. 262). Bilbo ist also beides zugleich, auserwählt und nicht vorgesehen, weder in den überkommenen Weisheiten der gewöhnlichen Welt noch in denen der Welt der Legenden. Elrond drückt dies später in *Der Herr der Ringe* so aus: »Dies ist die Stunde des Auenlandvolkes, in der es sich aus seinen stillen Auen erhebt, um die Türme und Pläne der Mächtigen zu erschüttern. Wer von den Weisen hätte es vorauszusehen vermocht?« (*Herr der Ringe*, Bd. 1, 353)

Bilbos Gewöhnlichkeit hat eine Plattform zur Ausgestaltung der Rolle eines Begnadeten geboten. Die Gewöhnlichkeit ist es, welche unseren Jedermann zu einem völlig abwegigen Kandidaten macht; dies liegt jenseits der Weisheit der Weisen (vgl. 1. Korinther 1,19). Genau dieses Spannungsverhältnis zwischen Auserwähltsein und Nicht-Vorgesehensein, das sich in Bilbo zum ersten Mal manifestiert, verleiht den Hobbits ihren Feinschliff und macht sie zu einem Volk, welches geeignet ist, jene Leistungen zu erbringen, welche für all die heroischen Geschlechter um sie herum zu groß sind. Bilbos Begegnung mit Feuer und Schwert fungiert als Versuchsgelände für den unerwarteten, doch bereits angelegten, nur langsam zu entfachenden Funken Mut, den andere bemerkenswerte Hobbits zeigen werden, deren Verdienst einzig darin besteht, gewöhnlich zu sein. Hobbits verkörpern in Mittelerde das dezidiert antiheroische Element. In diesem Sinne bilden sie den ultimativen und gänzlich unvorhergesehenen Kanal für das unkonventionelle Heldentum des Jedermann. Das macht sie, um mit Tolkiens Worten zu sprechen, »zu rühmenswertere[n] Helden als die professionellen« (*Briefe*, S. 284).

Es ist diese rühmenswerte Kanalisierung unvorhergesehenen Heldentums, die buchstäbliche Entrücktheit der Hobbits, welche ihnen die Fähigkeit verleiht, die Welt der Legenden, durch die sie reisen, zu erlösen und mit sich

selbst auszusöhnen. So werden sie zu Agenten der Eukatastrophe*, durch die ein flüchtiger Strahl des *Evangeli-
ums* nach Mittelerde durchdringt. Hierin zeigt sich, dass
die Art, wie Tolkien die Hobbits darstellt, zum Teil aus
seinem christlichen Glauben herrührt, in welchem ein
unkonventioneller Held, Christus, die Gestalt eines gewöhnlichen Menschen annimmt und auf eukatastrophi-
sche Weise die historische und die ewige Welt miteinander aussöhnt.

Zu behaupten, die Hobbits im Allgemeinen – und Bilbo im Besonderen – nähmen Christus vorweg, wäre allzu weit gegriffen. Und doch dient Bilbo einem Zweck,
der über seine Rolle als Deuter und Vermittler der Geschichte hinausgeht. Mit seiner eukatastrophischen Reise hin zu Interpretation, Integration und Aussöhnung
erinnert er uns immer wieder daran, den Funken in uns
selbst zu suchen. In uns allen steckt ein Jedermann –
und unsere ganz gewöhnlichen Leben können ebenso gut das Sprungbrett für unerwartetes Heldentum
oder sogar eine vorherbestimmte Eukatastrophe abge-
ben wie das eines Hobbits. In diesem Sinne ist Bilbos
Geschichte als Weckruf zu lesen, der uns wachrütteln
und dazu bringen soll, beide, den typischen und den
gewöhnlichen Jedermann, hinter uns zu lassen und im
Summen des Topfes auf unserem Herd die Musik des
Einsamen Berges zu hören.

* Anm. d. Übers.: der unvorhergesehenen Wendung zum Guten

LITERATURHINWEISE

Campbell, Joseph: *Der Heros in tausend Gestalten.* Aus dem Amerikanischen von Karl Koehne. Insel-Taschenbuch 4073. Insel Verlag, Berlin 2011

Carpenter, Humphrey (Hrsg.): *J. R. R. Tolkien, Briefe.* Hrsg. unter Mitwirkung von Christopher Tolkien. Aus dem Englischen von Wolfgang Krege. Klett-Cotta, Stuttgart 2002[3]

Shakespeare, William: *Was ihr wollt.* Übersetzt von Christoph Martin Wieland. *http://gutenberg-spiegel.de/buch/2166/12*, Kap. 12

Tennyson, Hallam: *Tennyson: A Memoir.* London 1899

Tolkien, J. R. R.: *Der Hobbit,* Aus dem Englischen übersetzt von Wolfgang Krege. Klett-Cotta, Stuttgart, illustrierte Ausgabe 2009

Tolkien, J. R. R.: *Der Herr der Ringe,* Aus dem Englischen übersetzt von Wolfgang Krege. Klett-Cotta, Stuttgart 2002[10]

WEITERE QUELLEN:

Adams, Douglas: *The Hitchhiker's Guide to the Galaxy: The Original Radio Scripts.* Pan Books Ltd., London, 1985

Die Bibel. Einheitsübersetzung. Katholische Bibelanstalt, Stuttgart, 1980

The Oxford English Dictionary. Oxford University Press, Oxford, 2006

Kathleen Weise

OHNE FEHL UND TADEL

Der Apfel war grün. Rund und prall, und in seiner Gänze das Beispiel eines hervorragend gewachsenen Apfels, wie er sein sollte. Er lag auf der mit Kerben übersäten Tischplatte, und die Mittagssonne, die durch die bunten Fenster hereinfiel, ließ seine Schale glänzen wie die Glatze des alten Siegenot Fyrn an Sonntagen im Sommer.

Doch Sunniva Smōp hatte für die Vollkommenheit dieses Apfels keinen Sinn. Unwillig starrte sie darauf, als wäre ihr das Obst geradewegs auf den Kopf gefallen. Dabei lag er noch kein Dutzend Herzschläge zuvor in einer silbernen Schüssel am Rand der breiten Theke, gemeinsam mit anderen Äpfeln, ähnlich hervorragend wie er.

»Wenn du weiter so vor dich hinstarrst, denke ich noch, dass dir etwas fehlt, Kind«, murrte ihre Mutter, die Hände in die runden Hüften gestützt, während sie mit prüfendem Blick auf Sunniva herabsah. »Hast du keinen Appetit?«

Sunniva schüttelte den Kopf und bedachte den Apfel weiter mit finsteren Blicken, was den Apfel jedoch offenbar kalt ließ. Er begann weder zu schrumpfen noch rot zu werden.

Sunnivas Mutter verschränkte die Arme unter dem beachtlichen Busen, dem schon so mancher Gast des Goldenen Rahms verträumte Blicke zugeworfen hatte. Es schien ihr gänzlich undenkbar, dass ihre einzige Tochter nicht über die gleichen Eigenschaften verfügte wie alle

Mitglieder der, wenn auch nicht übermäßig zahlreichen, so doch ehrbaren und fleißigen Familie Smōp.

»Aber du musst etwas essen«, stellte sie daher nachdrücklich und nicht ohne eine gewisse Besorgnis in der Stimme fest.

»Ich habe etwas gegessen.«

»Das ist bereits eine Stunde her!«

Jedes Kind wusste doch, dass ein Smōp stündlich etwas essen konnte. Vielleicht nicht gleich ein ganzes Huhn, aber wenigstens einen Pudding. Oder eben einen Apfel. Sah man einen Smōp mit leerem Mund, schien das ein ebenso schlechtes Omen wie eine Maus in der Speisekammer oder ein lauter Nieser während der Mittagsruhe. Kein Wunder also, dass Sunniva unter scharfer Beobachtung stand.

Um jedoch genau dieser mütterlichen Beobachtung zu entgehen, griff Sunniva nach dem Apfel, der kurz davorstand, Ursache eines Zanks zu werden, und steckte ihn in die linke Tasche ihrer Schürze, in der sich neben einem mehr oder weniger sauberen Taschentuch auch noch ein mumifiziertes Sperlingsbein befand, das sie an diesem Morgen neben der Höhle gefunden und aus nicht erfindlichen Gründen eingesteckt hatte. Was sie damit wollte, wusste niemand, nicht einmal sie selbst, aber es lag der Verdacht nahe, dass ihr merkwürdiges Verhalten in direktem Zusammenhang mit ihrer Appetitlosigkeit stand, und hätte ihre Mutter von dieser Angelegenheit gewusst, wäre ihre Besorgnis sicherlich noch weiter gestiegen. Schließlich war die Familie Smōp für vieles bekannt – und mumifizierte Sperlingsbeine zu sammeln gehörte nicht dazu.

Es drängte Sunniva danach, so schnell wie möglich die

Gaststube zu verlassen, die ihre Eltern bereits seit so vielen Jahren in der Mitte des Dorfes mit überaus großem Erfolg und bescheidenem Stolz führten. Dabei war die knarzende Bank neben der Theke über eine lange Zeit ihr liebster Platz gewesen. Ganz nah bei der Küche, wo es immer so wunderbar nach all den köstlichen Speisen roch, die manchen Bewohner des Dorfes in der Mitte rund werden ließ und für die der Goldene Rahm bekannt war. Zwar nicht über die Grenzen des Dorfes hinaus, aber da die meisten Bewohner des Dorfes selbiges nur selten bis gar nicht verließen und es überdies auch nur die eine Schenke im Ort gab, bedeutete das beinahe die Welt.

Eines Tages jedoch war Sunniva nach einer unruhigen Nacht erwacht, und alles war plötzlich anders gewesen.

Auf einmal hatte ihr der Hintern auf der alten Bank wehgetan, und beim Geruch des Mittagstisches war ihr der Appetit vergangen. Selbst die süße Sahne, die dem Lokal ihren Namen verlieh und deren geheimes Rezept seit Generationen von der Familie Smōp eifersüchtig gehütet wurde (man munkelte, ein Handel mit einem Elfen sei der Grund, doch das war Unsinn, denn wie hätte ein Mitglied der Familie Smōp mit einem Elfen zusammentreffen können, wenn sie nie das Dorf verließen? Manchmal redeten die Leute einfach zu viel …), konnte den Hunger nicht zurückbringen, der all den kleinen Leuten, die diesen Landstrich bewohnten, und vor allem dieser Familie zu eigen war.

Die Türen zu den bis unter die Decke gefüllten Speisekammern in der Höhle, die Sunniva bisher ihr Heim genannt hatte, blieben verschlossen, und die Marmeladengläser im untersten Regal staubten ein.

Und das alles nur, weil Sunniva nicht aufhören konnte, an die alte Flüstereiche zu denken.

Die Flüstereiche stand tief in dem Wald, der sich hinter dem letzten Mohnfeld auf der linken Seite des Dorfes ausbreitete. Die Leute aus dem Dorf hatten von vielen Wäldern gehört, doch von keinem wie dem, der sich direkt vor ihren Nasen befand. Brach einer der Dörfler zu einer kleinen Wanderschaft in die Umgebung auf – nur nicht zu weit in die unbekannte Ferne –, wandte er sich stets auf die andere Seite, nach rechts, und folgte den schmalen Wiesenwegen östlich vorbei am großen See.

Es hieß, der Wald sei verflucht, aber das hieß es bekanntlich von vielen Wäldern, und in den wenigsten Fällen entsprach es der Wahrheit. Denn das Fluchen erforderte Genauigkeit, Ausdauer und ein gewisses Talent, mit anderen Worten, es war recht anstrengend und in den Gegenden um Sunnivas Dorf schätzten die Leute eher einen weniger aufreibenden Lebensstil. Es war einfach so, dass sich niemand die Mühe machte, etwas zu verfluchen. Noch dazu einen ganzen Wald! Man stelle sich vor …

Was allerdings der Wahrheit entsprach, war die Tatsache, dass der Wald auf der linken Seite von Sunnivas Dorf undurchdringlich war. Nicht einmal Wölfe konnten in ihm umherstreifen, denn Geäst und Farne versperrten jedem Lebewesen, das höher und breiter als eine Maus wuchs, den Weg. Nun, vielleicht auch höher und breiter als eine Katze oder sogar als ein ganzes Schaf, aber auf jeden Fall schien das Reisen durch den Wald gänzlich unmöglich für ehrbare Leute, die es bevorzugten, nicht auf allen vieren zu kriechen.

Unter den Kronen der Bäume blieb es finster und kalt, und außer dem Knacken der Zweige drang kein Laut nach draußen. Weshalb die Flüstereiche *Flüstereiche* hieß, wussten daher nur noch die Alten im Dorf, die es tunlichst vermieden, darüber zu reden, denn dann hätten sie ja zugeben müssen, sich über den Wald Gedanken zu machen, und das war nun in der Tat ein Umstand, mit dem niemand in Verbindung gebracht werden wollte. Der Wald war eben da, basta, mehr musste man über ihn nicht wissen.

Doch Sunniva – die selbst für ihr nicht gerade für seine Körpergröße bekanntes Volk als eher klein galt – war es vor wenigen Wochen gelungen, wenigstens ein Stück weit in den Wald einzudringen, als ihre zahme Zitterechse Rotschwanz ausgebüchst und geradewegs in den Wald gerannt war, als Sunniva einen Moment nicht aufgepasst hatte.

Sunniva hatte sich gezwungen gesehen, der Echse nachzulaufen, schließlich konnte sie das Tier unmöglich im Wald allein lassen. Rotschwanz war nämlich keine sehr schlaue Echse, genau genommen war sie sogar eher dumm. Was man daran erkannte, dass sie seit Jahren immer wieder versuchte, ihrem behaglichen Heim in der Kiste unter Sunnivas Bett zu entkommen. Solch ein Tier würde ja keinen Tag in fremden Gefilden überleben, und Sunniva besaß nun einmal eine gewisse Verantwortung für sie.

Dass sie bereits vor diesem Vorfall beim Anblick des Waldes häufig eine gewisse Neugierde verspürt hatte, hätte sie allerdings genauso wenig zugegeben wie die Alten ihr Wissen um die Flüstereiche.

An jenem Nachmittag hatte sie jedenfalls den Fuß zum ersten Mal in den Wald gesetzt, so gut es eben ging. Und weit war sie ja auch nicht gekommen. Nicht bis in sein

Herz, aber wenigstens an eine Stelle, an der vor ihr nur sehr wenige gewesen waren.

Kip, der Sohn des Schmieds, zum Beispiel.

Und auch Tiw Ticcen, der Verrückte mit dem roten Wams.

Er war nicht wirklich verrückt, nur übermäßig übermütig. Vor allem wenn der Mond seine volle Form angenommen hatte oder er vom Ale seines Vaters probiert hatte, das in großen Fässern in den Kammern tief unter der Erde darauf wartete, seine Abnehmer zu finden. Dann kam er auf die merkwürdigsten Ideen, die häufig damit endeten, dass seine Hose Löcher bekam, sein Wams Knöpfe verlor und seine Haare nicht selten angesengt wurden. Vögel suchten sich bei seinem Erscheinen meist einen anderen Brutplatz, Katzen machten einen Buckel, wenn sie ihn erblickten, und Mütter schoben ihre Kinder hinter sich. Denn man konnte nie wissen, was Tiw Ticcen als Nächstes einfiel.

Einmal hatte er in der Speisekammer den Zimttopf mit scharfem Hohlnusspulver gefüllt, was beim Abendessen zu jeder Menge Heiterkeit seinerseits und hochroten Köpfen bei allen anderen geführt hatte.

Mag sein, dass dies der Grund war, warum Sunnivas Mutter es nicht mochte, wenn Sunniva allzu viel Zeit mit Tiw Ticcen verbrachte. Vermutlich glaubte sie, ihre Tochter könnte sich mit dieser Verrücktheit irgendwie anstecken. Es waren zwar bisher keine Fälle bekannt geworden, bei denen sich eine Verrücktheit quasi sprunghaft auf einen anderen übertrug, aber konnte man so genau wissen, wie es sich mit diesem Geisteszustand verhielt? Man schien besser beraten, kein Risiko einzugehen, schließlich besaß man nur den einen Kopf!

»Wir sind ehrbare Leute«, pflegte sie dann zu sagen, als wäre der Besitz eines roten Wamses schon Grund genug, an der Ehrbarkeit eines Dorfbewohners zu zweifeln. »Ohne Fehl und Tadel«, setzte sie meistens hinzu, wenn sie der Meinung war, Sunniva die Sache mit der Ehre nicht genügend erklärt zu haben.

Inwieweit es sich andernorts mit oder ohne Ehre gut leben ließ, konnte Sunniva nicht sagen, in ihrem Dorf war der Verlust selbiger jedoch ein Unglück, das man nicht einmal den Nachbarn wünschte, die die unangenehme Angewohnheit besaßen, ihre Unterhosen genau an den Ast zu hängen, unter dem man ein gemütliches Picknick veranstalten wollte.

Am Abend traf man sich im Goldenen Rahm, dessen Messingschild so lustig im Wind schwang, und wenn die Rede auf einen Bewohner kam, von dem die Gemeinschaft annehmen musste, dass es Grund für eben jenen Fehl und Tadel gab, verzog man das Gesicht und etwas wie Kummer und Argwohn zeigte sich im Blick. Wollte man diesen Blick nicht auf sich spüren, tat man besser alles, um Gründe dafür zu vermeiden.

Daher waren Abenteuer jeglicher Art äußerst unbeliebt und Auffälligkeiten unerwünscht. Die meisten Bewohner dieses Landstrichs begnügten sich mit eben jener – zugegebenermaßen sehr reizvollen – Landschaft, dem obligatorischen Essen und der Pfeife zu allen Gelegenheiten. Das Leben schien ihnen gut und ausgefüllt, und den meisten stand ohnehin nicht der Sinn nach wagemutigen Unternehmungen. Dieser Umstand erklärte auch, warum sich nie jemand die Mühe gemacht hatte, in das Herz des Waldes vorzudringen, das sich quasi direkt vor ihren Nasen befand.

Bis jetzt jedenfalls.

Bis ausgerechnet Sunniva Smōp schlecht geträumt hatte und eines Tages mit dem unbändigen Wunsch aufgewacht war, weiter hineinzugehen in den Wald hinter den Mohnfeldern auf der linken Seite des Dorfes.

Hätte ihr Vater von diesem Wunsch gewusst, hätte er möglicherweise angemerkt, dass sie diese Idee sicher aufgrund einer schlecht gewordenen Fleischpastete bekommen hatte (er führte so einiges auf den Genuss ungenießbarer Speisen zurück; nicht selten auch die schlechte Laune seiner Frau), doch da er nichts von dem Wunsch wusste, konnte er sich auch nicht zu dem Thema äußern, worüber Sunniva nicht unglücklich war. Schließlich teilte ihr Vater die Meinung der Mutter, wenn es um Fehl und Tadel ging.

Als Sunniva schließlich vor dem Goldenen Rahm stand, blinzelte sie in die Sonne und rieb sich die kribbelnde Nase. Die Sonnenblumen neben dem Eingang wuchsen weit über das Dach der Höhle hinaus, und der wilde Wein rankte sich an den runden Fenstern vorbei über den Hügel und auch um die Beine der verwitterten Bank gleich unter dem linken Fenster.

Auf diese Bank hätte sich Sunniva setzen können, so wie sie es viele Male zuvor getan hatte.

Doch an diesem Tag tat sie etwas anderes.

Es würde noch ein paar Stunden dauern, bis die Sonne unterging und sie zurück sein musste, um im Goldenen Rahm mit den Gästen zu helfen, die nach dem Sonnenuntergang am zahlreichsten waren. Unwillkürlich suchte ihr Blick die dunkle Wand aus Baumriesen, die sich hinter dem Dorf erhob, und beinahe ohne es zu bemerken, bewegte sie sich darauf zu. Mit langsamen Schritten, immer weiter in Richtung Wald, als wäre sie ein Fisch, der von den Bäumen eingeholt wurde. Hinter sich hörte sie ihre Mutter etwas rufen, aber Sunniva reagierte schon nicht mehr darauf. Vor Aufregung rauschte ihr das Blut in den Ohren, wie es sonst nur beim Anblick einer Creme-Zimt-Rolle geschah.

Eine Hand um den Apfel in ihrer Schürze geschlungen, lief sie über den festgestampften Lehmweg, der an den anderen Höhleneingängen vorüberführte. Hin und wieder begegnete sie einem Dorfbewohner oder grüßte mit einem Nicken, wenn jemand auf der Bank vor seiner Tür saß. Doch mehr als ein paar Worte wechselte sie mit keinem. Stattdessen konzentrierte sie sich auf den Wald, der sich hinter dem Hügel erhob, in dem die letzte Höhle ihres Dorfes lag, und der die Gedanken in ihrem Kopf gefangen nahm. Immer näher und näher kam sie dem Wald.

Als sie endlich davorstand, konnte sie nur schwach erkennen, an welcher Stelle eine schmale Lücke war, an der jemand versucht hatte hineinzugelangen. Groß genug für eine davongelaufene Zitterechse, aber nur unzureichend für jemanden mit Sunnivas Statur.

Sollte sie wirklich noch einmal in den Wald gehen? Ihr Glück herausfordern, als wäre sie nicht ganz bei Verstand?

Weil sie nicht mehr gern auf der Bank neben der Theke saß und ihr Appetit sich nur noch alle zwei Stunden meldete?

Was würde passieren, wenn die Alten nun recht hatten und der Wald tatsächlich verflucht war? Möglicherweise mit einem Schusseligkeitszauber? Sollte sie riskieren, dass ihr ab dem nächsten Morgen jeder Krug aus der Hand fiel? Das war eher hinderlich in einer Gast-stube. Vor allem, da die meisten Gäste mit Vorliebe Krü-ge bestellten.

Während sie noch grübelnd vor dem Wald stand, legte sich plötzlich eine Hand auf ihre Schulter, und erschro-cken fuhr sie herum wie ihre Echse, der man auf den Schwanz tippte. Zum Glück verlor Sunniva dabei keine Gliedmaßen.

Vor ihr stand mit einem breiten Grinsen im Gesicht Tiw Ticcen, der Verrückte.

Sein rundes, freundliches Gesicht konnte nicht über den Schalk hinwegtäuschen, der ihm so deutlich im Na-cken saß. Sein rotes Wams war fleckig von Beeren, und in seiner Hose befand sich schon wieder ein Loch, ge-nau über dem linken Knie, mit dem er zweifellos vor den Büschen des alten Siegenot Fyrn gehockt hatte, um an jene Beeren zu kommen, deren Saft nun sein Wams ver-unstaltete.

»Was willst du hier?«, fragte er amüsiert, aber das hatte nichts zu sagen, denn er klang meistens amüsiert.

»Was willst *du* denn hier?«, erwiderte Sunniva gereizt, weil nun jemand gesehen hatte, wie sie vor dem Wald stand.

Er zuckte mit den Schultern. »Ich mache einen Spa-ziergang.«

»Im Wald?«

»In der Nähe des Waldes. Man müsste schon ziemlich verrückt sein, wenn man im Wald einen Spaziergang ma-chen wollte, nicht wahr?« Er grinste noch breiter.

Wie ein Ticcen, hätte Sunniva beinahe geantwortet, aber das wäre seiner Familie gegenüber ungerecht gewe-sen, denn soweit man sich im Dorf erinnern konnte, war er der Erste seiner Familie, der in solchem Maße aus der Art schlug. Niemand konnte sich daran erinnern, seinen Vater je in einem roten Wams gesehen zu haben!

»Du hast doch hoffentlich nicht vor, was ich denke, das du vorhast?«, fragte er und deutete dabei auf den Wald, worauf sie sich genötigt fühlte zu antworten: »Sicher nicht.« Aber irgendwie klang es mehr nach einer Frage, als wäre sie sich selbst nicht sicher, was man sonst so noch auf dieser Seite des Dorfes tun sollte.

Bei längerem Überlegen wäre ihr vielleicht das Kastaniensammeln eingefallen oder das mumifizierte Sperlingsbein, das sie noch immer in der Schürzentasche trug – sie hätte ja behaupten können, dass sie einen geeigneten Platz für dessen Entsorgung suchte –, doch da sie nicht länger überlegte, zeigte sie stattdessen über seine Schulter nach hinten und setzte hinzu: »Warum gehst du also nicht dorthin, wo du hergekommen bist, und tust, was immer du um diese Stunde tun würdest? Ale trinken zum Beispiel.«

Einen Moment lang schaute er sie nachdenklich an, wobei so etwas Ähnliches wie ein ernster Ausdruck auf sein Gesicht trat, aber eben nur beinahe, dann entschied er: »Nein, ich denke, ich bleibe lieber bei dir.«

Das war allerdings keineswegs in Sunnivas Sinne, daher verwundert es auch nicht, dass sie wütend rief: »Aber ich will nicht, dass du bei mir bleibst!«

Nun muss man wissen, dass mit Tiws Verrücktheit auch eine gewisse Sturheit einherging, die den Umgang mit ihm nicht eben leichter machte. Vor allem nicht für Sunniva, die versuchte, ihn loszuwerden, ohne das halbe Dorf darauf aufmerksam zu machen.

»Du hast doch vor, in den Wald zu gehen, stimmt's?«,

begann er erneut, worauf Sunniva seufzte und die Schultern hängen ließ wie ein nasses Hemd auf der Leine.

Offenbar hatte es keinen Sinn, ihm etwas vorzumachen. Seine angebliche Verrücktheit schien sich nicht auf die Fähigkeit auszuwirken, eins und eins zusammenzuzählen und dabei auf das richtige Ergebnis zu kommen.

»Wirst du jemandem davon erzählen?«

»Warum sollte ich?«

Weil die anderen im Dorf auch nichts Besseres zu tun hätten, als einer Mutter von ihrer Tochter zu erzählen, die sich gerade in Fehl und Tadel erging. Das gab Gesprächsstoff für mindestens zwei Runden Krüge mit Ale im Goldenen Rahm.

»Ich werde mit dir kommen.«

»Wie bitte?«

»Wir gehen gemeinsam.«

»Warum?«

»Warum nicht?«

Da gab es eine Menge Gründe, die ihr einfielen, zum Beispiel, weil es eine schlechte Idee war und es ja wohl genügte, dass bereits einer von ihnen an diesem Tag darauf gekommen war. Warum sollte er sich zu seiner eigenen Verrücktheit auch noch ihre aufhalsen?

Doch als sie ihm in sein rundes, freundliches, wenn auch schalkhaftes Gesicht sah, erkannte sie darin eben auch jene Sturheit, mit der sie bereits zuvor Bekanntschaft gemacht hatte und gegen die es offenbar nur ein Mittel gab, und das war ein Schlag auf den Kopf – wie der alte Fyrn festgestellt hatte, als Tiw sich wieder einmal an seinen Vorräten vergangen hatte. Den Kopfverband hatte Tiw für ganze zwei Wochen getragen, als wäre er eine Auszeichnung, woran man sehr gut erkennen konnte, dass er die Welt ein bisschen anders sah als alle anderen.

Da Sunniva in den meisten Fällen jedoch davon absah, Leute auf den Kopf zu hauen (es sei denn, sie waren betrunken und wollten bei Lokalschluss nicht gehen), nahm sie auch in diesem Fall davon Abstand und stieß stattdessen zum wiederholten Male einen Seufzer aus, der denen, die ihrer Mutter über sie selbst entschlüpften, verdächtig ähnlich klang.

Nun, wo Tiw wusste, was sie vorhatte, machte es wohl auch keinen Unterschied mehr, wenn er sich ihr anschloss. So würde er sich wenigstens hüten, jemandem davon zu erzählen.

Und es war ja auch nicht so, dass sie an diesem Tag den ganzen Wald durchqueren wollte. Ihr Streben lag ja nur darin, zu der Flüstereiche zu gelangen, unter der sie ihre Zitterechse wieder eingefangen hatte – und ein Stück darüber hinaus.

Nur um einen Blick darauf zu werfen, was sich dahinter befand. Um zu wissen, ob es da noch mehr gab als nur Gestrüpp und grasgrüne Wucherungen.

»Nun gut, dann komm.« Sie warf einen letzten prüfenden Blick über die Schulter, aber auf dem Weg hinter ihnen war niemand zu sehen. Wäre es anders gewesen, hätte dieser verantwortungsbewusste Jemand die beiden Kindsköpfe sicher davon abgehalten, in den Wald zu gehen. Aber da das nicht der Fall war, tat Sunniva einen Schritt nach vorn und kletterte über den letzten herabgestürzten Ast, der das Dorf vom Wald trennte.

Dahinter wuchsen hohe Farne, deren Spitzen Sunniva in die Haut stachen wie die Nadel beim Strümpfestopfen, wenn sie den Fingerhut vergaß oder Rotschwanz ihn aus Versehen verschluckt hatte. Wie gesagt, die Echse war nicht das schlauste Tier diesseits der Mohnfelder (und jenseits vermutlich auch nicht).

Doch auch davon ließ sich Sunniva nicht abhalten. Dazu war die Neugier zu groß. Entschlossen bog sie die Sträucher zur Seite und drang tiefer in den Wald vor. Es war unnatürlich still, bis auf das Knacken der Zweige, das sie selbst verursachten. Immer weiter mussten sie sich nach unten bücken, bis sie tatsächlich beinahe auf allen vieren krochen.

Es dauerte keine hundert Herzschläge, und die Schürze hatte die ersten Risse bekommen. Wie sie das zu Hause erklären wollte, wusste Sunniva noch nicht, vielleicht würde sie einfach erklären, über ihre eigenen Füße gestolpert und gestürzt zu sein. Das wäre nicht das erste Mal und wenigstens nicht ganz so weit hergeholt.

Hinter sich hörte sie Tiw schnaufen. Für ihn war es sogar noch schwieriger voranzukommen, da er größer war als sie. Allerdings musste er sich keine Gedanken darüber machen, dass er seine Kleidung zerriss, die war ohnehin die meiste Zeit in tadeligem Zustand, und sein Vater hatte längst aufgegeben, ihn deshalb zur Räson zu rufen. Wenn die Leute ihn fragten, wie es seinen Kindern erging, sprach er stets lobend über seine Tochter und sagte über Tiw: »Nun ja …« Manchmal auch: »Was soll man machen …«

Nach einer Weile begann sich Sunniva zu fragen, warum sie keine Angst in dem angeblich verfluchten Wald verspürte. Es war zwar nicht so, dass die Leute ihres Volkes besonders große Angsthasen waren (dafür war Angst viel zu anstrengend, und die Leute liebten ja alles Unangestrengte), doch der Anblick eines Wolfes oder einer leeren Speisekammer konnte einen schon in Schrecken versetzen. Aber es hieß ja eben auch, dass es in diesem Wald keine Wölfe gab, von Speisekammern ganz zu schweigen, und das erklärte vielleicht auch Sunnivas mangelnde Furcht.

»Bist du sicher, dass es hier keine Wölfe gibt?«, fragte in diesem Augenblick jedoch Tiw in ihre Überlegungen hinein, als könnte er ihre Gedanken lesen wie das Mittagsmenü auf der Tafel vor dem Goldenen Rahm.

Sie warf ihm einen schrägen Blick über die Schulter zu, aber er war viel zu beschäftigt damit, Zweige aus seinen Haaren zu ziehen, als auf sie zu achten.

Woher sollte sie sicher sein, sie war ja noch nie hier gewesen? Alles, was sie kannte, waren die Geschichten der Leute aus dem Dorf und dann noch zwei, drei von durchgereisten Gästen. Und was Fremde erzählten, musste ja nicht immer stimmen, nicht wahr? Wer wusste also schon, was tief im Wald verborgen lebte und was niemand zuvor entdeckt hatte?

»Wenn du Angst hast, kannst du auch zurückgehen«, murmelte sie. Tiw schnaufte empört.

»Ich habe keine Angst.«

»Dann ist ja gut.«

Weiter ging der beschwerliche Marsch durch das Unterholz, und Sunniva war schon kurz davor, ihre Unternehmung abzubrechen und umzukehren, denn ihr Gesicht brannte inzwischen wie Feuer, als sie endlich die kleine Lichtung erreichten, eine Insel inmitten des Gestrüpps, auf der die alte Flüstereiche stand.

Der Stamm der Eiche war so breit wie zehn Tiws und die Krone so ausladend, dass ein Mann an einem Ende ihrer Zweige stehen konnte und ein anderer auf der anderen Seite, und wenn der Erste zum Zweiten etwas hinüberschrie, würde es bei dem Zweiten nur als Flüstern ankommen.

Doch das war nicht der Grund, warum die Eiche ihren Namen hatte.

Erschöpft setzten sie sich zwischen die Wurzeln, die durch die Erde gebrochen waren wie Obst durch eine Kuchenkruste.

»Bekommst du nicht langsam Hunger?«, fragte Tiw und schaute dabei sehnsüchtig in die Krone des Baumes, als würden dort auf einmal gebratene Entenflügel hängen. Ihm war offenbar nicht der Appetit vergangen, weder draußen vor dem Wald noch drinnen, und zugegebenermaßen war es schon eine ganze Weile her, dass er etwas gegessen hatte.

Mit einem Entenflügel konnte Sunniva zwar nicht dienen, aber sie erinnerte sich an den Zankapfel in ihrer Tasche und holte ihn heraus. Dabei fiel auch das mumifizierte Sperlingsbein heraus und Tiw jauchzte erfreut auf.

»Das hab ich schon vermisst«, rief er und zog es zu sich herüber.

»Das ist deins?«, fragte sie überrascht, obwohl sie gar nicht so überrascht sein sollte, denn wem sollte man schon zutrauen, ein Sperlingsbein zu besitzen, wenn nicht Tiw, dem Verrückten? »Was machst du damit?«

»Es bringt mir Glück.«

»Nein, tut es nicht. Krähenfedern bringen Glück und Froschschenkel fördern die Gesundheit, aber Sperlingsbeine machen gar nichts.«

»Das werde ich ja herausfinden«, erwiderte er eigensinnig und steckte das Bein in die Tasche seines Wamses. Dann klopfte er mit der flachen Hand dreimal darauf, und Sunniva schüttelte dreimal den Kopf über so viel Eigensinn.

Mit einem kurzen Dreh hatte sie den Apfel in zwei Hälften gebrochen, eine davon reichte sie Tiw. Er musste so großen Hunger haben, dass er nicht weiter mit ihr über Glück und Unglück von Vogelgliedmaßen sprach, sondern stattdessen mit zwei Bissen und ein bisschen Gesabber seine Apfelhälfte verschlang. Es war kein sehr schöner Anblick.

»Man sagt, es verschwinden Leute in diesem Wald«, sagte er, nachdem er fertig war und seinen Mund mit dem Hemdsärmel abgewischt hatte (was ebenfalls kein sehr schöner Anblick war).

»Wer soll denn da verschwinden, geht doch niemand rein.«

»Was ist, wenn wir auf einen Drachen treffen?«

»In dieser Gegend gibt es keine Drachen. Außerdem sind die immer hungrig, und hier gibt es ja nichts für sie zu fressen.«

»Doch, uns.«

Misstrauisch betrachtete Sunniva die Lichtung, die genauso aussah, wie sie sie in Erinnerung hatte. »Ich glaube nicht, dass irgendein Drache jahrelang darauf wartet, bis ausgerechnet wir beschließen, in den Wald zu gehen.«

Tiw zuckte mit den Schultern, der Einwand hatte ihn offenbar überzeugt, denn er klopfte gegen den Stamm der Flüstereiche und sagte: »Weißt du, warum sie Flüstereiche genannt wird?«

Sunniva schüttelte den Kopf.

»Die Alten behaupten, man kann die Taten, die man bereut, in die Astlöcher des Baumes flüstern, dann werden sie aus den Erinnerungen der anderen getilgt.«

»Wann behaupten die Alten so etwas?«

»Wenn sie vom Ale getrunken haben. Manchmal auch im Schlaf.«

Und manchmal im Schlaf, der durchs Ale kam, dachte Sunniva, bevor sie darüber nachdachte, was er noch gesagt hatte.

Das war ungeheuerlich! Wer hätte je davon gehört, dass solcherlei Dinge möglich waren? Würde das der Wahrheit entsprechen, müsste sie sich endlich keine Gedanken mehr über Fehl und Tadel machen, denn sie würde einfach dafür sorgen, dass sich niemand mehr daran erinnerte.

Sie linste nach oben, aber es war kein Loch in der Flüstereiche zu sehen, daher konnte sie auch nichts flüstern. Probiert hätte sie es gern. Begonnen mit ihrem Ausflug in den Wald.

»Aber warum geht dann niemand hierher?«, wollte sie wissen.

»Weil niemand etwas zu flüstern hat«, antwortete Tiw beinahe bedauernd. »Wer den ganzen Tag auf der Bank sitzt, hat am Abend nichts zu bereuen«, zitierte er das berühmte Sprichwort der Gegend.

Nach diesem Satz war es eine Weile still, bis Sunniva erneut der Hintern wehtat, wie auf der Bank vor ihrer Höhle, und sie aufstand. Niemand (von den wenigen, die sich hierher gewagt hatten) war je weiter hineingegangen in den Wald. An dieser Stelle waren sie alle umgekehrt. Meistens weil sie pünktlich zum Abendessen wieder daheim sein wollten. Manchmal auch nur, weil die Blasen an ihren Füßen und die Striemen in ihren Gesichtern unerträglich geworden waren.

Doch Sunniva wollte weiter. Sie wollte dahin gehen, wo vor ihr noch niemand gewesen war.

Was Tiw wollte, wusste niemand so recht zu sagen, er selbst am allerwenigsten, aber er würde auch nicht vor Sunniva ins Dorf zurückkehren wollen, schließlich haben auch Verrückte so ihren Stolz, daher folgte er ihr einfach – ein bisschen wie Sunnivas Zitterechse Rotschwanz, wenn sie darauf hoffte, Reste aus der Speisekammer zu ergattern.

Dieser Teil des Waldes unterschied sich nicht sehr von dem davor. Möglicherweise war er aber noch ein bisschen dunkler, noch ein bisschen stiller und noch ein bisschen undurchdringlicher. Es erklärte wahrlich gut, warum die meisten Leute vorher umgekehrt waren, doch nun hatte Sunniva so etwas wie Ehrgeiz gepackt, ganz ähnlich wie damals, als sie am Creme-Zimt-Rollen-Wettbewerb teilgenommen hatte.

Drei ganze Tage lang war ihr danach schlecht gewesen, sogar geträumt hatte sie von dem Gebäck, aber immerhin war sie Zweite geworden, noch vor ihrem eigenen Vater, was zu einigen Spannungen am Frühstückstisch geführt hatte.

Doch nach einer weiteren anstrengenden Zeitspanne, in der sie nichts anderes gesehen hatten als Gestrüpp, Gras und Blattwerk, stand Sunniva kurz davor aufzugeben. Sie musste wohl einsehen, dass es in diesem Wald tatsächlich nichts anderes gab als Stechen, Brennen und Knöchelverstauchen.

Unter den schweren Ästen wartete eben kein Abenteuer, sondern nur Unannehmlichkeit.

Gerade wollte sie den Mund öffnen, um Tiw zu sagen, dass ihre ungewöhnliche Abenteuerlust befriedigt war, als sich vor ihr erneut eine Lichtung auftat. Noch größer als die erste und über und über mit Pilzen besät.

Und in der Mitte stand ein Brunnen.

Wer mochte den Brunnen gebaut haben, wenn niemand in dem Wald lebte? Es war ein reichlich merkwürdiger Anblick. Ein Drache würde es schließlich kaum gewesen sein, Drachen hatten selten Verwendung für Brunnen, ebenso wenig wie für Schuhe oder Kämme. Zwerge? Aber dafür war der Brunnen zu klein. Und Elfen hatte dieser Wald schon seit Jahrhunderten nicht mehr gesehen, deren Haut war nämlich noch empfindlicher als Sunnivas.

Vorsichtig traten sie an den Brunnen heran, staunend und gespannt. Er war alt, mit einem Rand, aus dem an mehreren Stellen Steine gebrochen waren, und das Moos hatte so gut wie jeden Flecken mit einer dünnen Schicht überzogen. In den Sockel waren Blumenranken gehauen worden, die an die Stickereien der alten Frauen erinnerten, die das Handwerk noch von ihren Großmüttern gelernt hatten, die es wiederum von ihren Großmüttern gelernt hatten, wenn nicht gar von den Urgroßmüttern!

Auf einmal verspürte Sunniva einen solchen Durst, als hätte sie das scharfe Spanferkel ihrer Mutter gegessen (eine Freude, von der man immer noch am nächsten Tag etwas hatte). Doch als sie sich über den Rand beugte, sah sie nicht das klare Wasser einer unterirdischen Quelle, sondern eine trübe Oberfläche, und ein süßlicher Geruch stieg ihr in die Nase. Trotzdem streckte sie die Hand danach aus (offenbar kannte sie keine Geschichten über Wesen, die unter trüben Oberflächen lebten), und tauchte die Finger unter.

Und ihre Welt stellte sich auf den Kopf.

Nicht wirklich, das wäre schließlich äußerst unangenehm gewesen. Aber sprichwörtlich. Denn auf einmal sah sie Bilder, verzerrt von den Wellen, die ihre Finger verursachten, aber dennoch als solche zu erkennen. Neben sich hörte sie Tiw erschrocken einatmen.

Keiner von beiden hatte je so etwas gesehen.

»Was ist das?«

»Ich glaube ...«

»Das ist doch ...«

Ihr Dorf.

Ehrfürchtig betrachteten sie die Bilder, die wie durch Zauberhand einen bunten Reigen bildeten. Es waren Leute, die sie kannten. Doch es war auch, als sähe Sunniva diese Leute zum ersten Mal. Denn sie taten Dinge, von denen sie nichts wusste, von denen Sunniva nicht einmal geahnt hätte, dass die anderen daran Gefallen fanden ...

In diesem Augenblick verstand sie auf einmal, dass dies das Herz des Waldes war – diese Lichtung, noch weiter vom Dorf entfernt als die Flüstereiche. Und wenn die Eiche wirklich den Fehl der Leute vergessen machte, so war dieser Brunnen das Sammelbecken ihrer Tadel.

Sunniva sah, wovon der dicke Lebuin träumte, und es waren nicht die Obstkuchen seiner Frau. Sie sah, welche Begehrlichkeiten der Anblick des Zwergengoldes in Finian Snuppe weckte. Und was Ermintrude Igel kalt ließ, obwohl sie immer behauptete, die Lieder ihrer Nichten erleuchteten die Dunkelheit.

Und dass der Alte am Rand des Dorfes von Abenteuern träumte, die er in seiner Jugend erlebt hatte und von denen er nie jemandem erzählt hatte (nicht einmal seinem Neffen), die er tief in sich vergraben hatte und wie einen Schatz hütete.

Der Wald kannte die Geheimnisse der kleinen Leute

um ihn herum. Jeden Fehl und jeden Tadel, gut verborgen unter Geäst und Blattwerk.

Über den Rand des Brunnens hinweg sahen sich Sunniva, die Appetitlose, und Tiw, der Verrückte, an und verspürten zum ersten Mal etwas, von dem sie bisher nichts gewusst hatten, da sie es nie verspürt hatten.

Freiheit.

Überrascht lachte Sunniva auf. Sie hatte nie bemerkt, dass es das war, was sie suchte. Was sie eines Tages unruhig erwachen ließ und was sie fortgetrieben hatte, hinein in den angeblich verfluchten Wald mit all seinem Gestrüpp und seinen beschwerlichen Wegen.

Es war nicht so, dass die anderen in ihrem Dorf ohne Fehl und Tadel waren, sie wussten nur besser, es zu verstecken.

Trotz der Erschöpfung, die Sunniva bis in die kleinen Zehen spürte, fiel ihr der Rückweg leicht. Die Kratzer machten ihr kaum noch etwas aus, und auch Tiw murrte nur halb so oft wie zuvor.

Ihre Mutter würde sicher toben, weil sie zu spät zum Abendessen kam und die ersten Gäste sich über die langsame Bedienung beschwerten, aber das machte ihr nichts aus. Sie würde in die Gesichter der Gäste sehen und ganz genau wissen, dass sie nicht frei von Fehl und Tadel waren, und wenn jemand die Nase rümpfte, würde sie einfach darüber lachen.

Dr. Frank Weinreich

DER HOBBIT HEUTE
ANMERKUNGEN ÜBER DIE STELLUNG DES BUCHES INNERHALB DER FANTASY

2012 – das Hobbitjahr! *The Hobbit* feiert seinen fünfundsiebzigsten Geburtstag und *Der Hobbit – hin und wieder zurück* wird als Monumentalverfilmung von Peter Jackson ab Weihnachten das Kinojahr beherrschen. Und doch – was ist das eigentlich für ein Buch, dessen Ruhm da gefeiert wird, und geht es überhaupt um das Buch *Der Hobbit?*

Wenn man mal von einigen Stimmen absieht, die vor 1954 den Hobbit priesen – etwa C.S. Lewis, der davon ausgeht, dass man dieses Buch »zehn oder zwanzig Mal« lesen müsse, um seine Tiefe zu erfassen[*] – so erlangen *The Hobbit* wie auch der Hobbit Bilbo Beutlin doch erst breiteste öffentliche Anerkennung mit Erscheinen von *Der Herr der Ringe*, diesem die Fantasy in unvergleichlicherweise beherrschenden Epos, welches den *Hobbit* auf den ersten Blick wie ein Anhängsel erscheinen lässt. Und wenn schon die große Ringerzählung in Buchform wie ein Schatten über dem kleinen *Hobbit* liegt, so drängt die mit gefühlten 148 Oscars geehrte Verfilmung des *Ringes* das unscheinbare Wesen noch weiter ins Dunkel.

Natürlich wird *Der Hobbit,* hübsch herausgeputzt, gerade in besonders helles Licht gestellt. Doch würde ihm das auch widerfahren, wenn Jackson die Ringerzählung nicht zu dem cineastischen Ereignis gemacht hätte, das

---

[*] Anlässlich seiner Rezension von *The Hobbit* in *The Times Literary Supplement* vom 2. Oktober 1937.

es ihm nun erlaubt, mit noch mehr Aufwand auch *Der Hobbit* auf die Leinwand zu bringen? Und würde Bilbos Reise Gegenstand so vieler Neuauflagen und Begleitliteratur sein, wenn nicht die Geschichte vom Einen Ring und der Queste zu seiner Vernichtung die Aufmerksamkeit der Millionen auf sich gezogen hätte? Ist *Der Hobbit* doch nur irgendein Prequel?

Nein.

Warum *Der Hobbit* ein wichtiges Buch ist, und zwar so wichtig, dass man mit Fug und Recht vom Hobbitjahr sprechen kann, und dass dies ein schöner Anlass ist, vor allem das Buch selbst in einer seiner sorgfältig verfassten Neuauflagen wieder einmal oder zum ersten Mal zu lesen, werde ich auf den nächsten Seiten zu erklären versuchen. Um die Tiefe des *Hobbits* zu verstehen, werde ich Teile des Inhalts ins Gedächtnis rufen; schauen, was die Rolle der Fantasy ist und wie das Buch dort hineinpasst; skizzieren, wie Tolkien das Genre und dessen Aufgaben und Möglichkeiten begriff; und ihn vor allem mit anderen Fantasyerzählungen vergleichen, innerhalb derer er doch einen distinguierten Platz einnimmt, selbst mit Blick auf *Der Herr der Ringe*.

I

Entstanden ist *Der Hobbit* als Kinderbuch, als Buch für ganz bestimmte Kinder, nämlich Tolkiens eigene. Michael Tolkien, das zweite von vier Kindern, berichtete später, dass sein Vater die Geschichte des Hobbits Bilbo Beutlin Ende der Zwanzigerjahre in vielen abendlichen Sitzungen aus dem Stegreif erzählte. Der berühmte Nachmittag, an dem Tolkien während langweiliger Klausurkorrekturen die Worte »In einem Loch im Boden, da lebte ein Hobbit« aufschrieb, war eher der Auslöser, die erzählte Geschichte zu Papier zu bringen. Es war zunächst eine fast reine Kindergeschichte, die im Kaminzimmer des Hauses 22 Northmoor Road vor den Ohren des Nachwuchses entstand.

Aber eben nur fast, denn Tolkien hatte da schon längst sein ganz großes Thema – das Universum Mittelerde – gefunden, über das Aufzeichnungen, Gedichte und Storyfragmente seit seiner Jugendzeit existieren. Gerade in den Zwanziger- und Dreißigerjahren aber – lange vor dem Ring, vor Frodo, Samweis, Aragorn und all den anderen Helden der Ringerzählung – drehte sich ein sehr großer Teil seiner Freizeit um die Kosmologie Mittelerdes und den reichen Schatz der dort spielenden Geschichten, die selbst in den zwölf Bänden der *Complete History of Middle-earth* noch nicht zu Ende erzählt sind. In dieser Zeit entwickelte oder verfeinerte er alle Handlungsstränge, die posthum im *Silmarillion* veröffentlicht wurden und eine ganze Reihe mehr. Es verwundert also nicht, dass Mittelerde auch den Hintergrund einer Geschichte für die Kinder hergab, auch wenn man merkt, dass es im Vergleich zu *Silmarillion* und Ringerzählung Unstimmigkeiten im Ton gibt. Tolkiens Sohn Christopher erklärt das damit, dass sich *Der Hobbit* in die große Welt Mittelerde hinein »verirrte«, wie es im Vorwort zur englischen Jubiläumsausgabe heißt. Der Geschichte Bilbos tat das aber eigentlich nur gut, denn von diesem Hintergrund einer seit zwanzig Jahren im Entstehen begriffenen Welt bezieht sie einen großen Teil ihrer Tiefe und Glaubwürdigkeit. Aber der Hintergrund sorgt auch für eine nicht zu übersehende Ambivalenz in der Geschichte, die sie genau auf die Grenze zwischen Kinderbuch und Lin Carters »Adult Fantasy«[*] stellt.

Nun ist Fantasy nicht automatisch keine Lektüre für Kinder. Ganz im Gegenteil zieht sie Kinder unglaublich an. Aber die erwachseneren Stoffe der High Fantasy, wie *Der Herr der Ringe* einer ist, sind aus verschiedenen Gründen nicht ohne Weiteres für junge Menschen geeignet. Und damit meine ich bei Weitem nicht nur problematische Gewaltdarstellungen,[**] sondern viel mehr psychologische, philosophische, religiöse, soziologische und politische Themen, die Kinder erstens nicht erfassen können und die sie zweitens in den meisten Fällen auch langweilig finden dürften. Deshalb gibt es Fantasyliteratur, die sich allein an Kinder richtet – etwa die unimaginative, aber erfolgreiche Beastquest-Reihe des britischen Autors Adam Blade – und es gibt Bücher, die, vielleicht orientiert an Astrid Lindgrens absolut zutreffendem Diktum, dass ein gutes Kinderbuch auch immer etwas für Erwachsene ist, beiden Publika Stoff zum Unterhalten und zum Nachdenken geben und seit einigen Jahren als All-Age-Literatur firmieren. Und unabhängig davon, ob All Age eine betreffende Zuschreibung für alles ist, was unter diesem

---

[*] »Adult Fantasy« war der Name einer Buchreihe, die der US-Amerikaner Lin Carter Mitte der Sechzigerjahre herausgab. Erst seit Erscheinen dieser Reihe spricht man von dem Genre als Fantasy.

[**] Die Gewaltdarstellung im *Hobbit,* aber auch in der Ringerzählung, ist eher zurückhaltend, sowohl verglichen mit zeitgenössischen Werken der Fantastik als auch mit heutigen Büchern. Und Gewaltverherrlichung gibt es in *Der Herr der Ringe* überhaupt nicht. Ich habe einmal eine Inhaltsanalyse durchgeführt, die ergab, dass die Ringerzählung einen Anteil von deutlich unter 10 Prozent an Gewaltdarstellungen enthält, und dass die literarische Art der Darstellung – wie bei einem Antikriegsfilm – eher geeignet ist, abzuschrecken. Siehe Frank Weinreich: »Violence in Lord of the Rings.« In: Th. Fornet-Ponse et al.: *War and Violence in Tolkien.* Hither Shore, Band 6. Köln, Scriptorium Oxoniae 2010, S. 10–26.

Label verkauft wird, so ist *Der Hobbit* sicherlich ein Buch, das für jedes Alter geeignet ist, auch wenn die All-Age-igkeit sequenziell daherkommt, wie Lewis schon 1937 in seiner Rezension bemerkte.[*]

Das Buch öffnet mit einem sorglosen Beginn voller Slapstick-Anklänge. Es behält seine Sorglosigkeit auch mit Beginn der Reise zunächst bei, wenn man etwa die putzige Darstellung der Trolle Tom, Bert und Bill am »würzig riechenden« Lagerfeuer mit Jacksons Höhlentroll in Moria aus *Die Gefährten* vergleicht. Dann wird es ernster, erreicht aber bis zur Ankunft am Erebor die Bedeutungsschwere des Ringes auch nicht annähernd. Konflikte wie die Flucht vor den Goblins oder der Kampf mit den Spinnen werden im Vergleich zu harter, moderner Fantasy kindgerechter beschrieben. Besonders die Flucht aus dem Gewahrsam des Elbenkönigs, die durch den Suff der Wachleute ermöglicht wird, erzählt das Buch mit genreuntypischer Leichtigkeit. Auch das geistreiche Gespräch zwischen Smaug und Bilbo entspricht nicht einem »Standard-Encounter mit einem Boss-Gegner« aus einem Fantasycomputerspiel, die sonst in allzu vielen Büchern des Genres seit einiger Zeit zu finden sind. Spätestens wenn die Zwerge den Hort des Drachen übernehmen und Krieg droht, wird es aber sehr ernst und nachdenklich, werden Rassismus, Materialismus und deren Antagonisten Humanismus und Bescheidenheit thematisiert. Hier gewinnt das Buch eine moralische Tiefe, die vielen Kindern entgehen dürfte. Es sind eine ganze Menge verschiedener Ingredienzen in *Der Hobbit* zu finden, die für die Fantasy zwar typisch, aber selten in einem Buch versammelt sind.

[*] Vgl. Fußnote auf S. 227.

Was aber ist »typische« Fantasy? Eine Antwort auf diese Frage dürfte enorm dabei helfen, einzuschätzen, wo man die Reise Bilbos innerhalb des Genres einordnen kann. Leider gibt es aber keine typische Fantasy.

Ich habe vor einigen Jahren vorgeschlagen, Fantasy wie folgt zu definieren: »Fantasy ist demnach ein literarisches (sowie mehr und mehr auch cineastisches und in weiteren Ausdrucksformen auftretendes) Genre, dessen zentraler Inhalt die Annahme des faktischen Vorhandenseins und Wirkens metaphysischer Kräfte oder Wesen ist, das als Fiktion auftritt, das als Fiktion auch verstanden werden soll und muss.«[*] Diese Definition hilft hier aber nicht viel weiter, außer, dass sie eben darauf hinweist, dass die Fantasy ein ungemein weites Gebiet umfasst, das neben typischen Rittern, Drachen, Orks und Zauberern von nahezu unbeschränkten Inhalten erzählen kann, solange nur das Übernatürliche eine zentrale Rolle einnimmt. Das kann von Dinosaurierfantasien bis hin zu *Mad-Max*-artigen Endzeitsettings reichen, und meinetwegen sogar glitzernde Vampire beinhalten (aber nur, wenn's unbedingt sein muss). Bloß typische Fantasy ist das eben nicht.

Oder halt … vielleicht doch. High Fantasy, diese in präindustriellen Settings angesiedelten Geschichten von meist epischer Weite, die von oftmals ähnlich gestaltetem Personal wie Elfen, Zwergen, Zauberern und verschiedensten Monstern besiedelt werden, die sind eben irgendwie doch typisch.

Was hier droht, herablassend zu klingen, ist aber keinesfalls so gemeint, denn mithilfe dieses Personals und derartiger Settings lassen sich höchst anspruchsvolle Ge-

---

[*] Frank Weinreich: *Fantasy. Einführung.* Essen, Oldib 2007, S. 37.

schichten erzählen, die unter Umständen über das reale Leben von uns Menschen sehr viel präziser reflektieren, als es so mancher Philosoph oder Gesellschaftswissenschaftler tut, wie Ursula K. Le Guin einmal sinngemäß so treffend anmerkte.[*]

High Fantasy möchte ich im Folgenden, wenn auch in einem ganz klar eingeschränkten Sinn, als typische Fantasy behandeln. Dann steht *Der Hobbit* mittendrin im Genre. Sowohl zeitlich als auch thematisch.

Das Genre High Fantasy beginnt[**] mit dem Engländer William Morris, der Ende des Neunzehnten Jahrhunderts in Anlehnung an die Ritterromanzen aus vorhergehenden Jahrzehnten und Jahrhunderten etwas Ähnliches, aber nicht völlig Gleiches schrieb: *The Wood Beyond the Worlds* (1894) und *The Well at the World's End* (1896). Das sind die beiden ersten echten Fantasyromane, die gleich schon alles enthielten, was High Fantasy seitdem ausmacht: das präindustrielle Setting; eine glaubhaft erfundene Welt; einen gewissen melancholischen Grundton und ein Gefühl des Verlustes, das vielen Fantasygeschichten – besonders *Der Herr der Ringe* – unterliegt; die Darstellung ethischer Prinzipien ver-

---

[*] Ursula K. Le Guin: *The Language of the Night. Essays on Fantasy and Science Fiction.* New York, G. P. Putnam's sons 1979, S. 58.

[**] Das ist natürlich auch wieder eine Definitionsfrage. Fiktionen mit übernatürlichem Inhalt sind so alt wie die Menschheit, aber früher hat man noch an sie geglaubt, was ihren Fiktionscharakter sehr einschränkt. Die Geschichte von *Gilgamesch,* die *Homerischen Epen* und all die Sagen und Sagas weltweit sind eine Art von Fantasy, aber ich schließe sie bewusst aus, weil das Verhältnis zu einer mythischen Erzählung, an die ihr Originalpublikum glaubte, wie die Menschen heute, die für Gebet und Meditation in Kirchen, Moscheen oder Tempel gehen, ein essenziell anderes ist als das gegenüber einem eindeutig unwahren Stoff. Im Übrigen gilt Morris als Begründer der Fantasy überhaupt, sodass man das High hier auch streichen könnte.

bunden mit einem Verzicht auf psychologische Feinzeichnung der Charaktere; und die hervorgehobene Rolle der Sprache als Schöpfungs- wie als Darstellungswerkzeug, die in vielen Werken zu beobachten ist – man denke etwa an die Schöpfungsmagie im *Erdsee*-Zyklus von Ursula K. Le Guin –, besonders von Tolkien aber in unübertroffener Weise eingesetzt wird. *Der Hobbit* folgt dem Beispiel Morris' in vielen Hinsichten, verzichtet aber mit Ausnahme einiger Teile des Endes auf die Melancholie und kommt insgesamt viel frischer, verspielter und leicht ironisch daher, wo Morris' Erzählungen an zu viel Pathos und Gravität leiden.

Die Fantasy beginnt nicht mit Tolkien, und es wurden auch zu der Zeit, als Tolkien an seinem Kosmos arbeitete und seinen Kindern von Bilbo erzählte, eine ganze Reihe von Beispielen erfolgreicher High Fantasy publiziert, die in Ton und Anmutung trotz der gemeinsamen Morris'schen Grundlagen große Unterschiede zeigen. Da gibt es wunderbar sanfte, fast actionfreie Poesien wie *Die Königstochter aus Elfenland* (1924) des Iren Lord Dunsany. Es gibt die schnellen und gewaltlastigen Fantasien des US-Amerikaners Robert E. Howard, der Anfang der Dreißiger mit der Figur des *Conan* den Urahn aller Hack'n'slash-Storys* erfand. *Der Wurm Ouroboros* des Engländers Eric Rücker Eddison schließlich steht mit seinem den nordischen Sagas verwandten Stoff auch dem *Silmarillion* Tolkiens nahe. *Der Hobbit* unterscheidet sich

---

* Conan gehört, wenn man penibel einteilt, in den Bereich der Sword & Sorcery, aber die betrachte ich als einen Teilbereich der High Fantasy. Wichtiger ist mir, wenigstens in einer Fußnote zu betonen, dass die *Conan*-Bücher von Howard deutlich mehr Tiefe enthalten als man der weltbekannten Figur des Barbaren im Regelfall zubilligt.

von all diesen Büchern, da er deren Schwerpunkte nicht oder nur in Spuren aufnimmt, trotzdem ist er auch im direkten Vergleich eindeutig ein Fantasyroman, da er nicht nur in die oben gegebene Definition passt und die Morris'schen Strukturelemente enthält, sondern eine Reihe von Ähnlichkeiten mit Dunsany, Howard und Eddison aufweist, auch wenn er das jeweilige Kernthema nicht teilt.

Nach Erscheinen von *Der Hobbit* und nach dem folgenden Weltkrieg war die Fantastik zunächst einmal von der Science Fiction geprägt, bis Tolkien mit *Der Herr der Ringe* das Genre Fantasy in den Augen der breiten Öffentlichkeit überhaupt erst begründete. Das stimmte zwar nicht, aber der Einfluss der Ringerzählung im Genre ist so groß, dass es in anderen Genres und Literaturrichtungen fast keine Parallelen dazu gibt. Vielleicht Joyce' *Ulysses* für die Moderne … aber sonst beherrscht kein Einzelwerk seine unmittelbare Umgebung in gleicher Weise. Doch auch wenn der *Ring* aus der gleichen Feder stammt wie der *Hobbit* und in der gleichen Welt spielt, so gibt es doch große Unterschiede in Thema und Stimmung. Wo auf der einen Seite die Welt gerettet werden muss, geht es auf der anderen Seite um eine teilweise ans Unbeschwerte grenzende Abenteuerfahrt. Wo im *Ring* trotz erfolgreicher Weltenrettung das Thema des Verlustes und der ärmer werdenden Welt alles durchzieht, hüpft die Handlung des *Hobbits* vergleichsweise spielerisch den Reiseweg entlang. Selbst der Ring, den Bilbo findet, ist ein gänzlich anderer als der in *Der Herr der Ringe* (weil Tolkien beim Verfassen noch nicht die geringste Idee von seinem späteren Gewicht hatte): hier ein nettes Accessoire für einen »Meisterdieb«, dort die Inkarnation alles Bösen schlechthin.

Und doch ist *Der Hobbit* in vielerlei Hinsicht ein Vorläufer, der Kernthemen des folgenden Epos vorwegnimmt. Freundschaft beispielsweise ist zentral im *Ring*, denn ohne sie wäre das gesamte Unternehmen gescheitert. Einmal war die freundschaftliche Unterstützung der Gefährten untereinander notwendig, vor allem aber hängt der Erfolg an der zur Liebe erhöhten Freundschaft zwischen Sam und Frodo. Anders, aber nicht weniger intensiv, diskutiert der *Hobbit* das Thema Freundschaft, wenn es darum geht, wie weit der zum Freund der Zwerge gewordene Bilbo aus Freundschaft gehen darf, wenn er etwa den Arkenstein an sich nimmt. Auch das Thema der »Macht« des kleinen Mannes angesichts der von Königen und Zauberern bestimmten Weltenläufe wird an zentraler Stelle behandelt, jeweils in Form der ausschlaggebenden Rolle eines (oder zweier; Sam ist der wahre Held im *Ring*) unscheinbarer Hobbits. Der Beispiele gibt es weitere, wie die gleichartige Behandlung von Gewalt und Krieg, die Bedeutung natürlicher Lebensweisen, die analoge Ästhetik und so weiter. Trotz aller Schwierigkeiten, die Tolkien später hatte, (unwichtige) inhaltliche Unstimmigkeiten zwischen den Erzählungen anzugleichen, zeigen sich die Bücher in der Zusammenschau als harmonisches Ganzes.

Diese Harmonie besteht jedoch nicht mehr, wenn man sich in der Geschichte der (High) Fantasy weiter vorwärts bewegt. In der Folge von Tolkiens großem Erfolg publizierten viele Erzählerinnen und Erzähler Ähnliches. Das Genre enthält die entscheidenden Impulse zu seiner weiteren Entwicklung jedoch von Autoren, die inhaltlich andere Wege beschreiten. Einige Beispiele.

Anfang der Sechziger erfindet der Engländer Michael

Moorcok mit *Elric von Melniboné* eine Figur, die das normale Heldenbild in ihr Gegenteil verkehrt. Elric ist ein drogenabhängiger Antiheld, der mit und ohne eigenes Zutun ständig in tragisch endende Ereignisse verstrickt wird und das Mitgefühl seiner Leserschaft nur dadurch erringt, dass das Schicksal noch viel grausamer ist als er selbst. In Elric wird die gebrochene Heldenfigur in der Fantasy zum ersten Mal ein Publikumserfolg und läutet eine ganze Reihe von zerrissenen Protagonisten ein, die bis heute überzeugend fortgesetzt wird, weil der gebrochene und scheiternde Held der realen Lebenserfahrung eher entspricht als der strahlende Ritter. Mit Bilbo hat Elric nichts mehr gemein, hier trennen sich die Wege in der Fantasy deutlich, auch wenn beide Arten von Stücken noch auf der gleichen Bühne spielen.

In den späten Sechzigern beginnt die US-Amerikanerin Ursula K. Le Guin, eine in Science Fiction und Fantasy gleichermaßen einflussreiche Autorin, die jeden wichtigen Preis gewonnen hat, der in der Fantastik zu vergeben ist (die meisten mehrmals), den *Erdsee*-Zyklus. In einem High-Fantasy-Setting entwirft sie eine weitgreifende Parabel über das Leben selbst und behandelt in der Person des Zauberers Ged sowie des Mädchens Tehanu alle großen Fragen, denen der Mensch begegnet: Liebe, Freundschaft, Hass, die Grenzen des Wissens und Fühlens, den Tod. Es ist eine stark psychologisierende Fantasy, die das Einzelschicksal vollkommen in ihren Mittelpunkt stellt und sich gänzlich vom *Hobbit* unterscheidet, dessen Beziehungen zur Welt und den anderen Vorrang vor der realistischen Charakterzeichnung haben.

Ein weiterer Meilenstein des Genres sind die Erzählungen um *Die Chroniken von Thomas Covenant, dem Zweifler* des US-Amerikaners Stephen R. Donaldson, besonders die erste Trilogie. Der Titelheld ist ein leprakranker Amerikaner aus unserer Welt, den es in eine Fantasywelt verschlägt, in der er die Rolle des Antagonisten des Bösen zu spielen hat. Thomas Covenant ist nun nicht mehr nur ein gebrochener Held, der an seiner Aufgabe verzweifelt, er ist außerdem ein gewalttätiger Feigling, der so weit geht, dass er sich seiner Aufgabe völlig zu verweigern sucht, weil er die Realitäten beider Welten nicht anzuerkennen vermag und sich jeglichem möglichen Lebenssinn zu verschließen sucht. Es gibt in der ersten Trilogie weite inhaltliche Parallelen zur Ringerzählung, aber die Parallelen nutzt Donaldson, um angesichts ähnlich gestellter Anforderungen an den Helden völlig andere Antworten zu geben als Tolkien. Und falls man sich nun fragt, ob so etwas denn überhaupt Leser findet – schließlich gilt die Fantasy mit ihren Träumereien ja auch immer ein bisschen als Ort der Heile-Märchenwelt-Fantasien – so lautet die Antwort, dass Donaldson mehr als 15 Millionen Exemplare der *Chroniken* verkauft hat. Das Genre beherbergt unter seinem Dach, ich kann es gar nicht oft genug betonen, einen außerordentlich ausdifferenzierten Zoo von Themen und Geschichten. Bei Donaldson sind wir vielleicht so weit von Tolkien entfernt, wie es nur möglich ist. Außer …

Außer wir wenden uns der Fantasy-Geschichte der letzten Jahre zu und lesen beispielsweise Joe Abercrombie und seine *Klingen*-Romane. Abercrombie ist ein guter, mitreißender und sehr aktueller Erzähler, der, so will es mir scheinen, in Fantasy umsetzt, was sich in unserer realen Welt in den letzten fünfzig oder hundert Jahren verändert hat, während viele andere Autoren – wenn auch sicher nicht Moorcock, Le Guin und Donaldson – an konservativen Erzähltraditionen von jenseits des Zwanzigsten Jahrhunderts festhalten, inhaltlich wie stilistisch. Abercrombies Fantasy ist denn auch grundlegend von der Tolkiens verschieden.

Um das zu erklären, genügt vielleicht schon ein Zitat: »Ich wollte Fantasy lesen, die all den Schmutz, all die Bosheit und all den Humor des realen Lebens beinhaltet. Fantasy, in der Gut und Böse von deinem Standpunkt abhängen, genau wie in der realen Welt. … Also schrieb ich so was« (Abercrombie, *The First Law Trilogy*; meine Übersetzung). Und genau das hat er umgesetzt, meisterlich, aber ganz untolkienesk.

Im Rahmen eines zunächst konventionell skizzierten Weltenrettungsplots führt Abercrombie eine ganze Reihe von Helden ein, die recht ungewöhnlich für Mainstream-Fantasy-Leser sind, auch wenn Abercrombie natürlich nicht der Erfinder des Anti-Helden ist. Aber diese Bande egoistischer, unsicherer, gewalttätiger und verräterischer Lügner ist selbst im heute so stark ausdifferenzierten Feld der Fantasy etwas Besonderes. Allesamt gebrochene Charaktere und alle mit sehr unangenehmen Charaktereigenschaften. Keiner vergleichbar mit Aragorn, Elrond, Faramir. Selbst Boromir erscheint demgegenüber dem heiligen Franz von Assisi näher verwandt als einem der *Klingen*-Protagonisten.

Entsprechend agieren die Damen und Herren dann im Verlauf der Handlung auch nach dem alten Motto »Jeder für sich und Gott gegen alle«. Außer, dass es keinen Gott bei Abercrombie gibt. Und keine Hoffnung. Die

Protagonisten gewinnen zwar letztlich den Kampf gegen die großenteils gesichtslos bleibenden Gegner, aber ihr Anführer erweist sich dabei als moralisch genauso verwerflich handelnd wie die andere Seite. Bei Abercrombie ist es nicht nur so, dass Gut und Böse eine Frage des Standpunkts wären, wie er es sich vorgenommen hatte. Es gibt gar kein Gut und Böse. Niemand ist unschuldig und niemand wird gerettet. Das eigene Gewissen ist die einzige Instanz zur Beurteilung von Handlungen. In Abercrombies Welt kann man richtig handeln, aber nur vor dem eigenen Gewissen. Und ab und an schafft das sogar jemand. Ein bisschen zumindest. Leider wird er dadurch auch nicht glücklich. Es ist wie in unserer echten Welt … wenn man sie durch eine sehr misanthropisch gefärbte Brille sieht.

Man kann sagen: Bei Abercrombie wird Fantasy nihilistisch und damit sozusagen zum genauen Gegenteil dessen, was Fantasy bis dato meist war – Ausnahmen wie Donaldson waren äußerst gering –, und sicherlich zum Antagonisten des gläubigen Autors J.R.R. Tolkien, dessen christliche Grundüberzeugung römisch-katholischer Prägung an vielen Stellen im Werk hindurchschimmert und bisweilen sogar kräftig hindurchstrahlt. Moralischen Relativismus wie ihn Abercrombie beobachtet – er propagiert ihn nicht, er stellt nur fest, dass es ihn auch in einer fantastischen Welt geben können muss, und das ist ein wichtiger Unterschied – findet man bei Tolkien nirgendwo. Auch ist ihm jeglicher Nihilismus fremd, seine Schöpfungen sind voller Lebenssinn und letztlich von sicherer Hoffnung auf das gute Ende erfüllt.

Die Hoffnung und das gute Ende sind für Tolkien sogar der Anlass für sein Schreiben gewesen. Das hat er einmal klar in dem berühmten Aufsatz *On Fairy Stories* (*OFS*) ausgeführt, der auch auf Deutsch vorliegt, dessen Titel mit *Über Märchen* jedoch nicht sehr glücklich übersetzt wurde, denn für diese Überschrift greift die Arbeit viel zu weit.

Um die Kernaussagen von *OFS* zu skizzieren, wende ich mich jetzt für kurze Zeit von der Geschichte des Genres Fantasy ab und wieder Tolkien zu, aber Tolkien, dem Theoretiker und Wissenschaftler.

II

J.R.R. Tolkien war Professor in Oxford, an einer der berühmtesten Universitäten der Welt. Anders als viele Autorinnen und Autoren, die auf den Klappentexten ihrer Bücher mit nicht ganz nachvollziehbarem Stolz darauf hinweisen, dass sie von Schulabbrecher über Tellerwäscher und andere Gehilfenjobs bis hin zu ausgedehntem Nichtstun schon alles Mögliche gemacht haben, war Tolkien ein anerkannter akademischer Experte. Sein Fach waren die Sprachwissenschaften, und hier gehörte er seinerzeit zu den Top-Wissenschaftlern weltweit. Einige seiner Arbeiten, etwa die über das mittelalterliche Gedicht *Beowulf,* gehören heute noch zu den Standardwerken seiner Profession.

Ein anderes Werk von ähnlichem Gewicht war sein Aufsatz *On Fairy Stories,*[*] in dem er sich mit Rolle

---

[*] Zitate und Paraphrasierungen aus *OFS* beziehen sich auf die in dem Sammelband *Monsters & Critics* abgedruckte Version: J.R.R. Tolkien: *The Monsters & the Critics and Other Essays.* London, HarperCollins 1997, S. 109–161.

und Bedeutung der fantastischen Literatur in der Spielart Fantasy auseinandersetzt; ein Genre, für das es damals, 1938, kurz nach Erscheinen von *Der Hobbit,* noch gar keinen eigenen Namen gab. An *OFS* kommt man nicht vorbei, wenn man sich mit der Fantastik beschäftigt. Wenn man sich mit den in diesem Aufsatz entwickelten Ideen auseinandergesetzt hat, wird einem auch erst richtig klar, warum *Der Hobbit, Der Herr der Ringe* und ganz Mittelerde in der vorliegenden Weise entworfen wurden – als alternative Realitäten des Geistes – und warum die Geschichten, die dort spielen, gerade so ablaufen – als hoffnungsvolle Questen vor melancholischem Hintergrund.

OFS ist eher ein kleines Buch als ein Aufsatz, weshalb ich hier nur den Kerngedanken vorstellen möchte, der die Rolle von Fantasy beschreibt und daraus ein paar Funktionen dieser spezifischen Literatur ableitet (wobei man heute immer auch Film sowie Computer- und Rollenspiel mitdenken sollte, wenn von Fantasy die Rede ist).

Tolkien diagnostizierte immer wieder,[*] dass unsere reale Welt fantasielos und kalt geworden sei, verglichen mit dem Leben in vorindustrieller Zeit. Das verwundert anhand seiner Biografie kaum, war er doch aus ländlichem Idyll als gerade zur Waise gewordenes Kind nach Birmingham verpflanzt worden und musste er später als Frontsoldat an den Ermüdungsschlachten des Ersten Weltkriegs teilnehmen; reichlich Grund, bewusst wie eventuell auch unbewusst einer rückwärts gewandten Na-

---

[*] Die folgende Bemerkung über die trostlos gewordene Realität findet sich in *OFS* nicht an zentraler Stelle, andernorts äußerte er sie aber vielfach, besonders in seiner Korrespondenz.

turromantik anzuhängen und sich dem Mittelalter als Forscher und Erzähler zuzuwenden.[*]

Berühmt geworden ist Tolkiens Statement zum Thema Eskapismus, einem der Dauervorwürfe, die man an die Fantasy richtet. Tolkien sagt dazu, dass die Fluchten, die fantastische Geschichten ermöglichen, der Flucht eines zu Unrecht eingekerkerten Gefangenen entsprächen, dem man auch nicht zum Vorwurf machen könne, dass er sich gegen das erlittene Unrecht zur Wehr setze.[**] Fluchten haben immer zwei Haltepunkte: das Gefängnis und das Ziel des Ausbruchs. Das Gefängnis war für Tolkien unsere reale Welt insgesamt, also konnte das Ziel nur eine alternative Welt sein. Und damit ist der Sinn von fantastischer Literatur bestimmt: Sie erschafft Alternativen zur Realität.

Nur muss man jetzt von dem etwas martialischen Beispiel Gefängnis und Gefangener abrücken. Damit spitzt Tolkien nur zu, um den Punkt, den er hervorheben will, klarzumachen. Tolkien selbst war, wie die Anmerkungen zu seinem Leben als Wissenschaftler zeigen sollten, durchaus in der Lage, ein erfolgreiches Leben in der Realität zu führen. Es war nur so, dass er einige Aspekte der Realität nicht mochte, manche sogar hasste, und eine Alternative zu ihr schuf, die diese Punkte nicht enthielten oder in denen sie als das Böse schlechthin gebrandmarkt wurden (in der Form von Mordor und Angband). Diese

---

[*] Ausführlich wird das in der immer noch maßgeblichen Biografie von Humphrey Carpenter beschrieben: *J.R.R. Tolkien. Eine Biographie.* Stuttgart, Klett-Kotta 1979. Oder deutlich kürzer und auf die wichtigsten Punkte seines Lebens beschränkt in einem meiner Aufsätze. Frank Weinreich: »Der Herr der Ringe. J.R.R. Tolkien (1892–1973) lebte für die Fantasie.« In: C. Kerner (Hrsg.). *Die Fantastischen 6.* Weinheim, Basel, Beltz & Gelberg 2010, S. 143–185.
[**] *OFS*, S. 148.

Alternative konnten er und seine Leserinnen und Leser denkend besuchen: Mittelerde. Ich interpretiere Tolkien an dieser Stelle so, dass es ihm nur um eine Auszeit, nicht um permanentes Weglaufen ging.

Ich finde, dass er vielleicht besser von Urlaub gesprochen hätte. Ein Urlaub, den er machte – und er hatte in der Entstehungszeit seines Hauptwerks wenig Gelegenheit zu echten Reisen –, als er Mittelerde erschuf, und ein Urlaub, den wir machen, wenn wir Tolkien lesen. Nur darf man sich diesen Urlaub nicht als gedankenloses Auf-den-Strand-in-die-Sonne-Schmeißen vorstellen, sondern als ein bewusstes, ein aktives ästhetisches Erleben, das Rückwirkungen auf die reale Welt hat. Die Aktivität geht dabei so weit, dass sie zu Kreativität auch aufseiten der Lesenden führt, die die von einem Autoren erfundene Welt nacherschaffen, wenn die Bilder der Geschichte im eigenen Kopf lebendig werden, und dadurch auch zu einer individuellen Schöpfung werden, denn jeder Mensch liest ein Buch anders.

Für diesen kreativen Prozess des Geschichtenschreibens, zumindest in der Fantastik, hat Tolkien einen Begriff geprägt: Zweitschöpfung*. In Anlehnung an die eigentliche Schöpfung Gottes, unsere reale Welt (man darf hier seine Glaubensüberzeugungen nicht vergessen), erschafft der Autor eine zweite Welt, die seine Leser mithilfe ihrer Vorstellungskraft betreten können. Und ich sehe keinen Grund, Tolkiens Gedanken nicht noch zu erweitern und diesen Prozess der Aneignung durch geistiges Betreten einer imaginären Welt nicht auch als schöpferisch zu bezeichnen. Drittschöpfung vielleicht?

* »Sub-Creation«, *OFS*, S. 139.

Den Gedanken, dass Kunst etwas Neues in die Welt setzt oder erschafft, kann auch teilen, wer die Idee und den Glauben an einen Schöpfergott ablehnt. Eine Schöpfung, eine Kreation aber, sei es ein Musikstück, ein Bild, eine Statue oder eben eine Fantasygeschichte[*], muss nach Tolkiens Überzeugung aber notwendigerweise für sich Wahrheit beanspruchen, sonst ist sie unglaubwürdig. Eine Fairy-Story muss als wahr hingestellt werden[**], und ich denke, dass Tolkien damit sagen will, dass sie sich bezüglich all ihrer Inhalte ernst nehmen und an sich selbst glauben muss.

Die Ausgrenzung des Barons von Münchhausen und von Alice im Wunderland aus der Gruppe der Fairy-Storys, die Tolkien in *OFS* explizit vornimmt, weil sich beide eben nicht ernst nehmen, verdeutlicht dies vielleicht. Natürlich ist jedem Leser und Hörer klar, dass die Handlung von *Der Hobbit* nicht in dem Sinne »wahr« ist, dass sie in irgendeiner mit den Händen fassbaren Welt oder gar in unserer Realität passiert ist. Aber innerhalb der Zweitschöpfung, der Sekundärwelt, innerhalb von Mittelerde ist all dies sehr wohl geschehen! Innerhalb der Welt, die Tolkiens Fairy-Story erschaffen hat, hat Bilbo den Drachen reingelegt und den Ring genauso wahrhaft gefunden, wie Peter Jackson in diesem Augenblick, da ich das hier schreibe, die letzten Klappen der Verfilmung eben dieser Geschichte fallen lässt. Eine in sich wahre Story erzählen zu wollen – logisch, glaubhaft, stimmig, nach-

---

[*] Ich benutze Fantasygeschichte als moderne Übertragung von Tolkiens Begriff »fairy-story«. Das ist eine sinngemäße Übertragung im Licht der Entwicklung des Genres Fantasy seit den Fünfzigerjahren und keine Übersetzung des nicht wortgetreu übersetzbaren Begriffs fairy-story.

[**] *OFS*, S. 114 ff.

vollziehbar –, so ernst muss eine Fantasygeschichte sich nehmen, sonst schafft sie nicht die Voraussetzungen, die zum Betreten der Welt und dem eigentlichen Zweck von Fantasy nötig sind.

Sind alle Voraussetzungen da, um eine imaginäre Welt zu betreten, stellt sich die Frage, was man denn da Besonderes findet. Es gibt ja eine ganze Reihe imaginärer Welten, die aber oft nur einem sehr eingegrenzten Zweck dienen. Wenn Clint Eastwood im Film *In the Line of Fire* einen Agenten des Secret Service spielt, der den US-Präsidenten beschützen muss, ist das auch eine Form der imaginären Welt, denn Eastwood ist Schauspieler und nicht Agent, so wie John Malkovich auch kein Attentäter ist. Diese imaginäre Welt ist der Realität – der Primärwelt, wenn man in tolkienschen Begriffen wie Zweitschöpfung oder Sekundärwelt denkt – aber noch sehr stark verwandt. Die bei *In the Line of Fire* enthaltene Imagination ist auf die Erzeugung von Spannung beschränkt, die es in genau der Form in der Realität nicht gibt, aber das ist auch schon der einzige Unterschied zwischen den beiden Welten. Eine Fantasywelt geht sehr viel weiter, denn sie ist eine übernatürliche Welt, und spätestens an diesem Punkt wird die eingangs erwähnte Definition von Fantasy wichtig, die darauf beharrt, dass Fantasy das Übernatürliche als ein wichtiges Element enthalten muss.

Die Anwesenheit des Übernatürlichen als Fakt sorgt für die Verzauberung und für das Irreale in den Erzählungen. Die Verzauberung weist darauf hin, dass es neben der physischen Realität unseres materiellen Universums noch etwas anderes gibt, das jeder Mensch individuell für sich und nach eigenen Bedürfnissen mit Ideen und seinem Glauben füllen kann. Ich gehe davon aus, dass es ein in der Psyche der Menschen angelegtes Bedürfnis nach Metaphysik gibt. Der denkende Mensch stößt in der verwissenschaftlichten Welt, in der auch Tolkien schon lebte, schnell an prinzipielle Grenzen der Erkenntnis, die objektiv nicht überschritten werden können, sondern nur durch Glauben und Spekulation ... und durch fantastische Geschichten. Der Mensch kann nicht aufhören, denkend an diesen Grenzen zu rütteln. Glaube, Spekulation und eben die Fantasy lassen zu, dass er sie überschreitet.

Dieses metaphysische Bedürfnis wird von übernatürlichen Inhalten und Themen bedient. Im Rahmen der Fantasy entsteht auf dieser Grundlage eine emotionale Beziehung der Zuneigung zwischen Erzählung und Publikum. Dieser affektiven Beziehung entspringt die Vielzahl der möglichen subjektiven Bedeutungen von Fantasyliteratur. Neben der Unterhaltungsqualität von Fantasy – es sind eben auch einfach spannende, fantasiereiche und exotische Geschichten – erklärt diese Beziehung der Zuneigung, Zuneigung aufgrund der Erfüllung des metaphysischen Bedürfnisses, die Attraktivität der Gattung.

Die Interpretation von Fantasy als Nährmutter eines unterstellten metaphysischen Bedürfnisses findet sich nun nicht wörtlich bei Tolkien, sondern ist ein Resultat eigener Beobachtungen. Was sich aber bei Tolkien findet, ist die Aussage, dass Fantasygeschichten für eine Verzauberung – »enchantment« – ihres Publikums sorgen und dass sie gänzlich als magisch angesehen werden müssen.[*] Das ist schon recht nahe an der Idee einer durch vom Reiz des Übernatürlichen – denn was sonst sind Magie

[*]   Vgl. *OFS*, S. 113 f.

und Verzauberung? – abhängenden Faszination derjenigen, die Fantasy lesen, die Filme schauen und sich in Rollen- und Computerspielen selbst mithilfe ihrer Vorstellungskraft in diesen Welten bewegen.

Tolkien führt den an die Verzauberung geknüpften Gedanken aber noch in einer anderen Richtung weiter. Die Verzauberung nimmt das Publikum gefangen, und hier schließt das schon erwähnte Motiv der Flucht des zu Unrecht Gefangenen an. Das Motiv wird aber noch dahingehend fortentwickelt, dass die verzaubernde Sub-Creation neben der Chance zur Flucht – ich bevorzuge wie gesagt das Bild des Urlaubs – auch die Rolle der Erholung oder Wiederherstellung* und der Tröstung** erfüllt. Erholen kann man sich bei Lektüre oder Spiel von Fantasywerken dadurch, dass das Ungewohnte den Blick für das Bekannte schärft, indem es einem neue Blickwinkel auf die eigene Lebenswelt ermöglicht; Tolkien vergleicht es mit dem Putzen eines verschmutzten Fensters. Tröstung gewährt das Happy End, das nach Tolkien am Ende einer jeden Fairy-Story steht, und diese Tröstung stiftet Hoffnung auf einen guten (oder zumindest besseren) Verlauf auch des eigenen Lebens. Dieser Punkt stimmt nur für Tolkien – es gibt mittlerweile viele böse ausgehende Geschichten, und es gab sie auch schon vor Tolkien, etwa bei Clark Ashton Smith in der High Fantasy*** und Howard Lovecraft in der Dark Fantasy. Aber für Tolkien war das gute Ende ein derartiges Leitbild, dass er sogar

* »Recovery«, vgl. *OFS*, S. 146 f.
** »Consolation«, vgl. *OFS*, S. 153 f.
*** Mir ist bekannt, dass man die postindustriellen Verfallsszenarien Smiths im Allgemeinen nicht der High Fantasy zuschlägt, erlaube mir aber, das anders zu sehen, da meines Erachtens eine große Nähe zur High Fantasy gegeben ist.

ein eigenes Wort dafür prägte: die Eukatastrophe, die gute Katastrophe*.

Die Bedeutung erklärt sich aus seinem Glauben, der die Überzeugung in ihm geweckt hatte, dass alle menschliche Kreativität nichts anderes sei als eine schöpferische Kraft, die der Schöpfergott dem Menschen als (wichtigsten) Aspekt seiner Gottesebenbildlichkeit mitgegeben hat. Und wie die reale Schöpfung, unsere Welt und unser Universum, nach Gottes Wort ein garantiertes gutes Ende nehmen wird, so sah er es als Pflicht an, dass auch die Fairy-Story ein gutes Ende haben müsse, um den Charakter der vom Göttlichen abgeleiteten menschlichen Kreativität zu würdigen.

Das ist eine in der Kunstgeschichte zwar nicht einzigartige – die gesamte christlich inspirierte Kunst des Mittelalters folgte ähnlichen Grundsätzen –, aber in der moderneren Literatur doch recht isolierte Meinung, die aber als Meinung auch gar nicht so wichtig ist. Sie erklärt aber die besondere Ausgestaltung der Erzählungen Tolkiens, zumindest was den großen Rahmen der Geschichte von Mittelerde und die zu Lebzeiten veröffentlichten Romane angeht. Und wenn ich denn an dieser Stelle einmal aus dem Nähkästchen plaudern darf, so kann ich berichten, dass mir in einer sehr großen Anzahl von Gesprächen mit Tolkien-Fans und anderen Fantasy-Aficionados das Motiv der Tröstung durch eine irgendwie heilere Welt und durch ein gutes Ende oftmals als ein Grund, manchmal sogar als Hauptgrund, für die Lektüre von Genrewerken

---

* »Eucatastrophe«, *OFS*, S. 153. Das anschaulichste Beispiel für eine Eukatastrophe ist die Vernichtung des Rings. Als Frodo endlich von der Macht des Rings überwältigt wird und beschließt, ihn nicht zu vernichten, kommt es zur guten Katastrophe durch das Eingreifen Gollums.

genannt wurde. Und das auch, vielleicht sogar mehrheit-
lich, von Nichtchristen. Wie man auch zum besonderen
Menschenbild des christlichen Glaubens stehen mag, es
scheint, als hätte Tolkien auch mit dem Motiv der Tröstung als Funktion von Fantasygeschichten einen Punkt
getroffen, der vielfach geteilt wird. Fantasy gilt auch als
Hoffnungsträger.

III

Ob wir Verzauberung und Hoffnung in den entsprechen-
den Genrewerken finden, hängt von uns selbst ab, denn
wodurch man sich verzaubern lassen kann – was die ent-
sprechenden Saiten im Denken und Fühlen zum Schwin-
gen bringt –, ist eine individuelle Sache. Ein Buch wie *Die
vergessenen Tiere von Eld* der US-Amerikanerin Patricia
McKillip oder *Die Königstochter aus Elfenland* mit ihren
wunderbaren Liebesgeschichten verzaubern auf andere
Weise und ein anderes Publikum als *Conan*. Und doch –
auch *Conan* ruft Enchantment hervor; ein Enchantment
der Exotik, der Gefahr und der Gewalt, die schließlich
auch auf ihre Weise attraktiv wirken kann, wenn auch
nicht auf jeden Menschen. Auch der *Erdsee*-Zyklus verzaubert das Publikum mit seiner mythisch-mystischen
Welt, obwohl die philosophischen Themen, die sich in
seiner Handlung verbergen, sehr realistische sind.

Donaldsons *Thomas Covenant* vereint eine für das
Genre außergewöhnliche emotionale Härte mit der Behandlung realistischer Probleme, die hinter einem recht
dünnen Schleier aus Metaphern in der fantastischen Welt
angesiedelt sind. Vielleicht lässt hier die Verzauberung

schon nach. Und ein nicht unbeträchtlicher Teil der Fantasy der letzten zwanzig Jahre geht in dieselbe Richtung der zunehmenden Härte und Diesseitigkeit, derzeit gipfelnd in Joe Abercrombies *Klingen*-Zyklus.

Ich darf daran erinnern, dass wir uns weiter oben darauf geeinigt hatten, in der Hauptsache über High Fantasy zu sprechen? In beispielsweise Urban Fantasy oder Dark Fantasy nämlich liegen die Gewichtungen anders, funktioniert die Verzauberung anders und ist das Verhältnis zur Realität möglicherweise ein anderes.

Abercrombies *Klingen* aber sind High Fantasy, egal wie schmutzig die Geschichten und ihre Protagonisten auch sein mögen. All der Schmutz, all die Bosheit und all der Humor des realen Lebens, den Abercrombie in seine imaginäre Welt getragen hat, drohen – auch wenn es tolle Geschichten sind; es geht nicht um die erzählerische Qualität – der Fantasy die Zauberkraft zu nehmen, mit der sie von Drüben in unsere Realität herüberreicht. Sieht man dagegen auf Tolkiens *Der Hobbit* und *Der Herr der Ringe,* so zeigt sich hinsichtlich der für das Genre essentiellen Zauberhaftigkeit plötzlich die eigentliche Bandbreite der Fantasy, zeigen sich die Pole dieses Genres mit Abercrombie auf der einen und dem Professor auf der anderen Seite. Und für den *Hobbit* gilt dies vielleicht noch mehr als für die Ringerzählung, da er die Verzauberung auf eine noch sorglosere Weise vermittelt, wofür seine Herkunft als Kinderbuch, die Geburt im Kaminzimmer in der 22 Northmoor Road vor den Augen von Tolkiens Kindern verantwortlich ist.

Und doch ist es ein Genre – High Fantasy. Denn die Pole haben sich nicht zu einem unüberbrückbaren Graben aufgespannt. Beide Seiten lassen sich vereinen. In jüngerer Zeit zeigen einige Autorinnen und Autoren, dass auch in den Welten der gebrochenen neuen Helden Platz für die alte Romantik ist. Bernhard Hennens *Elfen*-Zyklus ist so ein Beispiel. In punkto Härte, sowohl in der Beschreibung von Ereignissen wie in ihren Handlungen, haben Hennens Elfen wenig mit Tolkiens vornehmen Elben[*] gemein. Und doch bleibt der Zauber, nicht zuletzt aufgrund anrührend überhöhter Liebesgeschichten, die man bei Abercrombie überhaupt nicht findet, bei Hennen erhalten. Den Graben zwischen tolkienscher und abercrombiescher Fantasy überbrückt auf besonders eindrückliche Weise seit Mitte der Neunzigerjahre aber der polnische Autor Andrzej Sapkowski mit dem *Geralt*-Zyklus.

Geralt von Riva ist ein sogenannter Hexer, ein durch Zauberei und Gifte zu einem übermenschlich guten Kämpfer mutierter Mann, der seinen Unterhalt als professioneller Monsterjäger verdient. Seine Geschichte ist mit der des jungen Mädchens Ciri verwoben, die als Erbin eines Königreiches geboren wurde, das von den zwei wesentlichen Machtblöcken in Geralts Welt benötigt wird, um ihre Herrschafts- und Gebietsansprüche durchzusetzen. Über sieben Bücher entspinnt sich ein hochkomplexes und auf verschiedenen Zeitebenen sowie teilweise in unserer realen Welt angesiedeltes Katz-und-Maus-Spiel darum, wer das Mädchen für seine Zwecke einzuspannen vermag. Bei diesem Spiel herrscht die

---

[*] Zumindest, wenn man nach *Der Herr der Ringe* und *Der Hobbit* geht. Im *Silmarillion* sieht das mit einem Massenmörder wie Feanor schon ganz anders aus mit der Härte von Tolkiens Elben. Aber über diese Elben der »mittelerdischen Geschichtsschreibung« wird in einer anderen Weise, nämlich in der distanzierten Art eines Historikers, berichtet.

gleiche Skrupellosigkeit wie in Abercrombies Welt, und auch Geralt steht nicht als strahlender Beschützer neben Ciri. Ja, sogar Ciri begeht zwischendurch kaltblütig Mord und Totschlag.

Wie in den *Klingen* sind auch hier Gut und Böse relativ. Es gibt zwar das anfangs recht eindeutig böse dastehende Reich Nilfgaard, das von einem tyrannischen Herrscher gelenkt wird und alle anderen Länder übernehmen will. Aber mit der Zeit lernt man, dass die sogenannten freien Königreiche sich exakt der gleichen Methoden wie Nilfgaard bedienen. Ein weltweit agierender Zirkel von Zauberern, der sich als Beschützer der Welt ansieht, ist zudem mit nicht viel mehr beschäftigt, als sich gegenseitig auszumanövrieren und einander dabei gerne auch umzubringen. Selbst die vielfach unterdrückten Völker der Elfen und Zwerge verdienen wenig Mitleid, denn sie versuchen sich ihrerseits munter an Genoziden, sobald sie die Gelegenheit dazu bekommen.

Das Resultat des gesamten Zyklus ist wie bei Abercrombie gestaltet und damit untypisch für den größten Teil der Mainstream-Fantasy. Es gibt weder Rettung noch Erlösung und erst recht kein Happy End. Doch wo man konsequenterweise ein schlechtes oder wenigstens trostloses Ende wie bei den *Klingen* erwarten würde, baut Sapkowski ein offenes Ende ein; zumindest für Geralt und seine Liebe, die Magierin Yennefer. Aus diesem Schluss kann jeder Leser herausinterpretieren, was ihn an Eindruck überwältigt. Yennefer, Geralt und Ciri werden ihrer eigenen Welt entrückt; doch ob die Entrückung wirklich passiert, bleibt der Interpretation der Lesenden überlassen, denn ob die Übergangssequenz wirklich stattfindet, ist nicht zweifelsfrei, und Geralt könnte genauso gut erbärmlich verblutet sein. Bei Abercrombie wäre er das auch.

Sapkowski eröffnet aber zumindest eine Möglichkeit und bindet die eigene Sub-Creation an unsere reale Welt, indem er Geralt, Yennefer und Ciri über eine Verbindung, gleich der sagenhaften Verbindung ins keltische Tir Na Nog, in unsere Welt Eintritt halten lässt, wenn auch nur in eine mythische Version unserer Realität. Abercrombie hingegen bildet in der *Klingen*-Welt mit fantastischen Mitteln ab, was er in der Realität findet – ohne Protagonisten und Lesern die Hoffnung auf eine Anderswelt zu lassen. Während also alle in der Welt Geralts entfaltete Magie und Andersweltlichkeit ständig an der so realweltlichen Profanität der Handelnden zerschellt, bleibt doch eine Brücke ins Feenreich unserer Kindheit bestehen – sowohl für die Protagonisten der Romane als auch für die Leser, für die Geralts Welt über den Umweg der keltischen Mythen an unsere Realität gebunden wird. Und das ist der Erhalt des Wesens von Fantasy und seiner Kraft zur Verzauberung. Das ist, was durch die ernüchternde Realitätsnähe bei Abercrombie verloren zu gehen droht.[*]

Doch was rede ich von einer Drohung? Es ist eine Interpretation des Genres, eine legitime allzumal, die Abercrombie und ähnlich arbeitende Autorinnen und Autoren da vorlegen, vor zehn Jahren etwa der Deutsche Markolf Hoffmann mit der Tetralogie *Das Zeitalter der Wandlung*

---

[*] Eine ausführlichere Gegenüberstellung dieser Autoren habe ich veröffentlicht in dem Aufsatz »Die Pole der Fantasy. Eine fantastische Reise von Tolkien zu Abercrombie und Sapkowski«, in: O. Bidlo, J. Eilmann, F. Weinreich (Hrsg.), *Zwischen den Spiegeln*. Essen, Oldib 2011, S. 14–31, auf dem auch die hier dargelegten Ausführungen basieren.

und jüngst der Engländer Mark Charan Newton mit der Trilogie *Die Legende der roten Sonne.*

Das Genre wird jedoch dabei nicht stehen bleiben, sondern sich, wie alle Genres, weiterentwickeln. Insbesondere der Trend zur Entzauberung der Fantasy wird sich nicht unbegrenzt fortsetzen, denn der Wunsch nach Befriedigung des metaphysischen Bedürfnisses und danach, »enchanted« zu werden, wird sich immer wieder Bahn brechen und entsprechende Autoren hervorrufen.

Oder aber dazu führen, die alten Autoren nicht aus den Augen zu verlieren. Tolkiens Beliebtheit etwa wird nicht abnehmen; bei den jetzigen Leserinnen und Lesern nicht; und auch die zukünftigen Generationen wird er mit seinen zeitlosen Geschichten zu vereinnahmen wissen.

Die High Fantasy deckt ein breites Feld ab. Nimmt man die anderen Spielarten der Fantasy hinzu, zeigt sich das Genre Fantasy insgesamt als eines der unbegrenzten Möglichkeiten, »ein Reich der imaginativen Freiheit, das sich mit unbegrenzten Träumen und vielfältigen Wertvorstellungen füllen lässt«.[*] Desillusionierte, harte Fantasy hat darin ihren Platz. Die verzaubert-verzaubernde ebenso. Und es gibt Bücher, die noch andere Charaktere zeigen, für die hier gar kein Platz zum Besprechen ist. Humor beispielsweise, etwa in Form des Meisters von Ironie und Sarkasmus, Terry Pratchett, oder in Gestalt der intelligenten Blödeleien von Alan Dean Fosters *Bannsänger*-Zyklus. Und Humor ist schließlich auch eines der stilbildenden Elemente des *Hobbits.*

Den Humor von Bilbos Reise stellte Tolkien dem Grundton der eigenen Schöpfung im tragisch-ernsten

[*] *Fantasy. Einführung,* S. 61.

Silmarillion entgegen. Die Verzauberung der fantastisch ausgestalteten Welt mit Nebelbergen und Düsterwald, Drache und Gestaltwandler, Elben und Zwergen, aber auch dem Frieden des Auenlands findet ihre Entsprechung in unzähligen Genrewerken. Dem Nihilismus eines Abercrombie begegnete Tolkien in seinem *Hobbit* mit dem unbedingten Glauben an die Eukatastrophe, was ihn trotz der Entwicklung der Handlung zu wachsendem Ernst immer kinderkompatibel bleiben lässt; doch er ist noch mehr. Bilbos Abenteuer sind ein Kinderbuch, aber sie sind auch und vor allem Fantasy. Leichte, hoffnungsvolle Fantasy mit einem unübersehbar humanistischen Hintergrund, aber doch »the real stuff«. Damit ist der *Hobbit* nicht unbedingt ein typischer Genrevertreter, aber aus der Geschichte der Fantasy ist er nicht wegzudenken, zumal er Inspiration für viele Nachfolger war, die seine Gedanken und Motive aufnahmen und weiterentwickelten und weiterentwickeln werden.

Wir können uns also noch auf viele schöne Bücher freuen, die den *Hobbit* im Hinterkopf behalten.

... UND ZURÜCK

Führte der erste Teil der Anthologie hinaus in fantastische Welten und suchten wir nach dem Schatz der Erkenntnis, was eigentlich hinter unseren kleinen Helden steckt, so geht die Reise nun in eine ganz andere Richtung. Sie führt in unsere Welt, ins Hier und Jetzt. Wir spüren den Hobbits unter uns und in uns nach. Einige der Autoren erlauben gar sehr private Blicke in ihre Vergangenheit und schildern, wie sie dem Zauber Tolkiens erlagen oder aber mit ihm ringen mussten. So folgen wir Boris Koch auf das Abenteuer eines Sommernachmittags, erfahren, warum Der Hobbit *für Christoph Hardebusch von einer bestimmten Stelle an für lange Zeit ein Buch mit sieben Siegeln blieb, begleiten Anton Weste auf eine aufwendige Recherche für ein großes Magazin, während Monika Felten uns gleich darauf offenbart, in welcher Gefahr Anton schwebt. Maike Hallmann hingegen überrascht mit einem Helden, der die Antithese zu einem Hobbitleben lebt. Kai Meyer erzählt, wie sehr ihn in Kindertagen das Hörspiel* Der Hobbit *verzauberte und wie lange die Magie Tolkiens anzuhalten vermag, während Oliver Dierssen uns ganz zum Schluss von der Chaiselongue eines Therapeuten hinausführt auf jene weite Straße, an deren Ende neue Welten liegen.*

Bernhard Hennen

Boris Koch

EINMAL DURCHS DORF UND WIEDER ZURÜCK

*Für meine Mutter, die ich hier leider nicht ganz
wahrheitsgemäß gezeichnet habe.*

In einem Loch in der Kiesgrube, da saß ein Junge. Es war ein kühles, schmutziges und schattiges Loch, wenn auch nicht sonderlich tief. Es war kein behagliches Loch, um darin zu wohnen, sondern eines, um sich darin zu verstecken und niederzukauern. Und genau das tat ich, denn dieser Junge war ich.

Es roch nach feuchtem Holz und den Blüten, die hier wuchsen, denn die Kiesgrube wurde seit Langem nur noch als Schuttplatz für Sperrmüll und Bauschutt sowie große Grünabfälle wie Äste und tote Sträucher verwendet. Sie war umzäunt und die meiste Zeit über geschlossen, weshalb es dort ruhig war, sah man von den brummenden Insekten ab. Und Ruhe war alles, was ich damals suchte.

Ich war zehn Jahre alt und in der Bande vom Huber Schorsch. Durch einen Zufall hatte ich kürzlich das neue Versteck der Bande vom Mayr Jochen gefunden und wir waren am Vormittag dorthin aufgebrochen, um all das zu plündern, mit dessen Besitz sie ständig prahlten. Doch sie hatten uns erwischt und ordentlich verdroschen, sie waren älter und uns zahlenmäßig überlegen gewesen. Hinkend und blutend, heulend und mit Rissen in der Kleidung mussten wir von dannen ziehen. Als wir unsere Wunden leckten, behaupteten die anderen auf einmal, es sei meine Idee gewesen und somit ich an allem schuld, und da wurde ich von meiner eigenen Bande auch noch einmal verdroschen. Ich hatte überall blaue und das kaputte T-Shirt rote Flecken. Alles, was ich in dem Loch tat, war, *nicht* zu heulen und ihnen allen furchtbare Rache zu schwören!

Ich mach meine eigene Bande auf, dachte ich trotzig, auch wenn ich noch nicht wusste, mit wem. Natürlich konnte ich meinen jüngeren Bruder zwingen, aber das ergab noch keine Bande, um Furcht und Schrecken zu verbreiten. Meine Freunde waren alle schon in Schorschs Bande und seit eben eigentlich auch gar nicht mehr meine Freunde.

»Dreckschweine«, murmelte ich.

Ich würde Schorsch ausstechen, ihn fertigmachen, ihn übertrumpfen, ganz allein, und dann würden die anderen darum betteln, wieder meine Freunde sein zu dürfen und bei mir mitzumachen.

Jawohl.

Zuerst bräuchte ich ein richtig cooles Lager, und je länger ich in dem Loch saß, umso überzeugter war ich, dass es keinen besseren Ort für ein Versteck geben könnte als irgendwo hier in der ehemaligen Kiesgrube. Ich stand auf und stieg zurück in die Sonne.

Ein halbe Stunde lang suchte ich, dann entdeckte ich plötzlich eine grüne, runde Tür mit gelbem Knauf, von der die Farbe abblätterte. Sie lag auf einem längst zugewachsenen Schuttberg im hintersten Winkel der Kiesgrube, wo seit Jahren kein neuer Müll abgeladen wurde. Niemand kam mehr hierher und dicht belaubte Bäume und wild wuchernde Büsche rings um den Berg verdeckten den Ausblick auf den schmalen Feldweg, der hinter dem Zaun vorbeiführte und kaum benutzt wurde. Das war der ideale Ort für ein verborgenes Lager. Ich ging zur Tür, um zu schauen, ob man sie noch irgendwie verwenden konnte. Entweder die einzelnen Bretter oder ich würde sie pechschwarz streichen und einen Totenkopf mit spitzen Eckzähnen und gekreuzten Knochen draufmalen.

Als ich sie erreichte, stellte ich jedoch fest, dass die Scharniere der Tür fest im Schutt steckten. Ich pochte gegen das Holz, um zu sehen, wie stabil es war, und rüttelte an ihr, um zu sehen, ob ich eine Chance hatte, sie aus der Verankerung zu lösen.

»Ich komme, ich komme!«, drang eine dumpfe Stimme an mein Ohr.

Erschrocken sprang ich auf und blickte in alle Richtungen. Wo war die Stimme hergekommen? Aus dem Schuttberg konnte nicht sein, doch weder rechts noch links noch hinter mir war jemand zu sehen. Wer sollte denn hier sein? Ich war so verblüfft, dass ich ganz vergaß fortzulaufen, obwohl das eigentlich das Klügste wäre, wenn fremde, dumpfe Stimmen ankündigten, sie würden kommen. Bevor ich etwas tat, öffnete sich auf einmal die runde Tür und ein seltsamer kleiner Kerl stand im Rahmen. Verblüfft starrte er mich an.

»Wer bist du?«, fragte er überrascht, und seine Stimme klang überhaupt nicht mehr dumpf.

»Wer bist du?«, fragte ich, nicht weniger überrascht.

Der Kerl trug ein gelbes Hemd, dessen Ärmel hochgekrempelt waren, trotz der Hitze ein grünes Wams darüber und dazu knallrote Hosen, die ihm bis knapp unters Knie reichten; die Füße waren nackt, groß und dicht behaart. Sein helles Kopfhaar war noch dichter und kraus, die Augen hellblau und freundlich. Er hatte ein rundes Bäuchlein und zahlreiche Sommersprossen um die Nase. Das Wichtigste aber war, dass er eine Handbreit kleiner war als ich. An einem Tag, an dem man bereits zweimal verdroschen worden war, beruhigte das ungemein.

»Ich habe zuerst gefragt«, sagte er. »Und ich wohne hier!«

Das leuchtete mir ein, also sagte ich: »Boris.«

»Gondo«, entgegnete er.

»Komischer Name.«

»Deiner auch.«

»Das sagen alle«, gab ich zu. Damals hatte Boris Becker noch nicht Wimbledon gewonnen und der Name war in den Dörfern hier nicht sonderlich verbreitet. Wenn auch verbreiteter als *Gondo.*

»Was ist mit dir passiert?«, fragte der kleine Kerl und klang wirklich besorgt; er hatte erst jetzt meine Wunden gesehen. »Möchtest du einen Tee oder eine Pfeife?«

»Eine Pfeife«, sagte ich, weil ich noch nie geraucht hatte und meine Mutter mir nur eine warme Milch mit Honig angeboten hätte.

Er bat mich herein und etwas zögerlich folgte ich ihm, schließlich wusste ja keiner, wie stabil so eine Höhle in einem Schuttberg war. Wer lebte überhaupt hier? Vielleicht hätte ich Angst empfinden sollen, doch ich war nur neugierig.

Gondo führte mich einen langen gewundenen Gang in die Tiefe, vorbei an Werkraum, Esszimmer, Küche und zwei Speisekammern ins Raucherzimmer. Es war rund und kuppelförmig, die Wände und die Decke bestanden aus einer Collage aus Tausenden von Postkartenabrissen, Ausschnitten aus Gemälden und bunten Fetzen von Zeitschriften. Sie fügten sich so perfekt ineinander, dass es von der Zimmermitte wie eine wirkliche Landschaft aussah, wie der Blick von einer Turmspitze über dichte

Wälder, weite Wiesen und gewaltige Berge hinweg bis zu einem fernen Meer.

»Wow«, sagte ich. »Das sieht aus wie echt.«

»Es ist echt«, erwiderte Gondo. »Nur nicht hier.«

»Das verstehe ich nicht.«

»Ich, ehrlich gesagt, auch nicht.« Lächelnd stopfte er zwei Pfeifen und reichte mir die kleinere. »Es besteht nur aus Dingen, die weggeworfen wurden, und ist doch fast eine ganze Welt.«

»Machst du das als Beruf?«, fragte ich und ließ mir die Pfeife anzünden.

»Was?«

Der Rauch kratzte im Hals, ich versuchte krampfhaft, nicht zu husten, kaute hilflos auf ihm herum und schluckte. Dann hustete ich wie verrückt.

»Welten bauen«, sagte ich, als ich mich wieder beruhigt hatte. Ich hielt die Pfeife möglichst lässig in der Rechten, schlug die Beine übereinander und zog nicht mehr. Mein Magen drehte sich.

»Nein. Ich mache sie nur sichtbar.« Er hustete nicht, sondern blies einen gleichmäßigen Rauchring an die Decke, wo er sich langsam in der Himmelscollage auflöste und zu Wolken wurde. »Aber das ist kein Beruf. Ich habe keinen Beruf.«

»Du bist arbeitslos?«

»Selbständig.«

»Als was?«

»Als alles, was ich will. Jetzt als Pfeifenlehrer.« Und er zeigte mir, wie man richtig rauchte, ohne sich zu verschlucken. Es kratzte noch immer im Hals und meine Rauchringe waren mickrig, doch ich musste nicht mehr husten.

Nachdem wir eine Weile geraucht hatten und der Himmel immer dunkler wurde, zeigte er mir seine ganze Höhle. Sie war riesig und jedes dritte Zimmer war eine Speisekammer. Am meisten beeindruckt war ich jedoch von dem gigantischen Werkraum, der schon fast Werksaal genannt werden müsste. Dort hortete er zahllose Fundstücke aus der Kiesgrube, reparierte sie oder baute sie um; aus den Gitterstäben eines alten Vogelkäfigs hatte er einen geflügelten Drachen gebogen, der mit Feuerwerkskörpern betrieben werden konnte und dann dreimal rings um den Raum flog.

Die Höhle endete irgendwo tief unter der Erde mitten im Geröll.

»Was ist dahinter?«, fragte ich.

»Meine Heimat.«

»Dann kannst du nicht mehr heim?«

Er zuckte mit den Schultern und wollte nicht mehr sagen. Weiter oben im Flur zeigte er mir eine gezeichnete Karte von meinem Dorf. Sie war so groß wie drei Türen nebeneinander und an zahllosen Stellen mit einer kleinen Schrift vollgekritzelt.

»Kenn ich doch«, sagte ich, obwohl ich nur kleine Faltpläne mit Werbung am Rand kannte.

»Nein.«

Ich sah genauer hin, und bemühte mich, die Schrift zu entziffern. Ganz im Süden fand ich in einer Nebenstraße einen Briefkasten, der die eingeworfene Post tatsächlich dem Weihnachtsmann zustellen sollte. Der Kastanienbaum hinter der Kapelle war mit *Alter Kastanienmann* bezeichnet und mit dem Hinweis versehen, dass er in der einen Minute nach Sonnenuntergang alle Kinder verschlingt, die sich genau dann zwischen seinen Wurzeln aufhalten. Ich sah einen Adlerhorst und Warnzeichen an den Überresten der Wallanlage, wo einst eine Burg gestanden hatte, einen Elbenpfad im angrenzenden Wald und unbeschriftete Tentakel hinter dem Wasserfall am Sägewerk.

Rasch suchte ich unser Haus, doch bei ihm stand nichts Besonderes, und ich wusste nicht, ob ich erleichtert oder enttäuscht sein sollte. Auf dem Lager von Jochens Bande prangte ein Kreuz und daneben: *Schatz*.

»Ich wusste es!«, rief ich und deutete darauf. »Den brauch ich.«

»Wen?«

»Den Schatz.«

»Ist das deiner?«

Ich druckste herum: »Der Jochen hat mich verdroschen!«

»Hm.«

»Dem seine Bande beklaut alle!«

»Und was willst du mit dem Schatz machen?«

»Ich weiß nicht. Meine Freunde wiederkriegen.«

»Und das geht mit einem Schatz?«

Trotzig sah ich zu Boden. »Hilfst du mir?«

»Deine Freunde zurückzukaufen?«

»Nein!« Wütend starrte ich ihn an. »Ich will ihnen zeigen, dass ich kein Lügner bin. Dass man den Schatz eben doch holen kann, wenn man einen besseren Plan hat als der blöde Schorsch.«

»Dann helf ich dir. Aber du prägst dir noch mal genau die Karte ein, denn sie verrät die Wahrheit über dein Dorf, wie ihr großen Leute sie nicht kennt. Ich hol derweil meine Tarnkappe.«

»Deine was?«

»Tarnkappe. Ich geh nur unsichtbar raus.«

»Ja, klar, warum nicht. Wenn man die Möglichkeit hat«, murmelte ich. Dann rief ich ihm hinterher: »Leihst du die mir mal?«

»Nein!« Das klang nachdrücklich. »Das ist meine!«

Als er zurück war, konnte ich ihn nicht sehen. Auch trat er so leise auf, dass ich ihn nicht hörte, bis er mich ansprach. »Gehst du vor?«

»Klar.« Anders herum ergab es mit einem Unsichtbaren auch kaum einen Sinn.

Als wir die Höhle verließen, schien noch immer die Sonne, doch irgendwie hatte sich die Welt verändert. Sie roch anders, und wenn ich durch den Mund atmete, schmeckte sie auch anders. Aber vielleicht lag das an dem Rauch, mir war noch immer ein wenig unwohl im Bauch. Der Himmel wirkte blauer, und das ferne Kläffen eines Hundes klang grollender und tiefer. Eigentlich klang es überhaupt nicht wie ein Hund.

Wir folgten dem Feldweg ins Dorf hinein, und noch bevor wir die ersten Häuser erreichten, kamen uns drei alte Männer entgegen, gestützt auf Stöcke und mit grauen Gesichtern, hart wie Stein.

»Grüß Gott!«, sagte ich höflich, obwohl ich sie nicht kannte. Aber wenn ich nicht grüßte, würde das meine Mutter erfahren, das erfuhr sie immer.

»Halt, Junge!« Einer der Alten versperrte mir mit dem Stock den Weg. »Wem gehörst denn du?«

»Ich? Niemand.«

»Bist du eine Waise?«, fragte er lauernd mit eisigen blauen Augen über der langen Nase. Die anderen beiden umkreisten mich mit schlurfenden Schritten, die Stockspitzen schabten über den staubigen Weg.

»Wenn du niemandem gehörst, dann gehörst du jetzt uns.«

»Was?«

Ein anderer beugte sich zu mir herunter. Er roch streng aus dem Mund, die Zähne waren groß und schief, besonders die Eckzähne. »Als wir in deinem Alter waren, mussten wir Schuhsohlen essen.«

»Inflationszeit«, knurrte der Dritte, seine Augen schienen gelb zu glühen.

»Schlimme Zeiten, damals.«

»Aber die Menschen waren besser.«

»Haben zusammengehalten. Sich nicht gegenseitig verpfiffen.«

»Und immer geteilt.«

»Die Schuhe.«

»Und auch mal ein Waisenkind, wenn man Glück hatte.«

»Die waren zarter als Schuhe.«

»Sehr viel zarter.«

»Also: Wem gehörst du?«

Wie sie da um mich standen und mit den Zähnen knirschten, die gierigen Augen auf mich gerichtet, wusste ich nichts zu sagen. Ich wollte nach rechts ausweichen, nach links, doch stets war vorher ein Stock im Weg. Trotz ihres Alters waren sie flink. Mein Mund klappte auf und zu, aber kein Ton kam heraus.

»Fein, fein«, sagte der Alte mit den gelben Augen und leckte sich über die Lippen. »Dann wollen wir uns mal an die Jugend erinnern.«

»Junges Blut macht jung.« Der Schiefzahnige lachte meckernd. Oder war es der Langnasige? Ich konnte sie schon gar nicht mehr auseinanderhalten, sie verschmolzen zu einem unheilvollen Chor, ein dreigestaltiges, menschenfressendes Untier.

Da ertönte plötzlich Gondos Stimme direkt neben mir: »Ich gehör dem Huber. Und mein Großvater war in Russland. Der wäre froh gewesen, wenn er wenigstens Schuhe zum Essen gehabt hätte.«

»Ich dachte, der Huber hätte nur zwei Töchter?«

»Falsch«, zischte der unsichtbare Gondo. »Und wenn ich meinem Papa sag, dass Sie mich nicht durchgelassen haben, dann …«

»Schon gut, schon gut.« Langsam traten die Alten zur Seite. »Wir wollten nur ein bisschen von früher erzählen, nichts weiter.«

»Und waren neugierig.«

»Grüß deinen Vater.«

»Mach ich«, sagte Gondo und schubste mich weiter. Die Alten blieben hinter uns zurück und verharrten reglos am Wegrand wie aus Stein.

»Danke«, raunte ich, als wir außer Hörweite waren.

»Bitte.«

»Die hatten Angst vor dem Huber.«

»Ja.«

»Warum?«

»Ich weiß es nicht. Auf meiner Karte steht nur, dass seine Schweine in einer Grube mit Schlamm aus den Totensümpfen stehen. Ich dachte, vor so jemandem hat man Angst.«

Das erschien mir einleuchtend, und so beschloss ich, nicht direkt an Hubers Hof vorbeizugehen. Und weil in der Parallelstraße die prügelfreudigen Niedermayr-Zwillinge wohnten, die in Jochens Bande waren, stiegen wir in die Kanalisation, um alle zu umgehen.

Nun, Kanalisation klingt schrecklicher, als es war, denn damals war sie noch sauber. Nicht, weil die Menschen früher weniger Dreck machten, sondern weil sie noch nicht angeschlossen war. In jenem Sommer wurden die Rohre neu verlegt, und das, was verlegt war, war noch nicht angeschlossen.

»Hast du eine Taschenlampe dabei?«, fragte ich, als wir in die nächste abgesperrte Baugrube hinabsprangen und in das graue Betonrohr huschten. Es war so kühl, dass sich sofort eine Gänsehaut auf meinem ganzen Körper ausbreitete. Schon nach wenigen Schritten wurde es düster, und in der tiefen Schwärze noch weiter vor uns waren lediglich Lichtpunkte zu erahnen, wo die Sonne durch die kleinen Löcher in den Kanaldeckeln fiel. Viel zu wenig, um etwas zu sehen.

»Ja«, sagte Gondo. »Aber die ist jetzt unsichtbar wie ich und macht nur unsichtbares Licht.«

»Dann gib sie her.«

Kaum hielt ich sie in der Hand, leuchtete sie. Und kaum war ich fünf Schritte gegangen, verblasste sie.

»Alte Batterien«, murmelte Gondo neben mir. »Was anderes schmeißen die Leute nicht weg.«

»Toll, ganz toll.« Ich schaltete sie aus. Die letzten Sekunden Licht wollte ich für einen Notfall sparen.

Vorsichtig tasteten wir uns im Dunkeln voran, ich wusste, wo wir ungefähr hinmussten; es war nicht weit. Die Wände waren einheitlich rau und kühl, alle paar Meter spürte ich unter den Fingerkuppen die Ritze zwischen zwei Teilstücken. Das war ein Plan, nicht das blinde Anrennen unter Schorschs Kommando. Ein listiges Vorgehen, ein Abenteuer. Meine alten Freunde waren Langweiler. Ich fühlte mich gut und hätte fast gepfiffen.

Doch irgendwo in der Ferne hörte ich dumpfe Schläge. Sie schienen nicht von draußen zu kommen.

»Was ist das?«, fragte ich.

»Trommeln.«

»Trommeln?«

»Ja. Kriegstrommeln.«

Mir wurde mulmig. »In der Kanalisation hausen Soldaten?«

»Keine Soldaten, sondern furchtbare Orks. Und sie leben eigentlich tiefer unten in der Erde, nur wenn die großen Leute ihnen entgegengraben, kommen sie herauf.«

»Welche großen Leute?«

»Na, ihr.«

»Wir?«

»Ja. Deinesgleichen.« Er meinte uns Menschen damit.

»Aber was sind Orks?«, fragte ich. Von so etwas hatte ich noch nie gehört.

»Beeil dich einfach«, sagte er. »Wir müssen fort sein, wenn sie hier sind.«

Das klang so drängend, dass ich es schweigend tat. Auch wenn das ein Notfall war, machte ich kein Licht, ich wollte von diesen ominösen Orks nicht gesehen werden.

Die Trommeln kamen näher. Ich hörte auch fernes Klirren und Rasseln wie von Ketten und ein Schaben, als würden schwere Klingen über den Beton geschleift. Scharfe, spitze, blutdurstige Klingen.

»Schneller«, raunte Gondo, doch das musste er nicht. Ich eilte weiter, so schnell ich es in der Dunkelheit wagte, dann schneller und schneller, bis ich fast strauchelte und meine tastenden Finger immer wieder hart gegen die Wand schlugen.

Es war, als huschten dunkle Schemen durch die schwachen Lichtflecke unter den Kanaldeckeln weit vor uns, das Rasseln und Schaben wurde lauter.

Da sind sie, dachte ich, und kurz darauf führte eine Abzweigung nach rechts weg. Egal, ob es unsere war, wir stürzten hinein und verharrten nach ein paar Metern, pressten die Lippen aufeinander, um nicht zu keuchen, und lauschten. Wir hörten Trommelschläge und trappelnde Schritte, die heranstürmten.

»Weiter«, raunte ich und rannte bis zum nächsten Kanaldeckel. Auch wenn ich nicht wusste, was Orks waren, war ich überzeugt, dass sie uns riechen und hören konnten, und mich selbst im Dunkeln sehen. Hastig stieg ich die eisernen Sprossen im Schacht hinauf und drückte den Kanaldeckel halb auf. Dann presste ich mich unter ihm hinaus. Dabei riss mir der Knopf von der Hose und sprang in die Tiefe.

»Verdammt!« Ich hielt mir die Hose mit der Linken und starrte ihm nach.

»Mach Platz«, keuchte Gondo. »Sie kommen!«

Und ich rückte zur Seite, hielt den Deckel weiter mit der Rechten auf und wartete, bis mein neuer Freund draußen war, was ich natürlich nicht sehen konnte.

»Bist du draußen?«, fragte ich also.

»Nein.«

»Jetzt?«

»Drängel nicht!«

Der Lärm in der Tiefe wurde lauter, nun glaubte ich auch schweres Atmen und ein gieriges Schnüffeln zu hören.

»Jetzt!«

Wir ließen den Deckel zufallen und traten zurück.

»Von allein kommen sie nicht in die Sonne«, sagte

Gondo und vertrieb damit meine unausgesprochenen Befürchtungen. Erleichtert atmete ich durch und ließ in Gedanken die Hose los. Sie rutschte mir in die Knie.

»Hast du einen Gürtel dabei?«, fragte ich.

»Ich kann dir meinen geben«, sagte Gondo.

Als meine Hose wieder saß, blickten wir uns um. Durch einen glücklichen Zufall waren wir genau hinter dem leer stehenden Bauernhaus herausgekommen, in dem sich das Lager von Jochens Bande befand. Seit Jahrzehnten war es nicht mehr bewohnt, der Putz blätterte ab und die Bretter der Scheune waren schwarz. Feiglinge behaupteten, dass es dort spukte.

Wir nicht. Wir kämpften uns leise durch das dichte Gesträuch auf der Rückseite und wischten alte Spinnweben zur Seite. Vorn im Hof kickten Jochen und drei Kumpel einen Tennisball gegen das erste Scheunentor. Wir mussten verdammt vorsichtig sein.

Irgendwo dröhnte ein Grollen, das halb wie ein großer Hund, halb wie Gewitter klang.

Wir schlichen uns an die Rückseite der Scheune, wo weit oben eine Klappe offen stand, durch die früher Heu eingebracht worden war. Gondo machte eine Räuberleiter für mich. Es war ein seltsames Gefühl, die Füße auf einem Unsichtbaren aufzusetzen, und nicht leicht, seine Schulter zu finden; zuerst fand mein Fuß sein Gesicht.

»Au.«

»Pssst.«

»Selber pssst.«

»'tschuldige.«

Kurz sah ich hinunter: Ich stand in der Luft. Von seinen Schultern aus erreichte ich einen handlangen rostigen Nagel, der in der Bretterwand steckte, und weiter oben einen Haken, und so zog ich mich Stück für Stück hinauf, bis ich durch die Luke nach innen klettern konnte. Dort schwang ich mich über einen Balken auf den Heuboden.

Kurz darauf stand Gondo neben mir; ich wusste nicht, wie er das ohne Räuberleiter geschafft hatte.

Auf dem ehemaligen Heuboden lagerte inzwischen allerlei Gerümpel, ein wahres Labyrinth aus alten Möbeln, aufgerichteten Brettern und rostigen Gartengeräten. Irgendwo hingen alte Mehlsäcke, auf denen ein Adler mit Hakenkreuz aufgedruckt war; das Haus musste tatsächlich schon ewig leer stehen. Wir wanden uns an Schränken, Kommoden, einer Küchenhexe und einer alten Saukiste vorbei, bis wir schließlich auf eine frei geräumte Fläche im Zentrum des Gerümpellabyrinths stießen.

Der einzige Durchgang hinein war durch einen alten roten Vorhang abgehängt. Dort standen drei Regale, die mit den sagenhaften Schätzen von Jochens Bande gefüllt waren: Unterarmlange Schrauben und Nägel, feuchte Brausebonbons in einer dreieckigen Papiertüte, wuchtige Steinschleudern aus Stahl, zahllose glänzende Murmeln, faustgroße Muscheln und bunte Steine, die schimmerten wie Bergkristall, Rubine oder Saphire. Ein großer Bogen mit perlmuttweißer Sehne war auf einem roten Kissen gebettet, daneben ein Köcher mit angespitzten Pfeilen ohne den Gummipfropfen, der sie ungefährlich machen sollte. In kleinen Kästchen entdeckte ich die unterschiedlichsten Münzen aus fernen Ländern, manche gar golden, und zwischen diesem und jenem immer wieder Stapel mit Männermagazinen. Zwei aufgepumpte Schläuche aus dem Hinterreifen eines Traktors lagen neben den Regalen herum. An den umstehenden Möbeln pinnten Poster von vollbusigen Sängerinnen, Bayern München, 1860 München und dem weißen Hai.

Wir hatten es geschafft, wir waren Helden.

Der Tennisball pochte in unregelmäßigen Abständen gegen das Tor.

Rasch holten wir zwei leere Mehlsäcke und räumten die Regale leer. Die Münzen trugen seltsame Beschriftungen und waren schwer, die Steine wirkten wertvoll. Ich ballte die Faust.

Doch viele Reichtümer hatten wir noch nicht eingesackt, als erneut das tiefe Grollen erklang. Laut und nah dieses Mal. Hastig drehte ich mich in Richtung des Grollens und erspähte einen gigantischen Hund mit zottig rotem Fell, der quer über die Möbel stieg. Rauch und kleine Flammen drangen aus seinen Nüstern und die schwarzen Augen stierten uns an. Er war nicht nur gigantisch für einen Hund, nein, er würde meinen Kopf im Ganzen zwischen seine Zähne nehmen können. Von seinen Lefzen tropfte schwarzer Speichel.

Ich umklammerte den halb gefüllten Mehlsack und rannte davon. Ich hörte auch Gondo fluchen und davonstürzen. Wir waren keine Helden mehr.

Der Hund knurrte und fauchte und hetzte uns mit riesigen Sätzen über dem Labyrinth nach. Von oben konnte er uns sehen, egal wohin wir uns wandten. Wie ein Irrer raste ich zu unserer Klappe, Gondo auf meinen Fersen rief: »Schneller! Schneller!«

Als ob das nötig wäre! Ich wetzte um Kurven, stieß in der Hast an leere Schränke, suchte Halt an Regalen, wenn ich bei Richtungswechseln ins Schlittern geriet, und Gondo tat es mir nach.

Der riesige rote Hund sprang uns auf geradem Weg

hinterher. Mit einem Satz überbrückte er zwei, drei oder mehr Meter und kam immer näher. Als er uns fast erreicht hatte, stürmten wir am Rande des Heubodens entlang, und Gondo riss den Schrank um, auf dem das Tier eben landen wollte. Jaulend glitt es ab und stürzte über ihn hinweg, gar über den Rand des Heubodens hinaus und hinab in die Scheune. Polternd fiel der Schrank hinterher und barst neben dem Hund entzwei. Feuerschnaubend kam er wieder auf die Beine, als das Scheunentor von außen aufgerissen wurde und Jochen rief: »Sargnagel! Wo bist du?«

Der Hund grollte und stierte weiter zu uns hinauf. Mit einem gewaltigen Satz sprang er auf einen tiefen Balken und weiter auf den Heuboden. Voller Panik warfen Gondo und ich unsere Säcke ins Freie und stürzten hinterher, raus, nur raus. Wir hangelten uns an der Wand hinab und schlugen uns die Knie auf, die letzten zwei Meter ließen wir uns einfach fallen und rollten ab. Ohne zu verschnaufen, rafften wir die Säcke auf und flohen. Wie bekloppt rannten wir zur ehemaligen Kiesgrube zurück, und als uns auf halbem Weg niemand folgte, begannen wir zu lachen. Wir hatten es geschafft.

Ich fragte Gondo, ob er in meiner Bande mitmachen wollte, mein Bruder sei auf jeden Fall auch dabei.

Er lehnte ab. »Das ist mir zu viel Trubel für jeden Tag. Unsereins vermeidet Abenteuer, wenn möglich.«

»Schade.«

»Aber komm vorbei, wann immer du willst«, sagte er. »Einfach auf eine Pfeife oder einen Tee.«

»Tee ist gut«, sagte ich. Und wir teilten die erbeuteten Schätze auf und ich ging heim. Die anderen würden Augen machen!

Die Erste, die Augen machte, war allerdings meine Mutter, denn sie sah mich kommen. Zerrissene Kleidung, zerrissene Knie, zerrissenes Gesicht und ein alter, schäbiger Sack aus rauen Fasern über dem Rücken. Und weil sie auch das Hakenkreuz auf dem Mehlsack sah, zwang sie mich, ihn zu öffnen.

»Woher hast du das?«

»Gefunden.«

»Aha.«

Die Steine, Muscheln und wenigen Münzen waren ihr egal, sogar die gefährliche Steinschleuder ignorierte sie diesmal, nicht jedoch das Dutzend zerlesener Männermagazine. Und auch wenn meine Eltern mich nie verdroschen haben, so gab das doch einen Haufen Ärger, der den Abreibungen durch die beiden Banden in nichts nachstand.

»Warum kannst du nicht einfach ein Buch lesen, wie andere Jungen auch?«, fragte meine Mutter, während sie versuchte, meine gerissene Kleidung zu flicken. »Warum musst du dich immer draußen herumtreiben?«

Ein Buch, dachte ich. *Wo sollte es denn ein so fantastisches Buch geben, das solche Abenteuer wie meine beinhaltete?*

Aber nachdem ich Hausarrest hatte, würde ich das mit dem Lesen vielleicht doch mal ausprobieren.

Christoph Hardebusch

DAS BUCH, DAS ICH LANGE NICHT LESEN KONNTE

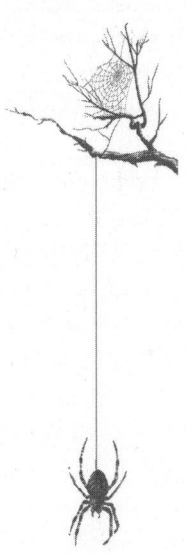

Als mich Bernhard Hennen auf einer Buchmesse fragte, ob ich Zeit und Lust auf ein Buch über *Der kleine Hobbit* habe, musste ich nicht lange überlegen, sondern sagte gleich zu. Das ist, wenn man meine Lesebiografie ansieht, ein wenig erstaunlich, denn *Der kleine Hobbit* hat die zweifelhafte Ehre, das Buch zu sein, dass ich beim Lesen am Häufigsten abgebrochen habe.

Ich war schon immer ein Büchernarr. Das ist bei Autoren nicht ungewöhnlich, die meisten Kollegen und Kolleginnen sind auch begeisterte Leser. Als Kind führten mich meine Raubzüge in die Stadtbibliothek, wo ich mit meiner Mutter große Leinentaschen voll mit Büchern lud. Sie erzählt heute noch gerne die Geschichte – ich rolle dabei selbstverständlich mit den Augen –, wie in der Bibliothek auf ein frühes Computersystem umgestellt wurde und ich mich plötzlich bei der Auswahl einschränken musste, da das System nur fünfzig ausgeliehene Bücher erfassen konnte.

Zwischen all den Kinder- und Jugendbüchern befand sich auch ein gewisser Anteil Fantastik, und dieses weite Feld hatte es mir schnell angetan, auch wenn ich mich nie wirklich auf bestimmte Genres beschränkt habe. Aber Erinnerungen an *Die Unendliche Geschichte, Momo* und *Krabat* sind bei mir fest verankert, ebenso wie die fantastischen Werke, die ich in noch jüngeren Jahren kennenlernen durfte, und in denen kleine Hexen und Gespenster, Raumfahrer, Drachen, Roboter, Ritter, Helden und sprechende Tiere vorkamen.

Es war also kein Wunder, dass *Der kleine Hobbit* sofort meine Aufmerksamkeit erregte, als ich ihn eines Tages bei uns im Bücherregal entdeckte. Es war die Ausgabe von dtv junior, mit einem tanzenden Hobbit samt Zylinder, einem Smaug mit mächtigem Kinn und Feenflügeln sowie einer kleinen Spinne auf dem Cover.

Schon auf den ersten Seiten verfiel ich dem Buch. Mysteriöse Zauberer und ein ganzer Haufen Zwerge, ein Hobbit, der fremd und doch vertraut war. Dazu eine neue Welt, die es zu entdecken galt und in der hinter jeder Wegbiegung ein Abenteuer zu warten schien. Und natürlich eine Queste, die weit von zu Hause weg führt.

Gierig verschlang ich die Geschichte. Ich folgte der Reisegesellschaft, sah zum ersten Mal Trolle – und sollte mehr als zwei Jahrzehnte später selbst einige Romane über sie verfassen – und Elben. Ich zitterte mit Bilbo in den schwarzen Tiefen unterhalb des Nebelgebirges, rätselte mit ihm und lief gemeinsam mit ihm vor den Orks und ihren Wölfen davon. Dass sie von Adlern gerettet werden, erschien mir nur folgerichtig, und auch wenn ich damals fand, dass die Ankunft bei Beorn unhöflich ist, verzieh ich Gandalf, Bilbo und den Zwergen ihre Tricksereien schnell.

Das alles führte auf etwas Großes zu, da war ich mir sicher, und ich las gespannt weiter – bis es in den Düsterwald ging. Spinnen, nein, Riesenspinnen. Warum mussten es ausgerechnet Riesenspinnen sein?

Ich würde gerne sagen, dass ich damals einfach nur Respekt vor Spinnen hatte. Immerhin koordinieren sie acht Beine, das zeugt von einer Intelligenz, die, gepaart mit ihrer netzbauenden Heimtücke, durchaus Respekt einfordert. Tatsächlich aber war und ist es einfach ein Unbehagen, das sich rational nicht erklären lässt und das aus einer urtümlichen Tiefe des Geistes kommt.

Was auch immer der Grund ist, ich schlug das Buch zu und las nicht weiter. Es war das erste Mal in meinem Leben, und es war für mich ein Sakrileg. Bücher gehören gelesen, vom Anfang bis zum Ende, die Seiten in der richtigen Reihenfolge, so hatte es seine Ordnung. Man brach nicht ab, man übersprang keine Stellen, man spickte nicht ans Ende. Das war so unumstößlich wie die Schwerkraft, oder dass man morgens in die Schule musste. Es gab keine Wahl.

Trotz meiner Gewissensbisse las ich andere Bücher. Aber immer lag dort irgendwo im Haus *Der kleine Hobbit*. Die Spinne auf dem Cover schien mich zu verhöhnen. Und alle paar Wochen, manchmal mögen es auch Monate gewesen sein, nahm ich das Buch wieder in die Hand, stählte meine Entschlusskraft und begann von vorne.

Doch auch wenn Bilbo stets wieder die Trolle und Gollum überlistete und ich mich auf das Kommende vorbereitete, endete das Abenteuer für mich im Düsterwald. Ich ärgerte mich über mich selbst. Ich schämte mich für meine Angst. Ich versuchte es mit Drohungen gegen meinen schwachen Geist, mit Ansporn, mit in Aussicht gestellten Belohnungen. Es fruchtete nichts.

Inzwischen konnte ich den mir bekannten Teil der Geschichte förmlich mitsprechen. Leider endete es immer damit, dass alle Zwerge und ein Hobbit von Spinnen gefressen wurden, was äußerst unbefriedigend war.

Dann fiel mir *Der Herr der Ringe* in die Hände. Ich begann die Geschichte mit einem Anflug von Grauen, war mir J.R.R. Tolkien doch als ein Spinnenfreund bekannt, der seinen Lesern unüberwindbare Hindernisse in den Weg legte. Es begann mit Hobbits – wie sollte es anders sein – und ich befürchtete, dass es mit Spinnen enden würde. Ich hatte nicht ganz Unrecht, wie Tolkien-Leser wissen, aber als Gollum – schon wieder der! – Frodo in Shelobs Höhle lockt und sein Fliegen-Lied singt, las ich weiter. Ja, meine Haut kribbelte, als wären tausend kleine Beine über sie gelaufen. Aber ich hörte nicht auf. Nicht einmal, als Shelob Frodo erwischt. Es war nicht möglich, an dieser Stelle aufzuhören. Die Geschichte hatte mich gefangen, mehr als ein Spinnennetz eine Fliege fangen kann.

Ich denke, ich muss an dieser Stelle nicht von meinem tief empfundenen Glück erzählen, als ich las, wie Sam zwischen Shelob und Frodo tritt, wie er sich gegen ein Monster stellt, vor dem die größten Helden Reißaus genommen hätten, und wie er es vertreibt. Den Rest des Buches las ich wie im Fieber.

Und danach nahm ich *Der kleine Hobbit* in die Hand, und las Professor Tolkiens großartige Geschichte von der ersten bis zur letzten Seite in einem Rutsch durch.

Damals war ich mir dessen nicht bewusst, aber heute weiß ich, welch großes Geschenk Literatur sein kann. Eine Geschichte, die so stark und wundervoll ist, dass ich sie lesen will, obwohl es mich dabei gruselt. Ein Autor, der es schafft, dass ich vor Spannung zittere, vor Erleichterung lache und mit seinen Helden und Heldinnen weine. Bücher, die Fragen stellen, auf die ich keine

Antworten weiß, aber über die ich nicht aufhören kann, nachzudenken.

Als Kind hat man diesen Sinn für das Wunderbare, das Große, den Fantastik im Allgemeinen und Fantasy im Besonderen so gut ansprechen kann. Im Englischen gibt es den schönen Begriff *Sense of Wonder,* der zwar meist in Zusammenhang mit der Science Fiction benutzt wird, aber auch gut das Erstaunen beschreibt, das man angesichts der kreativen Kraft von Fantasy empfindet.

Als Kind hat man noch nicht die von der Realität verdorbene Stimme im Kopf, die einem einflüstert, dass alles nur erfunden und nicht wahr ist. Man musste sich als Kind nicht willentlich auf die Illusion des Werkes einlassen, es geschah automatisch, ohne Hintergedanken. Im Wald leben Trolle, die bei Sonnenlicht zu Stein werden. Das ist so selbstverständlich wie der blaue Himmel.

Mir als Leser – und als Autor! – beides zu bewahren, ist mir stets ein Anliegen gewesen.

Welche Folgen hatte *Der kleine Hobbit* noch für mich? Als ich meinen ersten Fantasyroman geschrieben habe, »Die Trolle«, wusste ich schon, dass mein Verlag aus Werbezwecken irgendwo auf dem Buch einen Bezug zu J. R. R. Tolkien unterbringen würde. Und ich dachte mir, dass eine kleine Hommage an meine eigenen Erfahrungen mit seinen Werken nur allzu angemessen wäre, denn immerhin sind *Der kleine Hobbit* und *Der Herr der Ringe* für die Fantasy und für mich als Leser und Autor über alle Maßen prägend. Also gibt es in *Die Trolle* eine kleine Szene, in der einer der Protagonisten auf eine Riesenspinne trifft.

Ich weiß nicht, wie es den Lesern geht, aber während

des Schreibens musste ich mir festes Schuhwerk anziehen, da ich die ganze Zeit tausend kleine Krabbelbeine auf meiner Haut spürte.

Durch die Lektüre von *Der kleine Hobbit* habe ich gelernt, dass Literatur mich in meinem Innersten berühren kann, und dass dies, in all seinem möglichen Schrecken, die Faszination ist, die uns Leser fesselt. Man öffnet sich für das Buch, so wie sich das Buch für den Leser öffnet.

Paul Clark

DAS VERMÄCHTNIS
DER HALBLINGE

National Geographic Society, London,
gefunden und übersetzt von Anton Weste

Dr. Christopher Bennett von der historischen Fakultät der Universität Oxford ist ein gefragter Mann. Immer wieder suchen ihn Schatzsucher auf, um eine Einschätzung für einen Fund zu erlangen, den sie auf einem Acker, im Flusssand oder bei einer alten Kirche gemacht haben. Den Boden mit Metalldetektoren abzusuchen ist ein beliebtes Hobby in England. »Tandsammler« nennt Bennett die Hobbyarchäologen.

Meist stellen sich die von ihnen vermuteten Relikte aus der Tudorzeit, der Ära der Angelsachsen oder der Römer als Schnallen, Nägel oder Pflugreste heraus, die nicht älter als 200 Jahre sind. Hin und wieder ist es das Schrapnell einer Fliegerbombe, das dem Kampfmittelräumdienst einen arbeitsreichen Tag einbringt.

Im Jahr 2009 aber erreicht den Dozenten für Frühgeschichte und historische Bodenkunde ein Stück, das seine Aufmerksamkeit erregt. Ein Schüler hat in Warwickshire einen Zinnkrug mit Gravuren von Ähren und untersetzten Bier trinkenden Bauern gefunden. Bennett will das angelaufene und gesprungene Stück bereits in die Kiste mit Rücksendungen legen, denen seine Sekretärin einen stets gleich lautenden negativen Bescheid beifügt. Doch drei Dinge lassen ihn stutzen:

Zum Ersten ist ihm der Stil der Gravuren unbekannt. Das ist kein edwardianischer Barock oder viktorianischer Kitsch, aber er hat auch wenig Ähnlichkeit mit älteren

Kunstformen. Zum Zweiten ist das Motiv ungewöhnlich: Die Bauern erscheinen zwergenhaft klein. Sie sind bartlos, haben aber dichtes Lockenhaar. Sie tragen Knopfwesten und sind barfuß. Und zum Dritten ist der Bierkrug zu klein. Er fasst gerade mal 0,3 Liter. Vorgeschrieben war in England aber durch Edikt des Königs, festgehalten in der Magna Charta von 1215, dass ein Bierkrug stets ein Pint (0,57 Liter) groß zu sein habe. Hohlmaße mit Gesetzescharakter. Wirten, die ihre Gäste mit zu kleinen Krügen übers Ohr hauen wollten, drohten Stockhiebe. Wer einen Krug herstellte, hielt sich an die gängigen Hohlmaße. Üblicherweise lohnte es sich nicht, für Sonderanfertigungen eigene Muster und Rohlinge anzufertigen.

Bennett nimmt selbst den Metalldetektor in die Hand und fährt zum Fundort des Kruges. Der liegt beim Dorf Binton, nicht weit entfernt vom Fluss Avon und Stratford-upon-Avon, dem Geburtsort Shakespeares. Bauer Wilmot, dem das Land gehört, hat nichts gegen Schatzsucher. »Nur zu, ich hab da mal einen Schraubenschlüssel verloren. Vielleicht finden Sie den ja.«

Die Fragen, die der Krug aufwirft, elektrisieren Bennett. Ob Sturm, Nebel oder englischer Regen, der Historiker zieht die Kapuze tiefer ins Gesicht und sucht die Hügel akribisch ab. Was er findet, wirft noch mehr Fragen auf.

Im Juli 2012 lädt Christopher Bennett *National Geographic* ein, ihn auf seiner Arbeitsstätte zu besuchen. »Die Archäologie steht vor einer Wende«, sagt er schlicht, aber bewegt. Ich packe die Ausrüstung ein, nehme meinen Fotografen mit und fahre los.

Warwickshire ist ein Landstrich voller Frieden und Ruhe und mit gut bestelltem Boden. Baumreihen säumen grüne Hügel, Feldsteinmauern trennen Äcker und Weiden, auf denen Rinder und Schafe grasen. Der Avon glitzert träge in der Sommersonne. Binton ist ein verschlafenes Dorf. Kletterrosen blühen an den Steinhäusern und geduckten Cottages. Als wir unsere Fotoausrüstung auspacken, erregen wir Interesse. Sonderbares Volk sind wir, aus Birmingham, vielleicht sogar aus London oder wer weiß woher.

Mitten in der gelb-grünen Landschaft, an einem abgelegenen Hang und eine halbe Stunde Fußmarsch vom Dorf hat Dr. Bennett Planen ausgebreitet und den Boden ausgehoben. Weiße Hände sieben den Kalksand. Mauerfragmente und Holzstücke werden von seinen Mitarbeitern sorgsam katalogisiert und mit roten Etiketten versehen.

»Das ist es«, sagt Bennett zur Begrüßung. »Ihr steht bereits mitten auf der Veranda. Dort führte die runde Haustür in die Erdwohnung. Wir haben Reste des Messingknaufs gefunden. Sie liebten diese Erdwohnungen. Die Gänge verliefen parallel zum Hang durch den Hügel, die besseren Zimmer hatten Licht. Bevorzugt waren die Südhänge, da wärmte die Sonne den Bau.«

Sie, das ist der Grund, aus dem Bennett seit drei Jahren diese Ausgrabung leitet. In der St. Peter's Church von Binton erinnern Fensterbilder an den Polarforscher Robert Falcon Scott (1868–1912), einen Mann voller Forschergeist, einen besessenen Entdecker, der als Erster am Nord- und Südpol sein wollte und letztlich in den Tod ging.

Forschergeist blitzt in Bennetts Augen auf. »In den Jahrhunderten sind die Räume des Smials eingestürzt, aber sie lassen sich noch anhand des losen Erdreichs von den Bodenschichten der Umgebung unterscheiden. Das hier war die Eingangshalle, links vom langen Gang gingen der Salon, das Esszimmer und das Wohnzimmer ab. Der Bewohner war wohlhabend. Die Durchgänge waren etwa einen Meter breit, die Deckenhöhe betrug einen Meter siebzig. Für sie eine komfortable Größe. Ich bin überzeugt, wir stehen in einem Smial, einer Erdhöhle der Hobbits.«

Hobbits oder Halblinge, das sind menschenähnliche, aber gerade mal einen Meter große Wesen aus Tolkiens Fantasy-Roman *Der Herr der Ringe*. Ein Hobbit ist flink, gutmütig, ohne großen Ehrgeiz, ein Krieger oder ein Weiser zu werden. Ein feines Gehör hat er und scharfe Augen, er lacht und trinkt gern, raucht gemütlich Pfeifenkraut und isst, wenn möglich, sechsmal am Tag. Kein Wunder, dass er schnell behaglich um den Bauch herum wird. Der Hobbit lebt im beschaulichen Auenland, liebt den Frieden und mag keine Maschinen, die komplizierter sind als ein Schmiede-Blasebalg. Schuhe braucht er nicht – seine Füße sind dicht behaart, die Sohlen lederartig und fest.

Auf meinem Gesicht spiegelt sich Unglauben. Diesen Wesen aus der Literatur spürt Bennett, ernsthafter Historiker, nach? Der Halbling als Gegenstand der Kryptozoologie wie Nessie, Bigfoot, der Yeti?

»Ich bevorzuge, von Kryptoarchäologie zu sprechen«, lacht Bennett. »Wenn ich schon meine Karriere und Reputation aufs Spiel setze, will ich wenigstens bestimmen, wofür.«

Bei diesen Worten liegt keine Unsicherheit in seiner Stimme. Er wird für seine Theorie kämpfen. »Es ist nicht ungewöhnlich, dass wir historische Orte oder Völker erst aus Erzählungen kennen, ehe ihre Existenz mit wissenschaftlichen Methoden bewiesen wird. Schliemann wandelte auf Homers Spuren, Vers für Vers, als er Troja fand. Knossos war über Jahrtausende durch Legenden bekannt, ehe man es ausgrub. Skythen und Pygmäen erschienen zuerst in Schriften antiker Autoren, ehe moderne Entdecker auf sie stießen. Wenn mich die Archäologie etwas gelehrt hat, dann dies: Die nächste Überraschung liegt gleich hier unter deinen Füßen.«

Bennett sieht die Funde von Smials in Warwickshire als Stein in einem Mosaik von Beweisen, die auf eine tatsächliche Existenz der Halblinge hinweisen. Sie gingen auf leisen Füßen durch die Weltgeschichte, aber ihre Abdrücke sind noch zu finden, wenn man die Augen offen hält.

Die Spur führt zurück bis zur menschlichen Vorgeschichte in der Altsteinzeit, als Faustkeil und Knochenflöten die höchsten Errungenschaften der Zivilisation waren. 2003 entdeckte man auf der indonesischen Insel Flores die Überreste eines nur einen Meter großen, menschenähnlichen Wesens. Er ging aufrecht, hatte eine etwas untersetzte Figur, war aber ansonsten dem Homo sapiens nicht unähnlich. Das Skelett war 18 000 Jahre alt. Die Wissenschaftler sprachen vom Homo floresiensis, dem Flores-Menschen. Die Medien gaben dem Fund den Spitznamen »Hobbit« und ahnten nicht, wie nahe sie an der Wahrheit waren.

Die urzeitlichen Hobbits durchstreiften Urwälder und bewohnten geschützte Höhlen. Der Dschungel versorgte sie mit Früchten, Gewürzen und der Grundlage für geistigen Genuss: Steinschalen des Homo floresiensis enthalten Spuren von Vergorenem. Die Kultur der Hobbits auf der Insel soll vor 12 000 Jahren durch einen Vulkanausbruch untergegangen sein. »Wahrscheinlich hat es Frodo in Wirklichkeit nicht geschafft mit dem Ring«, zwinkert Bennett.

Aber gingen sie wirklich unter? Noch in heutiger Zeit berichten Einheimische auf Flores von den Ebu Gogo, die ihre Urgroßväter noch gesehen hätten: Menschen von der Größe von Kindern, die viele Haare hatten, insbesondere auf den Füßen, nicht aber im Gesicht. Sie waren den anderen Indonesiern gegenüber abweisend, versteckten sich oft, ließen sich aber mit gutem Essen anlocken. Kurz vor dem Eintreffen der Europäer auf den Inseln sei der Ebu Gogo endgültig verschwunden.

Flores ist kein Einzelfall. Der Geograf William Marsden beschrieb 1783 »kleine Menschen« in Indonesien, die er als Orang Gogoo bezeichnete. Auf Sumatra sucht man nach den nicht viel größeren Orang Pendek, bei denen Beobachter buschige Augenbrauen erwähnenswert fanden.

Es ist noch verborgen, wie weit die Hobbits verbreitet waren und auf welchen Wanderrouten sie andere Erdteile erreichten. Bennett bevorzugt die These, dass sie gemächlicher voranschritten als die Vorfahren des modernen Menschen, die sich bald den Erdkreis untertan machten.

Man muss 1000 Kilometer Wüste durchqueren und 1000 Meter hoch über scharfe Grate und Felsen klettern, um die Felszeichnungen des Tadrat Acacus in der Sahara zu erreichen. Auf den 8000 Jahre alten Petroglyphen stellen sich Menschen als Zentrum der Schöpfung dar, umgeben von Büffeln, Antilopen, Wildeseln – und anderen, kleineren Menschen. Die Hobbits scheinen Obst oder Krüge in den Händen zu halten. Zu dieser Zeit war die Sahara eine regengrüne Savannenlandschaft und angenehm auszuhalten, während sich in Europa gerade die Eiszeit zurückzog.

Im Alten Ägypten kamen zur Zeit des Pharaos Pepi II. (23. Jahrhundert v. Chr.) »Zwerge des Gottestanzes« nach Memphis und waren wegen ihrer fröhlichen Musik und Tänze beliebt. Die Hobbits schätzten die reiche Tafel am Nil und wurden auch Juweliere und Zimmerleute. Ihre geringe Körpergröße ermöglichte ihnen, Geheimgänge und Fallen anzulegen, die sich der Pharao für sein Grabmal wünschte. Nach dem Tod Pepis brachen im Alten Reich kriegerische Zeiten an und die Hobbits zogen sich vom Nil zurück.

Der griechische Geschichtsschreiber und Völkerkundler Herodot (5. Jahrhundert v. Chr.) berichtet in seinen *Erkundungen* davon, dass fünf junge Abenteurer die Sahara von Libyen aus durchquerten und in die Gefangenschaft kleiner Menschen gerieten, die an einem großen Fluss lebten. Herodot kannte den Pygmäenmythos, bezeichnete die hier genannten Menschen aber nicht als Pygmäen. Es handelte sich also um ein anderes kleinwüchsiges Volk. Die Abenteurer sollen die Freiheit erlangt haben, nachdem sie das Rezept von Feigenkäse, einer altgriechischen Spezialität, aufgeschrieben hatten.

Wie lange Hobbits schon auf den britischen Inseln heimisch waren, bleibt im Dunkeln. Auffällig ist die hohe Anzahl an »little people« im Märchen- und Sagenschatz Britanniens. Da sind die irischen Leprechauns, die cornischen Pixies, die Süßigkeiten liebenden Brownies. Mal sind sie den Menschen wohlgesonnen, mal machen sie nur Scherereien, aber alle können schnell verschwinden und sind schwer zu fangen.

Bennett glaubt in vielen Berichten ein Muster hobbitscher Verhaltensweisen zu erkennen, das auch Tolkien beschrieb: »Die Hobbits lassen sich gerne dort nieder, wo das Bestellen der Felder wenig Mühe macht und wo das Land blüht. Aber sie möchten nicht in die Angelegenheiten der großen Leute verwickelt werden. Wenn es zu kompliziert wird, wenn Krieg an ihre Erdhöhlen rückt, dann verstecken sie sich – oder ziehen weiter. Die Hobbits haben gute Sinne und ein natürliches Talent, sich zu verbergen. Wir sind im Gegensatz zu ihnen nur trampelnde Elefanten.«

An dem Smial lassen sich die Fähigkeiten der Hobbits zur Tarnung ganzer Dörfer zeigen. Das Dach der Hügelhäuser war Erdreich und Gras. Der gemauerte Schornstein ragte nur ein paar Handbreit über die Grasnarbe und ließ sich leicht verstecken. Türen, Fenster und angelegte Gärten existierten immer nur zu einer Hangseite und ließen sich mit geschickt gepflanzten Sträuchern verbergen. Beliebt sind Brombeerhecken, die Neugierige abhalten. Aus einiger Entfernung sah ein Hobbithügel so nicht anders aus als jede andere Erhebung. Und falls ein unwillkommener Wanderer mal auf die Rauchfahne aus der Hobbitküche aufmerksam wurde, fand er auf dem Dach des Hügelbaus ein dort drapiertes, altes Lagerfeuer. So scheint es, als ob er nur die Spur eines anderen Wanderers entdeckt hatte, der längst weitergezogen war.

»Hinzu kommt, dass diese Siedlung der Hobbits abseits menschlicher Routen und Handelswege liegt«, erläutert Bennett. »Es gab guten Boden, einen Bach in wenigen hundert Metern Entfernung und man konnte mit den Menschen in Binton Handel treiben, das spätestens seit angelsächsischer Zeit existierte. Aber die Hobbits hatten ihre Ruhe.«

Die Halblinge nahe Binton schafften es sogar, mit einem Eintrag in das 1086 geschaffene *Domesday Book* zu kommen, dem wahrscheinlich ausführlichsten Register über Landbesitz im Mittelalter. Wilhelm der Eroberer ließ es anfertigen, um seine junge Herrschaft über England zu festigen. Für Binton wurden vier Landbesitzer angegeben: Wiliam, Hugh, Gerin und Urso, die zusammen ein Vermögen von 8 Pfund, 10 Schilling besaßen, umgerechnet sechs Quadratkilometer. In Binton lebten 29 Familien mit 150 Personen. Für ein mittelalterliches Dorf der normannischen Ära unerhört groß. Wenn man aber annimmt, dass hier zwei Dörfer nebeneinander existierten, werden die Zahlen plausibel. »Gerin und Urso«, sagt Bennett »sind typischen Hobbitnamen recht ähnlich.«

Was Bennett in Warwickshire mühsam freilegt, liegt in Deutschland offen an der Erdkante. Zwergenhöhle nennt man die Reste eines Smials beim oberbergischen Lindlar. Die kleinwüchsigen Bewohner sollen gute Nachbarschaft mit den Menschen gepflegt haben. Als diese aber einen geliehenen Kupferkessel ungereinigt und ohne die zuvor vereinbarte Weißbrotspende zurückgaben, kam es zum Streit. Ein Wort gab das andere. Die vermuteten Hobbits verließen irgendwann den ungastlichen Ort.

Am Südrand des von Märchen umwobenen Harzes bei Bad Sachsa gibt es sogenannte Zwergenlöcher zuhauf: Die Hobbits setzten hier ihre Smials in natürliche

Hohlräume, die durch Gipsausdehnung unter Kalkstein-decken entstanden. Die größte dieser Wohnhöhlen ist zwei Meter hoch und bis zu zehn Meter lang. Vermutlich lud Kaiser Heinrich IV. (1050–1106) die Halblinge eben-so wie viele Franken als treue Verbündete oder Unterta-nen ein, sich hier anzusiedeln, um so seine Herrschaft über die renitenten Sachsen auszubauen. Wie ein Dorf gruppieren sich die Hobbithöhlen um den Sachsenstein, auf dem der salische Kaiser eine Zwingburg errichten ließ. Der Wehrbau versperrte ein enges Tal, durch das ein Bach floss. Die Halblinge arbeiteten vielleicht auf den Feldern, als Korbmacher, Müller oder Tischler. Oder Heinrich IV. machte sich ihre besonderen Fertigkeiten zunutze, die seine Ritter nicht mitbrachten: Er entsandte sie als Spione gegen die Sachsen, geschwinde Schatten in der Nacht, die selbst kleinste Schlupfwinkel als Versteck nutzen konnten.

Die Sachsen ließen sich von der Aufrüstung des Kai-sers dennoch nicht beeindrucken und zogen in den Krieg. Burg Sachsenstein verfiel und auch die Hobbits verschwanden bald wieder. Die Zisterzienser, die 1127 im nahen Walkenried ein Kloster gründeten und Land und Betriebe vom Kaiser übernahmen, beschwerten sich über die geringe Größe einer Mühle, dass man allenfalls gebeugt drin stehen könnte. Und Spaten, Sensen und Sti-chel, die man ihnen versprochen hatte, waren für kaum mehr als Kinderhände geeignet.

Eine archäologische Untersuchung der Zwergenhöh-len steht noch aus. Womöglich waren es auch Hobbits, die in Bayern und Österreich die Erdställe hinterließen: verzweigte Gänge und Wohnhöhlen unter der Erde, die für Menschen reichlich beengt sind. Forscher grübeln darüber, ob sie einst im Mittelalter als Kulthöhlen oder als Verstecke vor Räubern gedient haben mögen. Legt man Hobbitmaßstäbe an, kann man sie leicht als Wohnräume erklären.

Indizien ziehen sich auch auf dem Festland durch die Sagen und Märchen. In Brandenburg kennt man die kleinwüchsigen Lutken, die in alter Zeit in Wohnhügeln lebten und freundschaftlich mit den Menschen verkehrten. In der Oberlausitz und in Böhmen nennt man sie Querxe. Sie liebten Gebackenes und konnten so schnell vor den Blicken Neugieriger verschwinden, dass man ihnen einen Tarnmantel andichtete.

Sie zogen sich mit dem Aufkommen des Christentums zurück: Die Töne der Kirchenglocken sollen ihnen in den Ohren wehgetan haben. Ein Symbol für eine geringere Toleranz, die der monotheistische Glaube mit sich brachte? Die Halblinge wurden vielleicht als manifestierte Elemente des alten Glaubens betrachtet, wurden mit Donareichen, magischen Hainen und Thingplätzen in einen Topf geworfen. Im Weltbild des Christentums war kein Platz mehr für Erdgeister aus Wohnhöhlen.

Bennett hält einen rostigen Metallstab in der Hand, als sei er, ein Goldschatz. »Dieser Schürhaken gehört zu den größten Stücken, die wir bislang im Smial freilegten. Die Prägung am Schaft ist kaum noch zu erkennen, könnte aber einen Baum dargestellt haben.«

Mit Bürsten und Pinseln befreien Studenten und Hilfswissenschaftler aus Oxford die Funde vom Erdreich: Zinngeschirr, Keramikscherben, einen Stiefelknecht, eine Teekanne in der Form eines lachenden, dickbauchigen Trolls. Alle wie im Format von Spielzeug – etwas zu klein,

301

als dass man sie nutzbringend einsetzen könnte. Auf einige Stücke kann sich Bennett keinen Reim machen: Silberplättchen, die vielleicht an einer Schnur zusammengebunden waren. Metallbeschläge, möglicherweise für einen Bucheinband. Ein Korb aus Glas und Eisen.

Mathoms nennt er sie, nach den Geschenken der Hobbits, die irgendwo zwischen Tinnef und Kleinoden rangierten und bei Festen von Hand zu Hand wanderten. Smials waren voller solcher unnützer Andenken, Wandergaben und Erinnerungsstücke.

Ich spreche Bennett darauf an, dass es gewiss problematisch ist, Setzungen und Bezeichnungen aus einem fiktionalen Werk als Grundlage für wissenschaftliche Beschreibungen zu verwenden. Er grinst. Auf diesen Einwand hat er gewartet. »In erster Linie bin ich dankbar, dass mir Tolkien ein erstes sprachliches Gerüst zur Verfügung stellt, das ich benutzen kann. Und inwieweit dieses fiktional ist«, doziert er, »muss sich erst noch erweisen.«

»Mathom« ist nicht einfach ein Kunstwort, das nach seinem schönen Klang gewählt wurde. Es stammt vom altenglischen *máðm,* was so viel wie »wertvolles Ding« oder »Schatz« bedeutet. Ebenso das Wort »Hobbit« selbst, das durch Tolkien bekannt – oder eher wieder bekannt – wurde. Im Altenglischen bezeichnet *holbytla* einen »Höhlenbewohner«.

Gerne wird von Jüngern des Fantasy-Autors betont, wie viel Tolkien geschaffen hat. Dass er nicht nur die Handlung des *Hobbits,* des *Herrn der Ringe* und weiterer Bücher erfunden hat, sondern gleich die komplette Welt dazu mit Geografie, Kulturen und Sprachen über einen Zeitraum von Jahrtausenden. Als hätte Homer nicht nur die *Ilias* und die *Odyssee* gedichtet, sondern dazu auch noch das alte Griechenland und die Götterwelt des Olymp ersonnen.

Was aber, wenn Mittelerde gar nicht komplett Tolkiens Vorstellungskraft entsprang? Was, wenn er konkrete ältere Quellen hatte, die ihn nicht nur inspirierten, sondern die er vielmehr aufbereitete? Bennett ist überzeugt, dass Tolkien einen wertvollen wissenschaftlichen Beitrag geleistet hat: »Es wird gerne vergessen, dass Tolkien nicht nur Schriftsteller und Professor für Anglistik war. Er war einer der besten Kenner des Altenglischen, den das Zwanzigste Jahrhundert hervorgebracht hat. Seine Herangehensweise an das angelsächsische *Beowulf*-Epos gilt als wegweisend. Er sprach ein Dutzend Sprachen, die meisten davon so tot wie ein Dodo. Er traf sich mit Kollegen, um die *Edda,* das Sammelwerk germanischer Sagen, im altisländischen Original zu lesen. Ich frage Sie: Wenn es eine verschollene Überlieferung aus altenglischer Zeit geben würde, wer wäre besser geeignet gewesen, sie zu finden und zu verstehen, als Professor Tolkien?«

Tolkien sprach eher wie ein Forscher über Mittelerde, weniger wie ein Autor. Wenn einer der zahlreichen Fans des *Herrn der Ringe* sich an Tolkien wandte, weil er meinte, einen Fehler oder eine Ungereimtheit in den Erzählungen des Professors gefunden zu haben, so machte dieser sich wie ein Forscher daran, dem nachzugehen. Er betrieb regelrecht Quellenstudium. Nur welche Quellen mochten dies in Wahrheit gewesen sein?

Der Professor wehrte sich stets gegen Ansichten, seine Geschichten spielten in einer Fantasiewelt oder dass Mittelerde vielleicht ein Planet einer Galaxis in weiter Ferne sei. Mittelerde, das ist das altenglische *Middangeard,* das germanische *Midgard,* das von Menschen bewohnte Land zwischen den Wassern der Welt – sprich: unsere Erde, wenn auch in einer mythischen Vorzeit.

Tolkiens Erzähler verweist immer wieder darauf, dass die Handlung vor langer Zeit stattfand und dass sich die Welt seitdem gewandelt hat. Die Elben drücken diesen Verlust des Ursprünglichen am stärksten aus und verlassen bereits zur Zeit des *Herrn der Ringe* Mittelerde, um sich nach Valinor einzuschiffen, dem zeitlosen Land der Unsterblichen, dem Avalon der Artussage. Es beginnt das Vierte Zeitalter, das Zeitalter der Menschen. Deren Hochkultur stammt von einer Insel in der westlichen See, die schon Jahrtausende früher in einer Katastrophe unterging: Numenor oder – wie es die Elben nannten – Atalante. Es ist nicht schwer, die Parallele zum legendären Inselreich zu ziehen, das Plato beschrieb und das dem Atlantischen Ozean seinen Namen gab.

Die Ereignisse des *Herrn der Ringe* und der Umbruch vom Dritten zum Vierten Zeitalter liegen nach Tolkien etwa 6000 Jahre zurück; der moderne Mensch lebt gemäß seiner Chronologie derzeit am Ende des Sechsten oder im Siebten Zeitalter. Veränderungen formten seitdem das Angesicht der Welt. Küstenlinien verwarfen sich, Gebirge schliffen sich ab und bäumten sich auf, Flüsse veränderten ihren Lauf, Städte gingen unter. Kreaturen und Völker verschwanden und gingen ein ins Reich der Fabel.

Dr. Bennett hält wenig davon, die Karten aus dem *Herrn der Ringe* an die irdische Gestalt Europas anzulegen und Detailvergleiche anzustellen. »Die Gemeinsamkeiten zwischen Mittelerde und Europa erschöpfen sich in wenigen makrogeographischen Konstanten: Das große Meer im Westen, mächtige Landmasse und Reitervölker im Osten, ein Hort der Hochkultur im warmgemäßigten Klima.« Die Gestalt Mittelerdes ist eher eine symbolische Darstellung der Weltordnung, gebildet aus den Vorstellungen von archaischen Chronisten, die weder den Willen noch den nötigen Überblick hatten, ein akkurates Abbild der tatsächlichen Topografie zu erstellen.

»Die Handlung im *Herrn der Ringe* dürfte mit einem historischen Verlauf etwa so viel zu tun haben, wie etwa die Sage von Dietrich von Bern mit dem echten Ostgotenkönig Theoderich dem Großen. Man sollte Details nicht zu ernst nehmen, vielmehr die Sinnbilder deuten. Nehmen wir beispielsweise Frodos Flucht vor den Schwarzen Reitern. Sofern das Auenland tatsächlich in England lag und Mordor ein Ort im Süden oder Osten Europas war, so war der Fluss Bruinen womöglich eher der Ärmelkanal. Und dass die Schwarzen Reiter an der Bruinenfurt hinweggespült wurden, deutet möglicherweise auf ein Schiffsunglück der Kuttenträger hin. Ein französischer Kollege von mir glaubt anhand von Luftbildarchäologie die Reste von Minas Tirith in den östlichen Vogesen ausgemacht zu haben. Und er sucht mittels detaillierter Richtungs- und Wegstreckenangaben aus Tolkiens Werken nach der heutigen Lage des Schicksalsberges, irgendwo in den Südkarpaten. Das ist natürlich zum Scheitern verurteilt. Und wenn er doch erfolgreich ist, findet er hoffentlich nicht den Einen Ring.« Bennett lacht wieder. Aber diesmal scheint eine Ahnung von Furcht mitzuschwingen.

Hinweise, auf welche Quellen sich Tolkien stützte, gibt der Professor selbst in unnachahmlich verklausulierter Form: Er sagt, das »Legendarium«, die Gesamtheit seiner Erzählungen, stütze sich auf Bücher aus den Bibliotheken des Auenlandes, vor allem aber auf das *Rote Buch der Westmark*, in dem die Hobbits die ihnen bekannten Geschichten aufschrieben. Dieser Blickwinkel soll auch der Grund sein, warum Halblinge eine so zentrale Rolle in Tolkiens Geschichten spielen.

Wie aber mag John Ronald Reuel Tolkien, Mensch des Zwanzigsten Jahrhunderts, an eine Überlieferung aus der Vorzeit Englands gekommen sein? Die Vorstellung, dass er als Professor in alten Archiven stöberte, berücksichtigt nicht, dass Tolkien bereits als junger Soldat im Ersten Weltkrieg erste Texte über Mittelerde übersetzte und umschrieb.

Bennetts Augen blitzen. »Tolkien lebte als Kind vier Jahre lang keine 30 Kilometer entfernt von hier, in Sarehole Mill vor den Toren Birminghams. Eine ländliche Idylle, ein Abenteuerspielplatz voller Wunder. Wir wissen nicht, welche Relikte der Halblinge es noch in Warwickshire gibt. Aber wir wissen, dass achtjährige Jungs manchmal auf Entdeckungsreisen gehen, von denen ihre Eltern besser nichts wissen. John könnte auf alles Mögliche gestoßen oder jemandem begegnet sein.«

Da war er möglicherweise weder der Einzige noch der Erste. Shakespeare, der 1610 als gefeierter Dramenautor in seinen Geburtsort Stratford zurückgekehrt war, kündigte nach seinem magischen Stück *Der Sturm* ein weiteres Werk an. Darin sollten einfache, kleine Leute den Gefahren der großen Welt in Form von Drachen und missgünstigen Zauberern begegnen. Es wird berichtet, dass Shakespeare gelegentlich nächtlichen Besuch von »Kindern« oder »Zwergen« hatte. Sein Werk erschien nie. Es hätte möglicherweise eine Grenze überschritten. Was ein weithin gerühmter Autor wie Shakespeare veröffentlichte, würde unweigerlich große Aufmerksamkeit auf sich ziehen. Und den Halblingen war nicht daran gelegen, viel Aufmerksamkeit zu erregen.

Zumindest den meisten nicht. Im Barock zog es einige an die Höfe der großen Leute. Sie waren angetan von den mannigfachen und reichhaltigen Genüssen, die an fürstlicher und königlicher Tafel gereicht wurden: Fasan, Kapaun, Pasteten, Marzipantorte, Mandelmilch, Tokajer. Und von einem Laster, das aus der Neuen Welt kam, die Paläste der Herrscher eroberte und eine uralte Leidenschaft der Halblinge neu entfachte: Tabak. In den weitläufigen Salons der Paläste verschwanden die Rauchenden fast hinter den grauen Schwaden. Was immer das »Pfeifenkraut« der Hobbits aus der Überlieferung war, im Tabak fand es einen würdigen Nachfolger.

Als »Hofzwerge« waren die Halblinge geschätzt, weil sie als exotisch und selten galten. Und weil in ihren Reihen der Herrscher eindeutig herausstach, größer wirkte. Aber es war auch ihr Gemüt, das sie zu willkommenen Zeitgenossen machte und Herrschern einen Ruhepol gab. Mochten Staatskrisen sich häufen, die Halblinge blieben geruhsam und gelassen. Sie rieten den Fürsten, erst mal eine gute Mahlzeit zu sich zu nehmen, ehe sie eine übereilte Entscheidung auf nüchternen Magen trafen. Nicht umsonst ist Zwerg Nase in Hauffs Märchen ein guter Koch und Liebhaber von Speisen. Sechsmal am Tag aßen die Hofzwerge und waren bald ein Statussymbol und Zeichen für Reichtum und Überfluss.

Wem es nicht gelang, Halblinge an seinen Hof zu locken, behalf sich wenigstens mit Statuen von ihnen, die in den Gärten aufgestellt wurden. Überrest dieses Brauchs sind die Gartenzwerge. Die eindrucksvollsten Halblingsstatuen stehen heute noch im Zwergelgarten des Schlosses Mirabell in Salzburg. 1690 ließ hier Erzbischof Johann Ernst von Thun und Hohenstein 28 Hobbits aus weißem Untersberger Marmor für die Ewigkeit meißeln.

Der tollkühnste Halbling bei Hofe war wohl Perkeo (ca. 1702–1780), der jahrzehntelang in Heidelberg lebte. Er stammte aus einer Hobbitgemeinschaft in den Alpen, wo er mit dem pfälzischen Kurfürst Karl Philipp III. bekannt wurde. Dem Fürst war angetragen worden, dass es in Seitentälern versteckte Dörfer kleiner Leute gab, die keine Steuern zahlten. Als er aufbrach, um sich höchstselbst davon zu überzeugen und die ihm vermeintlich zustehenden Gelder einzutreiben, traf er auf den rot gelockten Perkeo. Der Halbling wusste auf jeden Vorwurf des Adligen eine freche Entgegnung. Und so ging der Fürst zwar ohne Gold, aber mit Perkeo wieder fort, den er wegen seines Mutes und seiner scharfen Zunge zu schätzen gelernt hatte.

Bennett klappt eine Stammbaumtafel aus den Anhängen des *Herrn der Ringe* aus. »Eigentlich war ich nie so der große Mittelerde-Fan wie meine Kommilitonen damals«, murmelt er, »aber diese Ahnentafeln, die Chroniken, die Kalender, das habe ich verschlungen. Perkeo. Schlagen Sie mich, aber sein Verhalten klingt mir nach dem eines typischen, abenteuerlustigen Tuk. Und in einer Familie, die Vornamen wie Paladin und Peregrin kennt, passt der Name Perkeo ins Schema.«

Perkeo war im Heidelberger Schloss zunächst eine Kuriosität und füllte die Rolle des Hofnarren aus. Wie sehr er sich auch für ernst zu nehmende Aufgaben eignete, zeigt sich daran, dass er bald den Posten des Hofmeisters und Mundschenks einnahm. Als Herr über den fürstlichen Weinkeller wachte er auch über den Inhalt des Großen Fasses, mit über 200 000 Litern das größte Weinfass der Welt. Der Halbling war für seine Liebe zu frischem Brot, würzigem Schmalz und einen ausgeprägten Weinkonsum bekannt. 20 bis 30 Liter pro Tag soll er zu sich genommen haben. Mit über 70, im besten Halblingsalter, wurde er zum ersten Mal krank. Ein Arzt riet ihm vom Weingenuss ab und empfahl Perkeo, nur noch Wasser zu trinken. Missmutig und voller Skepsis folgte der Halbling dem Rat – und verstarb am Folgetag. An ihn erinnert heute noch ein Lied, das manche Heidelberger Studenten abends anstimmen.

Das war der Zwerg Perkeo im Heidelberger Schloss,
An Wuchse klein und winzig, an Durste riesengroß.
Man schalt ihn einen Narren, er dachte: Liebe Leut',
Wärt' Ihr wie ich doch alle feuchtfröhlich und
gescheut!

In den Hügeln bei Binton vermutet Bennett etwa 20 Smials, die von gut 100 Halblingen bewohnt waren. Ein kleines Dorf, vielleicht Teil eines größeren Verbandes, der sich über Warwickshire oder Worcestershire erstreckte. The Shire. So nannte Tolkien das Auenland im englischen Original.

Die Radiocarbondatierung lässt darauf schließen, dass der freigelegte Smial vor etwa 350 Jahren verlassen wurde. Und zwar recht schnell, wie der Anzahl zurückgelassener Gegenstände zu entnehmen ist. Ich werfe die

Frage auf, was aus den Halblingen geworden ist hier und anderswo. Ob sie noch existieren könnten in einer von Geosatelliten vermessenen Welt.

Bennett legt die Grabschaufel beiseite und schenkt mir Tee ein. »Das ist ein weites Feld für Spekulationen. Die Halblinge werden sich immer weiter zurückgezogen haben, während die Menschen vordrangen. Die ›Rohheit und Hässlichkeit des modernen Lebens‹ – so nannte Tolkien es – ist wohl nichts für sie. Trotzdem kenne ich auch heute noch Täler und Wälder in Wales oder Schottland, aber auch im dicht besiedelten Mittelengland, die kaum mal ein Mensch betritt. Aber vielleicht sind sie noch auf eine andere, versöhnlichere Weise verschwunden. Tolkien nannte die Hobbits immer enge Verwandte der Menschen. Und auch zwischen den ferneren Blutslinien von Elb und Mensch gab es in seiner Mythologie Verbindungen. Vielleicht trägt ja so mancher von uns Halblingsblut in den Adern. Stellen Sie sich mal vor: Eines Tages erfahren wir, dass Napoleon Bonaparte ein korsischer Halbling war, urgroßmütterlicherseits.«

Die jüngste bekannte Quelle, die die Existenz von Halblingen bezeugt, liegt hinter Stahlbeton und Sicherheitsschleusen im Archiv des Secret Intelligence Service, besser bekannt als MI6. An den Statuten der Geheimhaltung scheitert jeder Antrag wissenschaftlicher Forschung. Wir wissen nur dank Sekundäraufzeichnungen von der mysteriösen Zusammenarbeit zwischen britischer Regierung und Halblingen im Zweiten Weltkrieg.

1944 plante die Special Operation Executive, die nachrichtendienstliche Spezialeinheit, Adolf Hitler in der sogenannten Operation Hairfoot zu entführen. Eine Gruppe von vermuteten Halblingen wurde im Fallschirmsprin-

310

gen, Tarnung, Waffen und Einzelkampf ausgebildet. Die Papiere über Operation Hairfoot besagen, dass die Hobbits nachts über dem Obersalzberg, Hitlers Alpenresidenz, abspringen und ihn auf seinem allmorgendlichen Spaziergang abpassen sollten. Mit ihren Schleichfähigkeiten wäre es ihnen ein Leichtes gewesen, die Wachen des Berghofs zu umgehen. Hitler, der zu diesem Spaziergang üblicherweise allein aufbrach, sollte betäubt und über ein altes Minensystem fortgeschafft werden.

Der Plan gelangte nie zur Ausführung. Churchill kam zu der Auffassung, dass es besser sei, Hitler nicht zu töten: Er war ein so schlechter Stratege, dass jede Nachfolge die deutschen Handlungen im Krieg nur aufgewertet hätte. Hitler verließ den Berghof am 14. Juli 1944 zum letzten Mal, Operation Hairfoot verschwand in den Aktenmappen, die Halblinge kehrten dem Krieg den Rücken.

Bennett glaubt, dass die Veröffentlichung seiner Forschungsergebnisse ein Erdbeben in der Geschichtswissenschaft auslösen könnte. »Wir müssen weg von der humanzentrierten Forschung. Wir müssen uns darauf konzentrieren, welche anderen Völker neben dem Menschen diesen Planeten besiedelt und ihre Spuren hinterlassen haben.«

Und wie sieht es mit den Liebhabern von Tolkiens Welt aus? Was bedeuten die Funde für sie?

»Unsere Forschung wird den Zauber der Geschichten Tolkiens nicht trüben. Ebenso wenig, wie die Sage von Troja an Wucht verliert, auch wenn wir von unserer rationalen Seite gesagt bekommen, dass es exakt so nicht gewesen sein kann. Nein, die Vorstellung, dass die Geschichten einen wahren Kern haben, wird die Erzählung stärken, relevanter machen.«

Es wird dunkel. Wir verabschieden uns zufrieden von Dr. Bennett und seinem Grabungsteam. Immer wieder gehe ich aufgeregt die Notizen durch. Wir haben 10 000 Bilder geschossen, 15 davon werden in den fertigen Artikel kommen. Ich bin mir sicher, den Aufmacher der nächsten Ausgabe in meinen Händen zu halten.

Aber in der Verifikation mehren sich die Zweifel an vielen Angaben. Es gibt gewichtige Gegenargumente, die dick und rot neben die Notizen geschrieben werden.

Der Homo floresiensis gilt vielen Anthropologen als ein Fall von Inselverzwergung. So wie sich manche Tierarten auf einsamen Eilanden zu kleineren Unterarten entwickelten, verloren diese Menschen an Körpergröße. Manche glaubten, sie litten an einer Form von Kretinismus und waren schwachsinnig. Bei den Tanzzwergen des Alten Ägypten hat es sich vermutlich nur um klein gewachsene Schwarzafrikaner gehandelt. Märchen und Sagen über Hobbits in Europa spielen für gewöhnlich auf die Zwerge der germanischen Mythologie an und nicht auf tatsächliche Erdbewohner. Bennetts Angaben über Halblinge bei Shakespeare und anderswo sind bestenfalls durch Indizien belegt, durch schwammige Formulierungen, weit interpretierbare Worte. Hofzwerge hatten Menscheneltern und waren nichts weiter als Fälle von Minderwuchs, durch Krankheit oder Mangelernährung ausgelöst.

Am gewichtigsten aber: Die Wohnhöhlen bei Binton hatte schon 1925 ein Historiker beschrieben und sie wurden in einer Kirchenchronik aus dem Jahr 1512 genannt: Sie seien die Wohnungen von Kindern gewesen, die an Aussatz litten, Lepra. Die als ansteckend gefürchtete Krankheit veranlasste die Dörfler, die Kinder abseits im Wald leben zu lassen. Im Boden sollten sie wohnen, damit ihr Anblick den Herrn nicht erzürne.

Und Dr. Bennett? Wir erfahren aus Oxford, dass sein Lehrvertrag nicht verlängert wird. Die Universitätsleitung ist unzufrieden mit der Wahl seiner Forschungsschwerpunkte und wirft ihm unseriöses Gebaren vor.

Die Chefredaktion beschließt, den Artikel über die Halbling-Sensation auf Eis zu legen. Tschüss, Titelstory. Auf Wiedersehen, Pulitzerpreis. Ich wende mich einem anderen Projekt zu. Schminkgewohnheiten des römischen Patriziats. Das ist hinreichend anders. Und gut belegt.

Dr. Bennett ruft mich zwei Monate später wieder an. Er will mir etwas Wichtiges zeigen. Ich reagiere reserviert und berichte von den Einwänden gegen seine Forschungsergebnisse. Aber Bennett interessiert sich nicht dafür. Er bleibt erstaunlich gelassen.

»Kommen Sie einfach am 26. um 15:00 Uhr zu Bauer Wilmot«, sagt er. »Dann wird sich alles klären. Aber diesmal ohne den Fotografen. Für einen Fotografen ist es noch zu früh.«

Ich fahre hin, habe keine großen Erwartungen. Trotzdem schlummert in mir der letzte Funken Hoffnung, dass die ganze Arbeit womöglich doch nicht umsonst gewesen ist.

Im Warwickshire gehen die Dinge ihren gewohnten Gang. Bennett erwartet mich mit seinem Wagen auf dem Hof des Bauern. Mister Wilmot grinst über beide Ohren. Wir klappen die Türen zu, und als ich mich nach der

Laune Wilmots erkundige, meint Bennett: »Oh, ich habe seinen Schraubenschlüssel gefunden.«

Die Fahrt geht nicht zur Ausgrabungsstelle des Smials. Wir lassen Binton hinter uns und fahren westwärts in Richtung der fernen Berge von Wales, die sich blaugrau und blass am Horizont abzeichnen, als würden sie die Grauen Anfurten bewachen. Bennett vertröstet mich, was das Ziel unseres Ausflugs angeht. Er wird auch dann nicht gesprächiger, als wir irgendwo zwischen menschenleeren Hügeln und Tälern über Feldwege rumpeln und schließlich an einem menschenleeren Gehölz aussteigen. Ein Pfad führt zwischen den Bäumen hindurch, vorbei an einem Wasserfall und an aufgestauten Teichen. Klein und kunstvoll sieht die ferne Mühle aus.

Das Tal, in dem wir uns nun befinden, ist ein abgeschiedenes Kleinod, wie eine Zuflucht. Wenig Geräusche, viel Grün. Wege führen an Feldern und kniehohen Steinmäuerchen entlang. Mit zusammengekniffenen Augen meine ich, einen halben Kilometer entfernt untersetzte Bauern bei der Arbeit zu sehen. Mit der Sense wird Gras gemäht. Wo ist der Traktor?

»Komm«, sagt Bennett »es wird Zeit, dass du bessere Zeugen als meine Funde bei Binton kennenlernst.«

Wir schreiten über einen kleinen Hügel und dann sehe ich sie. Runde Fenster und grüne Türen führen direkt vom Hang in den Hügel hinein. Wir stehen genau auf einer gepflasterten Veranda vor einer Erdwohnung. Vor einer Tür mit einem goldglänzenden Knauf in der Mitte. Daneben sitzt eine gerade mal ein Schritt große, braun gelockte Gestalt mit behaarten Füßen. Sie zieht an einer enorm langen Holzpfeife und bläst Rauchringe in die Luft.

»Guten Tag, meine Herren!«, sagt der Halbling. »Da seid ihr ja. Eure langen Beine mögen ja zu vielem nützen, aber anscheinend helfen sie euch nicht, pünktlich zu sein. So kommt doch herein, beim Tee lässt es sich viel besser erzählen.«

Monika Felten

PRÄVENTION

»Guten Morgen, Herr Beutelini. Ich bringe Ihnen die Zeitung.« Schwester Rose rauschte ins Zimmer, eine zusammengefaltete Tageszeitung in der Hand schwenkend. »Hab mich heute wieder beeilt«, sagte sie, während sie die Zeitung vor Umberto Beutelini auf den Tisch legte und ihm zuzwinkerte. »Weiß doch, dass Sie immer so darauf warten.«

»Danke.« Umberto Beutelini griff nach der Zeitung und schenkte Schwester Rose ein dankbares Lächeln. »Ich hoffe, da oben«, er deutete mit dem krummen Zeigefinger dorthin, wo fünf Stockwerke über ihm der Himmel zu sehen sein musste, »sind alle Engel so wie Sie.«

»Na, na!« Lachend räumte Schwester Rose das Frühstücksgeschirr vom Tisch, um Platz für die Zeitung zu schaffen. »Daran sollten Sie jetzt noch nicht denken. Mit ihren einhundertfünf Jahren sind Sie doch noch fast ein junger Mann.«

»Jung, hmm.« Umberto Beutelini nickte bedächtig und für einen Augenblick huschte ein Schatten über sein von Falten gefurchtes Gesicht. »Das war ich einmal.« Er seufzte, setzte die Brille auf, nahm die Zeitung zur Hand und begann zu lesen, während Schwester Rose das Zimmer verließ.

Mit einer Gewandtheit, die sein hohes Alter Lügen strafte, blätterte Umberto Beutelini in der Zeitung. Dann und wann hielt er kurz inne, überflog rasch ein paar

Zeilen, schüttelte seufzend das greise Haupt, um wieder weiterzublättern, bis er erneut auf eine scheinbar interessante Zeile stieß und das Prozedere von vorn begann. Nach zehn Minuten legte er die Zeitung fort und starrte blicklos aus dem Fenster.

»Wieder nichts?« Fast schien es, als hätte Schwester Rose in der Tür auf diesen Moment gewartet. Nur wenige Herzschläge nachdem Herr Beutelini die Lektüre beendet hatte, stand sie wieder im Zimmer, diesmal mit frischer Bettwäsche auf dem Arm.

»Nein, nichts.«

»Das tut mir leid.«

»Sie können ja nichts dafür.«

»Stimmt.« Schwester Rose klopfte geräuschvoll auf das Kopfkissen, das sie gerade bezogen hatte. »Ich weiß ja nicht einmal, wonach Sie da immer suchen. Wenn Sie es mir verraten, helfe ich Ihnen gern bei der Suche. Sie wissen doch, vier Augen sehen mehr als zwei.«

»Schwester Rose …!« In Umberto Beutelinis altersbrüchiger Stimme schwang ein mahnender Unterton mit. Er hatte die rundliche Altenpflegerin sehr ins Herz geschlossen, nur ihre Wissbegier empfand er als störend.

»Ich weiß, ich weiß, es geht mich nichts an.« Schwester Rose lachte wie ein ertappter Lausbub. »Das haben Sie mir ja schon oft gesagt. Aber ich gebe zu, Sie machen mich neugierig. Sie sind so … anders als die anderen hier. Nicht nur, weil Sie unser ältester Bewohner sind. Sie haben so etwas Geheimnisvolles an sich.«

»Ich glaube, Sie schauen zu viel Fernsehen.« Umberto Beutelini beschloss, das Gespräch an dieser Stelle zu beenden. Er nahm die Zeitung wieder zur Hand und tat, als würde er darin lesen. Schwester Rose war noch nicht lange in dem Altenheim beschäftigt, das er nun schon seit sechs Jahren sein Zuhause nannte. Er mochte sie, aber er hatte gelernt, achtsam zu sein. Zu oft schon hatte er in seinem langen Leben erfahren müssen, dass Freunde und Freundlichkeit nicht immer das waren, was sie zu sein schienen. Sein Misstrauen gegenüber Schwester Rose gründete nicht nur auf der Neugier, die sie meist ganz unbefangen an den Tag legte. Da war noch etwas. Etwas, was seinem Bauchgefühl entsprang, das er aber nicht in Worte fassen konnte. Es war nur ein Gefühl, aber eines, das ihm vertraut war und ihn vorsichtig machte.

Umberto Beutelini hielt im Lesen inne und beobachtete Schwester Rose mit einem unauffällig prüfenden Blick über den Rand der Zeitung hinweg. Es war nichts Ungewöhnliches an der Art, wie sie sein Bett bezog, nur einmal, als sie die persönlichen Dinge auf seinem Nachttisch ordnete, hatte er ganz kurz das Gefühl, dass sie mit einem beiläufigen Handgriff prüfte, ob die Schublade verschlossen war, in der er seine ganz persönlichen Dinge verwahrte. Es war eine schnelle und kurze Bewegung. Zu schnell, um sie wirklich bewusst wahrzunehmen. Schon im nächsten Augenblick war er sich nicht mehr sicher, ob es sie wirklich gegeben hatte. Ebenso gut war es möglich, dass ihm seine altersschwachen Augen einen Streich gespielt hatten.

Umberto Beutelini seufzte. Vielleicht tat er Schwester Rose unrecht und es ging gar keine Gefahr von ihr aus. Vielleicht hatte er aber auch recht. Die Erfahrung hatte ihn gelehrt, auf sein Bauchgefühl zu hören. Nur deshalb war er so alt geworden. Nur deshalb lebten seine Nachkommen noch immer unbehelligt unter den Menschen.

»So, jetzt ist es wieder hübsch.« Schwester Rose strich

die Bettdecke glatt, breitete die Tagesdecke darüber und ging zur Tür. »Bis später, Herr Beutelini.«

»Danke.« Umberto Beutelini versuchte den Eindruck zu erwecken, er sei noch immer in die Zeitung vertieft. Als Schwester Rose das Zimmer verlassen hatte, erhob er sich und schlurfte zu dem kleinen Schrank neben seinem Bett. Den Schlüssel für die Schublade, in der er seine wichtigsten Habseligkeiten verwahrte, trug er immer bei sich. Seine Hand zitterte, als er ihn in das Schloss stecken wollte. Es dauerte eine Weile, ehe es ihm gelang, die Schublade zu öffnen und einen Zeitungsausschnitt herauszuholen. Seufzend, wie nach einer schweren Arbeit, ließ er sich auf die Bettkante sinken, ehe er den kurzen Artikel wohl schon zum hundertsten Mal las.

Gab es Halblinge in Irland?

Diese Frage mag man sich zu Recht stellen, wenn man das Foto des stark behaarten und ungewöhnlich großen Fußes auf unserem Foto betrachtet. Obwohl die Gliedmaße nahezu vollständig mumifiziert ist, ist gut zu erkennen, dass es sich dabei weder um einen Menschenfuß noch um den Fuß eines Affen handelt. Zweifellos ist es der Fuß eines Wesens, das aufrecht ging – aber was für ein Geschöpf mag das gewesen sein?

Das Foto wurde Anfang der Fünfzigerjahre von einem Touristen in Irland aufgenommen. Während eines Urlaubs begegnete er in einer unwegsamen Gegend einem Einsiedler, der ihn zu einer Höhle führte, in der Grabbeigaben aus der Zeit der Kelten zusammengetragen worden waren. Inmitten von Waffen, Werkzeugen und Schmuckgegenständen entdeckte der Tourist ein Lumpenbündel und darin eingewickelt – den Fuß. Fasziniert schoss er ein Foto davon.

Lange fand das Foto der mumifizierten Extremität keine Beachtung. Erst als es im Internet veröffentlicht wurde, erfuhr es die Aufmerksamkeit, auf die sein Besitzer so lange vergeblich gehofft hat. In zwei Monaten wird sich nun eine Gruppe von Studenten in Irland auf die Suche nach dem seltsamen Fundstück machen. Sie hoffen, damit endlich den Beweis dafür zu finden, dass in Irland einmal Halblinge gelebt haben. Über den Ausgang dieser Expedition werden wir exklusiv berichten.

In zwei Monaten.

Umberto Beutelini musste nicht lange nachrechnen, wann das war. Das Datum hatte er sich auf die Rückseite geschrieben. Übermorgen würde die Gruppe aufbrechen – und er hatte immer noch keine Nachricht von Meria.

Zum ersten Mal ärgerte er sich, dass er sich nie mit so neumodischen Erfindungen wie Telefonen oder Computern hatte anfreunden können. Meria hatte ihn oft gebeten, sich doch wenigstens ein Handy zu kaufen. »Damit ich dich anrufen kann, wenn ich fertig bin«, hatte sie gesagt und hinzugefügt: »Du machst dir doch immer solche Sorgen um mich, Großvater.« Aber er wollte so ein Ding nicht und hatte sich stur gestellt. Für ihn war es unvorstellbar, mit jemandem zu sprechen, den er nicht ansehen konnte oder Texte zu lesen, die nicht auf Papier gedruckt waren.

Meria hatte damit kein Problem. Sie war jung. Für sie waren diese Bildschirmdinger ein unverrückbarer Teil ihres Lebens. So wusste sie immer lange vor ihm, was in der Welt geschah und erfuhr Dinge, von denen er früher niemals etwas gehört hätte.

»Sie ist ein kluges Mädchen«, murmelte Umberto Beutelini vor sich hin und seufzte. »Und ein mutiges dazu.« Er legte den Zeitungsartikel wieder in die Schublade und verschloss diese sorgfältig. Sein nächster Weg führte vom Bett zurück zum Fenster, wo sein Lehnstuhl so aufgestellt war, dass er von dort bequem auf die Straße hinuntersehen konnte. Stuhl – Bett, Bett – Stuhl, Stuhl – Bett … Er konnte sich nicht erinnern, wie oft er diesen Weg in den vergangenen Jahren schon gegangen war. Stunde um Stunde, Tag für Tag, Woche für Woche – und besonders oft immer dann, wenn er auf Merias Rückkehr wartete.

Umberto Beutelini erreichte den Stuhl und ließ sich darin nieder. Er ärgerte sich über die Schwäche, die das hohe Alter mit sich brachte, und über die Schmerzen, die ihm jede Bewegung verursachte. Voller Wehmut dachte er zurück an die Jahre, in denen er jung, sportlich und mutig gewesen war – ein Abenteurer, wie Meria. Das war lange, sehr lange her und doch erschien es ihm in Gedanken, als sei es erst gestern gewesen. Damals war die Welt noch nicht so groß und die Aufgaben waren nicht so zahlreich gewesen. Damals, als der Krieg die Gemüter bewegt hatte und die Wissenschafter keine Zeit für die Suche nach verschollenen Völkern hatten. Damals als …

»Großvater!« Wie aus dem Nichts stand Meria vor ihm und schloss ihn lachend in die Arme. »Ich bin zurück!«

»Kind!« Die Stimme rau vor Glück, presste Umberto Beutelini seine Enkeltochter an sich. Dann wurde sein Tonfall streng: »Wie oft habe ich dir schon gesagt, dass du mich nicht so erschrecken sollst?«, tadelte er und fügte hinzu: »Ich bin ein alter Mann mit einem schwachen Herzen.«

»Du bist ein Beutelini und noch lange nicht alt.« Meria drückte ihm lachend einen Kuss auf die Wange und nahm den graugrünen Umhang ab, der sie auf dem Weg durch das Gebäude vor unliebsamen Blicken verborgen hatte. »Dieses Familienerbstück ist viel zu praktisch, um es nicht zu benutzen. Schwester Rose steht auf dem Flur und ich wollte mich nicht mit ihr unterhalten.« Sie schaute ihren Großvater ernst an. »Du weißt doch, dass ich sie nicht mag.«

»Schon gut, mein Kind.« Umberto Beutelini lächelte verzeihend. Er hatte Meria noch nie wirklich böse sein können und teilte ihre Vorsicht gegenüber Rose, auch wenn er es hasste, derart erschreckt zu werden.

»Ich hätte dich schon vor drei Tagen angerufen«, sagte Meria, während sie den Umhang zusammenfaltete und auf die Fensterbank legte. »Aber du willst ja kein …«

»Jetzt fang bitte nicht schon wieder damit an.« Umberto Beutelini machte eine entschiedene Handbewegung, zog ein Taschentuch aus der Hosentasche, schnäuzte kräftig hinein und wechselte das Thema: »Erzähl mir lieber, wie es gelaufen ist.«

»Gut.« Meria lächelte. »Dieser Ire wird uns keinen Kummer mehr machen.«

»Hat dich jemand gesehen?«

»Großvater.« Meria tat empört. »Wo denkst du hin? Er war ein Einsiedler und ich habe doch den Elfenmantel.«

»Was ist mit dem Fuß?«

»Von dem ist nur noch Asche übrig. Und selbst die habe ich im Wald verstreut.«

»Gut.« Umberto Beutelini spürte, wie ihm leichter ums Herz wurde. Er hob die zitternde Hand und strich seiner Enkeltochter anerkennend über die Wange. »Mein Mädchen«, sagte er mit altersbrüchiger Stimme. »Ich bin stolz auf dich. Sehr, sehr stolz.«

»Und du kannst auch ganz beruhigt sein, die Studenten werden die Reise nicht antreten.«

»Warum nicht?«

»Weil sie schon wissen, dass sie nichts mehr finden werden.« Meria zog einen Tablet-PC aus ihrem Rucksack und tippte mit den Fingern eine Weile darauf herum. »Moment, ich hab es gleich. Ah, hier ist es.« Sie hielt das Display so, dass ihr Großvater es sehen konnte.

Umberto Beutelini beugte sich über das Display, starrte auf das verwirrende Durcheinander von kleinen Bildchen und kurzen Texten und schüttelte den Kopf. »Ach, Kind. Das verstehe ich nicht, was steht denn da?«

»Das ist die Facebook-Gruppe Freunde der Halblinge.« Meria nahm den Tablet-PC an sich und grinste. »Sie wurde von den Studenten gegründet, die nach dem Fuß suchen wollten. Da machen weltweit alle mit, die sich für Halblinge interessieren. Die Gruppe hat schon 2587 Mitglieder.«

»Ach?!« Umberto Beutelini wusste nicht, worauf seine Enkeltochter hinauswollte.

Meria seufzte: »Jetzt hör mal, was hier steht: ›Hallo Leute, ich habe hier eine bittere Meldung für euch aus der irischen Presse: Hüter des Keltenschatzes in Irland tot aufgefunden. Mumifizierter Fuß verschwunden.‹«

»Stand das so wirklich in der irischen Zeitung?«, wollte Umberto Beutelini wissen.

»Ja.« Meria nickte. »Ich habe dafür gesorgt, dass man den Alten schnell findet, damit die Meldung noch rechtzeitig hier ankommt.«

»Hervorragend.« Umberto Beutelini nickte anerkennend.

»Mein Plan ist aufgegangen.« Meria nickte selbstzufrieden. »Hier, weiter unten steht ein Posting von dem Gruppenleiter der Studenten: ›Also Leute, ich hab noch mal mit den Sponsoren gesprochen. Aus der Reise nach Irland wird nichts. Ohne den Fuß bekommen wir von den Sponsoren kein Geld, bis das gute Stück wieder aufgetaucht ist. Bleibt nur zu hoffen, dass die Polizei den Fuß bald findet.‹« Meria lachte und schaltete den Tablet-PC aus. »Den Fuß findet niemand mehr. Das bedeutet, dass unsere Freunde und Verwandten wieder ruhig schlafen können.«

Umberto Beutelini spürte, wie sich seine Wangen vor Stolz röteten. »Du bist wahrhaft eine Beutelini«, sagte er in Anspielung auf die lange Tradition von »Präventoren« in seiner Familie. Seit der geheime Rat der Halblinge vor zweihundert Jahren beschlossen hatte, es nicht mehr tatenlos hinzunehmen, dass die Angehörigen ihres Volkes verspottet, gejagt, verschleppt und häufig auch aus niederen Beweggründen getötet wurden, war es stets die Aufgabe seiner Vorfahren gewesen, alles zu beseitigen, was auch nur annähernd auf die Existenz von Halblingen hinweisen konnte. Der Erfolg gab ihnen recht. Inzwischen war das Volk der Halblinge fast in Vergessenheit geraten. Die Familien konnten endlich unbehelligt unter den Menschen leben. »Und was hast du jetzt vor?«, fragte er.

»Ich mach mal gar nichts«, sagte Meria. »Ausschlafen, fernsehen, lesen … Ich habe noch eine Woche Urlaub. Da werde ich mal so richtig ausspannen. Dir muss ich ja nicht sagen, wie anstrengend so ein Job ist, auch wenn es sich nur um einen alten Einsiedler handelt. Am Montag muss ich dann wieder ins Büro.«

»Ausspannen und faulenzen. Ja, das hast du dir wirklich verdient.« Umberto Beutelini seufzte. »Ich hoffe sehr, dass es nun für eine Weile ruhig bleibt. Manchmal tut es mir wirklich leid, dass du dich so oft kümmern musst.«

»Damals, ohne Internet, war es sicher nicht so stressig.« Meria fuhr sich mit den Händen über die Augen und seufzte. »Aber das ist schon in Ordnung. Ich weiß ja, dass ihr euch auf mich verlasst und ich mache es gern.« Sie stand auf, schulterte den Rucksack und umarmte ihren Großvater. »Sei mir nicht böse«, sagte sie sanft. »Aber ich komme direkt vom Flughafen und bin sehr müde. Morgen, wenn ich mich ausgeruht habe, komme ich wieder vorbei. Dann erzähle ich dir alles – versprochen.«

»Ja, ruh dich nur aus.« Umberto Beutelini nickte. »Das hast du dir wirklich verdient. Und danke, dass du gleich zu mir gekommen bist. Nun kann ich endlich wieder ruhig schlafen.«

»Wir alle können das.« Meria lächelte und winkte zum Abschied. »Bis morgen.« Sie öffnete die Tür einen Spalt weit, vergewisserte sich, dass Schwester Rose nirgends zu sehen war, und huschte hinaus.

Umberto Beutelini lehnte sich in seinem Stuhl zurück und schloss seufzend die Augen. Meria hatte den mumifizierten Halblingsfuß verschwinden lassen und dafür gesorgt, dass es niemanden mehr gab, der etwas darüber wusste. Alles war gut. Die kleinen Halblingsgemeinden, die über alle Kontinente verstreut waren, würden wieder in Frieden und ohne Furcht vor Entdeckung leben können – so lange, bis das nächste Halblingsartefakt irgendwo auf der Welt auftauchte.

Und auch dann werden sie sich keine Sorgen machen müssen, dachte Umberto Beutelini voller Stolz. Solange es Beutelinis gibt, die ihre Aufgabe so gewissenhaft erfüllen, wie ich es einst getan habe und Meria es heute tut, so lange muss kein Halbling fürchten, dass er erkannt wird, wo immer er auch lebt.

Die Beutelinis würden ihr Volk auch in der 7. und 8. Generation so beschützen, wie ihre Ahnen es dem geheimen Rat einst geschworen hatten. Nie wieder würden Halblinge als Teufelsmenschen auf dem Scheiterhaufen enden, wie es im Mittelalter oft geschehen war, nie wieder würden sie zusammen mit Tanzbären und siamesischen Zwillingen wie Aussätzige in Käfigen gehalten und als Zwerge zur Schau gestellt werden, wie es früher oft auf Jahrmärkten geschehen war. Nie wieder sollten sie sogenannten Wissenschaftlern zu Forschungszwecken dienen. Dafür hatten die Beutelinis gesorgt und dafür würden sie auch in Zukunft kämpfen.

Eine große Zufriedenheit überkam Umberto Beutelini, während er darüber nachdachte, Vergangenheit und Gegenwart verglich und sich auszumalen versuchte, was die Zukunft seinem Volk wohl bringen würde. Das viele Nachdenken machte ihn schläfrig. Er wehrte sich nicht gegen die aufkommende Müdigkeit und hieß den Schlaf willkommen. Meria war zurück. Er musste sich keine Sorgen mehr machen ...

»... ein Elfenmantel! ... Ja, wenn ich es doch sage ... Ich hab ihn in der Hand ... Weich und sehr glatt ... genau so, wie du ihn beschrieben hast.«

Die Wortfetzen erreichten die altersmüden Ohren von Umberto Beutelini wie aus weiter Ferne.

»Dieser Beutelini muss ein Halbling sein, ja ... ganz sicher ... Er war mir schon die ganze Zeit so verdächtig ... das hohe Alter, das krause Haar, diese seltsam großen Füße ... der Mantel ist der endgültige Beweis ...«

Zuerst hielt er die Stimme für einen Teil seiner Träume. Aber die wirren Bilder seiner Traumwelt verschwanden langsam in dem Nebel, den das erwachende Bewusstsein darüberbreitete. Die Stimme blieb. Eine vertraute Stimme – die Stimme von Schwester Rose!

Es war der Instinkt, der Umberto Beutelini davon abhielt, die Augen aufzuschlagen. Jener angeborene und über viele Jahrzehnte antrainierte Instinkt, der ihm schon so manches Mal das Leben gerettet hatte und der ihm auch diesmal sagte, dass er besonnen handeln musste.

Stoff raschelte. Seidig und geschmeidig glitten die Stoffbahnen übereinander, so wie es nur der Stoff tat, der einst von Elfenhand gewoben wurde. Er musste die Augen nicht öffnen, um zu erkennen, dass Rose mit Merias Mantel hantierte, den sie auf der Fensterbank abgelegt und vergessen hatte.

»So ein feiner, feiner Stoff … Der ist bestimmt einige Tausender wert. Für die Fähigkeit, sich unsichtbar zu machen, werden sie uns bestimmt eine stolze Summe zahlen.«

Umberto Beutelini stockte der Atem. Also doch. Er hatte sich nicht getäuscht. Rose war ihm auf der Spur. Wie lange sie schon etwas von seiner Abstammung ahnte, vermochte er nicht zu sagen. Es war gut möglich, dass sie den Job als Altenpflegerin nur angenommen hatte, um ihm nahe zu sein. Damit war sie nicht die Erste und würde vermutlich auch nicht die Letzte sein, die aus Habgier und Eigennutz seine Nähe suchte. Aber sie war mit Abstand die Netteste. Sie hatte Familie, zwei süße kleine Kinder und passte eigentlich nicht in das Bild derer, die ihm in der Vergangenheit nachgestellt hatten. Aber das

zeigte nur, dass auch die Feinde der Halblinge dazuge-
lernt hatten.

»… alles klar, ich versuche …«

Umberto Beutelini täuschte einen Hustenanfall vor
und tat, als würde er erwachen. Durch die halb geschlossenen Augenlider sah er, wie Rose das Handy in der
Tasche ihres Kittels verschwinden ließ, Merias Mantel auf
die Fensterbank warf und eilig aus dem Zimmer huschte.

Umberto Beutelini sah ihr mit einem Anflug von Wehmut nach. Er würde sie vermissen. Ja, das würde er. Aber
nicht lange. Man würde bald Ersatz für sie finden. Was
ihn wirklich betrübte, war, dass Meria nun doch keinen
Urlaub machen konnte.

Jedes Jahr werden Zehntausende Menschen als vermisst
gemeldet. Die meisten von ihnen tauchen nach ein paar
Tagen wieder auf. Von einigen hört man nie wieder etwas …

Maike Hallmann

BACK AGAIN

Kürzlich war ich auf einer Hochzeit. Es war die Hochzeit eines fünfzehn Jahre jüngeren Cousins, jede Menge Familie reiste aus allen Himmelsrichtungen an, und alles fand auf dem Land statt; nicht unbedingt dort, wo sich Fuchs und Hase gute Nacht sagen, aber doch: ländlich genug. Verstörend viel Platz in den Häusern und auf den Höfen, viele Kilometer grün gesäumter Straßen zwischen dem einen kleinen Ort und dem nächsten und ein Zahlenverhältnis von Kirchen zu Einwohnern, das ich als Städter nicht fassen kann. In einer dieser vielen kleinen Kirchlein wurde das junge Paar getraut, danach ging's zum Feiern ins Schützenhaus.

Und da ist es wohl passiert, dass ich

1. mich betrunken,
2. zu viele Leute wiedergetroffen und
3. offenbar den Verstand verloren habe.

Denn später in meinem Hotelzimmer führte ich ein Gespräch, das ich mir anders nicht erklären kann. Während mir die meisten Details der Hochzeit gänzlich entfallen sind, entsinne ich mich dieses Gesprächs jedoch mit äußerster Klarheit.

Von meinem Zimmerfenster aus schaute ich direkt auf ein altes Bauernhaus mit hohem Giebel, und auf diesem Giebel prangte ein Storchennest, dessen Eigentümer sich mit der Brutpflege abwechselten. Als ich nachts heimkam (wie ich in meinem Zustand den Weg bewältigt hatte – ich weiß es nicht mehr), führten mich meine Schritte zuerst ins Bad, was keinen etwas angeht, und danach ans Fenster, weil ich hoffte, frische Luft würde meinen Zustand verbessern. Ich öffnete also das Fenster, ein kühler Luftzug wehte herein, ich lehnte die Schläfe gegen den Rahmen, blinzelte nach draußen und versuchte, den Umriss des Storchs auszumachen. Dieser musste gerade im Nest kauern, so stoisch, wie es nur Wesen tun, deren Instinkte sie zuverlässig von der Wiege bis ins Grab geleiten, ohne auch nur einmal von leisesten Zweifeln befallen zu werden. Von draußen wehte der Duft irgendwelcher Blumen durch die eigenartig gemusterten Vorhänge – ich kenne mich mit Blumen nicht gut aus und bin stolz auf jede, die ich nicht benennen kann.

Der Storch war in der Finsternis nicht auszumachen, denn es war bewölkt und der Himmel so dunkel, als könne man darin ertrinken. Nahebei rauschte die nachtschwarze Weser, in meinem Kopf rauschten Vodka und Bier, ein angenehm kühler Wind ließ die Fensterläden klappern, seufzend schloss ich die Augen. Hinter den geschlossenen Lidern flossen die Himmelsrichtungen samt oben und unten ineinander wie Aquarellfarben auf einem nassen Blatt Papier. Als ich notgedrungen die Augen wieder öffnete, ehe mir noch das halbe Hochzeitsbüfett hochkam, saß im Baum vor dem Fenster ein Vogel und betrachtete mich mit schwarzen Augen. »Beklagenswert«, sagte er mit einer hohen, nicht besonders freundlichen Stimme, die nach einem Weibchen klang.

»Was?«, fragte ich verdutzt. Alles andere als eine originelle Antwort, zugestanden.

Sie neigte den Kopf und musterte mich – abfällig, wie mir schien.

Der Schreck hatte mich zwar nicht nüchtern gemacht, aber doch ein bisschen wacher. Ich gab die Musterung zurück, so gut meine brennenden Augen mitmachten.

Die Brust war hell mit unregelmäßigen dunklen Tupfen, und die Augen glänzten im Mondlicht; sehr viel mehr konnte ich nicht erkennen. »Eine Drossel«, stellte ich fest. Mit Vögeln kenne ich mich ein bisschen besser aus als mit Blumen. »Lange her, dass ich eine Drossel gesehen habe.«

Sie plusterte das Gefieder ein wenig auf. »Ist das ein Vorwurf?«, erkundigte sie sich spitz. Sie klang wie meine Exfrau.

Nein, das ist Unfug: Sie klang so, wie ich mir vorstelle, dass Exeheleute miteinander sprechen. Ich war nie verheiratet. Ich neige dazu, Beziehungen zu beenden, ehe man vertraut genug miteinander ist, um sich hassen zu lernen. Sie klang also so, wie all meine Exfreundinnen wohl heute klingen würden, wenn ich sie geehelicht und in die Verzweiflung getrieben hätte, statt sie vorsorglich – und in gewisser Weise sogar *für*sorglich – in die Wüste zu schicken, was mir im Übrigen nie eine gedankt hat. Das beweist, wie wenig Frauen von Männern verstehen. *Wenn du sie liebst, lass sie gehen,* das ist doch ein Allgemeinplatz, oder nicht? Nun, in dem Sinne hatte ich im Lauf der letzten Jahre viele Frauen geliebt. Innig.

»Du hast dich sehr verändert«, bemerkte die Drossel. Sie schlug kaum mit den Flügeln, als sie vom Ast aufs Fensterbrett herüberhüpfte. Auf einmal war sie so nah, dass ich sie hätte erschlagen können, ohne mehr zu bewegen als den Arm. Freilich tat ich das nicht. Ich war zu

337

betrunken und wäre ohnehin nicht schnell genug gewesen.

»Kennen wir uns?«, fragte ich.

Sie pickte nach mir, eine Vertraulichkeit, die mir missfiel. »Alt bist du geworden«, behauptete sie. »Alt und voller Selbstmitleid. Und du stinkst nach Alkohol und schlechter Laune. Zwergengier in deinen Augen. Du hast alles vergessen. Tchchch!«

Mit etwas Mühe fokussierte ich meinen Blick. Auf dem Fensterbrett konnte ich ihre Umrisse weniger klar erkennen als dort draußen im Baum, das Mondlicht drang kaum ins Zimmer, und ich hatte kein Licht gemacht. »Alt«, wiederholte ich und lachte. »Herzlichen Dank. Und wer bist du noch mal?«

Sie flatterte mit den Flügeln und richtete sich auf. Ihre Augen schimmerten wie Knöpfe aus hartem schwarzem Glas. »Menschen«, schnarrte sie erbost. »Wirklich harte Arbeit. Wirklich, sehr harte Arbeit. Und so unergiebig. Nein, das meine ich gar nicht … unberechenbar. *Das* meine ich. Vollkommen unberechenbar. Immerzu beschwert ihr euch, wenn ihr denn überhaupt an sie denkt, über die Elben, über die Feen, über das Waldvolk. Aber …«

»Ich beschwere mich nie über Waldvolk«, unterbrach ich sie verblüfft. »Dazu müsste ich ja erst mal *überhaupt* darüber reden, nicht wahr?« Ich fand das präzise gedacht und gar nicht schlecht für meinen Zustand, aber sie schien nicht besonders beeindruckt zu sein.

»Das Wetter«, gab sie zurück. »Erst vorhin hast du dich bei dieser Frau in dem kurzen blauen Kleid über das Wetter beklagt.«

Kurzes blaues Kleid? Ich erinnerte mich undeutlich. »Wenn ich mich nicht irre«, erwiderte ich und hielt mir

338

den Kopf, der schmerzte, als hätte dieser Unsinn meinen Rausch so gründlich vertrieben, dass ich unmittelbar ins Stadium des morgendlichen Katers überging. »Wenn ich mich nicht irre, besteht zwischen *Wetter* und *Waldvolk* ein gewisser Unterschied. *Mindestens* der, dass der zweite Buchstabe …«

»Nicht der geringste«, versetzte sie heftig. »Nicht der allergeringste Unterschied. Weißt du denn gar nichts mehr?«

Ich brachte ein bisschen Abstand zwischen den Vogel und mich, spürte an meiner Wade das Bett und ließ mich daraufplumpsen. Da saß ich nun und starrte die Drossel an. Sie starrte zurück.

»Woher kennen wir uns?«, fragte ich schließlich.

»Na endlich.« Sie hüpfte bis zum Rand des Fensterbretts und glättete mit dem Schnabel ihr Gefieder. »Eine *Frage.*«

»Ich frage schon die ganze Zeit alles Mögliche«, sagte ich.

»Eine *vernünftige* Frage, auf die sich zu antworten lohnt«, korrigierte sie. »Höre! Es war Sommer, aber ein verregneter. Einer von jenen, in denen auf drei Tage Sonnenschein vier Wochen Regen folgen. Einer jener Sommer, in denen das Gefieder zwischen den Regengüssen kaum trocken wird und die Kinder aus den Gummistiefeln nicht mehr herauskommen. Du hast ihn auf dem Dachboden verbracht.«

Unwillkürlich schaute ich über sie hinweg aus dem Fenster. Das kleine Dorf, in dem mein Elternhaus stand – eine dieser winzigen Ansammlungen von Häusern wie all die anderen –, war nicht weit fort, mit dem Auto keine halbe Stunde. Wir waren fortgezogen, als ich zwölf war.

So viele Sommer standen also nicht zur Auswahl, und ich musste auch nicht nachdenken, welchen sie wohl meinte. In diesem Sommer, der keiner war, hatte ich mich auf den Dachboden zurückgezogen, der erfüllt gewesen war vom Klopfen und Tosen des Regens auf dem Dach, als läge ich in einer Erdhöhle, über die ein berittenes Heer hinwegbrauste. Ich hatte gelesen. Den ganzen Sommer hindurch, so schien es mir, jedenfalls erinnerte ich mich an nichts anderes.

»Du bist gemeinsam mit Bilbo Beutlin aus dem Auenland ins Abenteuer aufgebrochen«, sagte sie und nickte. »Du hast ihm zugejubelt, wenn der Abenteuergeist und die Tuk-Seite in ihm erwacht sind, und ihn beschimpft, wenn er sich nach seinem Zuhause gesehnt hat. Sogar wenn ihn Spinnen angegriffen haben, wenn er auf dem Ritt auf einem Fass über den Nachtwaldfluss fast ertrunken ist, wenn er Hunger hatte und einsam war und fror, immer, immer hast du ihn vorangetrieben. Als glaubtest du, er würde sofort umkehren, wenn nicht ein kleiner Junge ihm alle paar Seiten zuruft, er solle kein Feigling sein.«

»Lachst du mich aus?«, fragte ich misstrauisch.

»Nein«, sagte sie. »Da gibt es ja nicht viel zu lachen.« Sie sträubte wieder das Gefieder. »Es ist seltsam mit euch Menschen. Wir Vögel ziehen unsere Jungen auf, die erste Zeit ist gefährlich und schwierig, wir sind froh, wenn wir sie großbekommen. Dann aber ist es gut, sie fliegen fort und kümmern sich um sich selbst. Ihr Menschen … ich wüsste gern, weshalb ihr euch ständig über Unwägbarkeiten beschwert. Wo ihr doch selbst das Unbeständigste und am wenigsten Verlässliche auf der Welt seid. Aus einem klugen Kind, aus einem vielversprechenden kleinen

Kerl, den ich aufrichtig gern hatte, wird ein Säufer. Wenn du Wein heulen würdest statt Tränen, wärst du vollkommen zufrieden, nehme ich an. Dann könntest du einfach trinken, was beständig deine Wangen runterfließt, und wärst ständig besoffen. Ganz autonom. Ausnehmend praktisch, möchte ich meinen. Nein, ihr Menschen seid nie eine sichere Wette. Man lässt euch kurz allein, und am nächsten Tag sind die besten Anlagen verkommen, die schönsten Träume vergessen, alles verdorrt und verbrannt und hinüber. Um euch muss man sich ständig Sorgen machen. Ich muss schon sagen, ich verstehe deine Gefährtinnen, ganz zu Recht hält es keine von ihnen bei dir länger aus als …«

Ich warf den Kopf in den Nacken und lachte. Es war kein fröhliches Lachen, aber es gibt nichts, was einen solchen Sermon besser stoppt. Auf den Unsinn darf man sich gar nicht erst einlassen. Sonst quatschen sie einen tot. Ich hatte es mit Argumenten versucht, mit Leugnung, mit der Bitte, die Leute mögen sich aus meinem ureigenen Privatscheiß heraushalten, nichts hatte geholfen. Lachen aber wirkte wie Kanonendonner. Sie verstummten, starrten einen an und verloren die Beherrschung, sie fingen an zu schreien, zu weinen oder sie hauten ab. Ich hatte schon überlegt, ein Buch darüber zu schreiben. Über die befreiende Wirkung des Lachens.

»Was bist du nur für ein Arschloch geworden!«, sagte die Drossel ganz ruhig.

»Geh zum Teufel, du albernes Federvieh«, erwiderte ich ebenso gemessen. »Du hast ja keine Ahnung. Die Weiber verlassen nicht mich, *ich* schmeiße *sie* raus.«

»Christine hatte sich schon überlegt, wie sie es dir sagt, als du Schluss gemacht hast. Sie hat vor Erleichterung geweint, nicht vor Traurigkeit. Julia ist bei dir geblieben, weil sie gehofft hat, sie könnte dir helfen – lange hätte sie das aber auch nicht mehr mitgemacht. Eva …«

»Woher zum Teufel kennst du die ganzen verdammten Weiber?«, brüllte ich sie an. Normalerweise verliere ich nicht die Beherrschung, und ich bekam mich sofort wieder in den Griff.

Geziert putzte sie sich die Brust. »Ich war immer da«, beschied sie mir. »Ich bin Teil eines der vielen Schätze, die du in deiner Kindheit bekommen hast. Teil eines der wichtigsten Schätze, um genau zu sein.«

»Na, da bin ich aber mal gespannt.«

»Auf was?«

Ich beugte mich ein wenig vor, das Bett quietschte. Ich hatte bereits die vergangene Nacht hier verbracht, das Zimmer hatte schon jenen Mief angenommen, den alles annimmt, was ich berühre. Wohnungen, in denen ich lebe, Frauen, die ich küsse, Dinge, die ich besitze. Es ist kein Geruch, den ein anderer wahrnehmen kann. Es ist etwas, das allem anhaftet, was Teil meines Lebens wird. Was neu ist, bleibt einen Tag lang aufregend, wenn überhaupt. Gestern hatte ich hier nicht schlecht geschlafen. Heute hatte ich nicht erwartet, überhaupt zur Ruhe zu kommen – zu Recht, wie sich ja jetzt herausstellte. Natürlich hielt ich den Vogel für eine Art Halluzination, aber für seine Wirksamkeit als Störfaktor spielte es ja keine Rolle, ob er wirklich da war oder ich ihn mir nur einbildete.

»Teil welchen Schatzes willst du denn sein?«, hakte ich nach, als die Drossel mich verdrossen anschwieg.

»Tssss«, machte sie. »Tssss!« Sie ruckte mit dem Kopf, wie es nur Vögel tun, schnelle Bewegungen, die an ihre nahe Verwandtschaft mit den Dinosauriern gemahnen –

342

etwas, das mich vor langer, langer Zeit einmal sehr fasziniert hat und nun, muss ich gestehen, ziemlich kalt ließ. »Ich habe es doch längst gesagt. Wo warst du denn in jenem Sommer?«

»Auf dem Dachboden«, half ich ihr aus. »Das hatten wir doch schon.«

»Im Auenland warst du, undankbarer Freund aus fernen Tagen.« Sie stieß ein kurzes, verärgertes Trillern aus, so hoch, dass es in meinem Schädel schmerzte. »Im Auenland, das du verlassen hast, um an der Seite von Herrn Beutlin ein Meisterdieb zu werden. Um mit Zwergen zu reisen und Wälder zu durchqueren und gegen Spinnen und Orks und am Ende sogar einen Drachen zu kämpfen. Um das Vierzehntel eines Schatzes zu erhalten, von dem du keinen Begriff hattest und den du nicht zu glauben brauchtest und ...«

»Was?«

Kopfrucken. »Was *was?*«

»Den ich nicht *zu glauben brauchte?*« Ich fragte nicht aus Bosheit, sondern weil ich es tatsächlich nicht verstand. Jedenfalls hauptsächlich deshalb. Außerdem hatte ich den Eindruck, einem derart selbstgefälligen Vogel könne es nicht schaden, wenn ihm ab und an jemand nachwies, dass er Blödsinn verzapfte.

»Den du nicht *zu brauchen glaubtest.* Das habe ich gesagt. Oder zumindest habe ich es gemeint. Du warst ein großartiger Junge. Du warst entschlossen, du wusstest stets, was richtig ist, und wenn du Angst bekommen hast, dann hast du die Schultern gestrafft und schneller gelesen, was man ja als Äquivalent dazu betrachten kann, umso entschlossener in die Schlacht voranzuschreiten. Du warst sehr aufmerksam. Ein ausgezeichneter Leser.

Einer, wie man ihn sich wünscht. Einer, wie es unter tausend nur einen gibt.«

»Danke«, sagte ich artig.

»Bitte«, erwiderte sie trocken. In den schwarzen Augen lag schwerer Tadel.

»Und was hast du damit zu tun?«, erkundigte ich mich ein bisschen spitz. Mein Kopf schmerzte noch immer, aber nicht mehr ganz so schlimm. Die Erinnerung an diesen Sommer hatte mich ein bisschen besänftigt. Es ist nämlich nicht so, dass ich eine schreckliche Kindheit gehabt hätte. Ganz im Gegenteil. »*Der kleine Hobbit.* Ich erinnere mich. Ein nettes Buch. Hat viel Spaß gemacht, hab noch oft daran gedacht. Hat mir den verregneten Sommer gerettet. Ich …«

»Ein *nettes* Buch!« Aufgebracht schlug sie mit den Flügeln, mittlerweile recht zerzaust. »Hat mir *den verregneten Sommer gerettet!* Den Sommer! Hat *Spaß* gemacht! Wie kann denn nur in diesen paar Jahren ein solcher Idiot aus dir geworden sein?«

Entweder musste ich husten oder lachen, ganz sicher war ich nicht. Den paar Jahren? Ich erinnerte mich an meinen vierzigsten Geburtstag nur verschwommen, nicht, weil er so lange her war (länger allerdings, als es mir gefiel), sondern weil ich gegen allzu klare Erinnerungen mit voller Absicht etwas unternommen hatte. Aber verschwommen oder nicht, ich erinnerte mich daran. Und wenn man sich an seinen vierzigsten Geburtstag erinnert, dann ist ein Sommer auf dem Dachboden, als man noch ein Kind war, nicht nur *ein paar Jahre* her.

»Wer zum Teufel bist du, und was *willst* du von mir?«, fragte ich die Drossel. Ich stand auf und taumelte ein paar Schritte auf und ab. Ich schätze den Zustand, in den Alkohol einen befördert, nicht wirklich, auch wenn ich das hin und wieder behaupte. Ich schätze nur den Zustand, in dem man sich befindet, wenn man in kritischen Momenten nichts trinkt, noch viel weniger. Ich bin kein Alkoholiker, wie mein zehn Jahre jüngerer Bruder einmal behauptet hat. Ich trinke nur zu oft und zu viel. Das ist ein Unterschied, der mir nicht allzu wichtig ist, aber es ist einer.

»Du erinnerst dich nicht«, stieß sie hervor. »Du erinnerst dich wirklich nicht.« Mit einem Mal sah sie ein bisschen kleiner aus und ein wenig kläglich. So etwas kann ich nicht leiden. Sie erinnerte mich an Eva, als ich unseren Jahrestag vergessen hatte. Den ersten, versteht sich, länger habe ich es nie ausgehalten. Um ehrlich zu sein, war sie die Einzige, mit der ich es überhaupt zum Jahrestag gebracht habe, weshalb ich auch keine Übung darin hatte, mir so etwas zu merken. Möglicherweise würde es zwischen Männern und Frauen besser funktionieren, wenn die Vorliebe für derart lächerliche Daten ein bisschen gleichmäßiger verteilt wäre. Jedenfalls war Eva nicht wütend geworden, sondern traurig. In meinen Augen war das emotionale Erpressung. Ich hatte sie rausgeworfen.

»Du warst einer der wenigen, die gleich darauf gekommen sind, welche Botschaft ich bringe«, piepste die Drossel traurig. »Erinnerst du dich denn wirklich nicht?« Sie warf sich ein wenig in die Brust und dann sagte sie ganz leise und nicht allzu klangschön, und trotzdem klang es wie Gesang:

»Steht bei dem grauen Stein,
wenn die Drossel schlägt
und der letzte Sonnenstrahl am Durinstag
auf das Schlüsselloch fällt.«

Mir blieb beinahe das Herz stehen. Nicht, weil ihre Stimme so schrecklich klang, auch nicht, weil es so bedeutungsvolle Zeilen wären, sondern weil mich plötzlich ein Geruch streifte, ein Hauch, eine Erinnerung, die fassbarer war, als mir die Wirklichkeit seit Langem vorkam. Staub, der träge in Lanzen aus Licht kreist, das schräg durch die Fenster einfällt. Einer der wenigen Sonnentage dieses Sommers, Wärme und Helligkeit brechen durch die Wolkendecke, gerade als ich mich mit Bilbo Beutlin, dem Zauberer Gandalf und den Zwergen anschicke, Elronds Haus wieder zu verlassen, um zum Nebelgebirge aufzubrechen. Ich erinnerte mich mit einem Mal wieder genau daran, wie ich mich entschieden hatte, den Sommer zu übersehen und diesen kostbaren Tag lieber in Mittelerde zu verbringen als draußen im Sonnenschein. *Man kann nicht mitten in einem Abenteuer aussteigen, wenn man seine Sinne beisammen hat.* Das hatte ich damals gedacht und ich dachte es auch noch heute.

»Diese Zeilen im dritten Kapitel«, sagte die Drossel. »Viele, viele Seiten später hast du dich an diese Zeilen erinnert, sie so mühelos aus dem Gedächtnis abgerufen, als stünden sie in einer Fußnote direkt vor deinen Augen. Als Bilbo auf der Schwelle zur Drachenhöhle die Drossel sieht, die eine Schnecke an einem Stein zerschmettert, da hast du dich zugleich mit Bilbo erinnert. Selten. Sehr, sehr selten.«

»Was?«, fragte ich gereizt. »Was für eine Schnecke? Und ich habe mich an *was* erinnert?«

»Herrje«, klagte sie ganz aufgelöst. »Herrje! Also – Bilbo und die Zwerge stehen vor dem Rätsel, wie sie in die Drachenhöhle hineinkommen sollen – du erinnerst dich doch noch, dass sie aufgebrochen sind, um den geraubten Schatz des Drachen Smaug wieder an sich zu bringen, oder?«

»Leidlich«, erwiderte ich mit gerunzelter Stirn. Und tatsächlich erinnerte ich mich – leidlich. Einen Drachen hatte es in der Geschichte gegeben, das wusste ich noch ganz sicher. Ich sah sogar sein Bild auf dem Cover meiner Taschenbuchausgabe vor mir, eine schielende Gestalt mit Schmetterlingsflügeln, dickem Krokodilkinn und zu langen Hinterbeinen. Ich hatte ihn mir ganz anders vorgestellt als auf diesem Bild, über das ich sehr in Zorn geraten war.

»Sie wollen hinein«, sagte die Drossel eindringlich, »aber sie wissen nicht, wie sie es anstellen sollen. Und während die Zwerge suchen und klopfen, sitzt Bilbo dort, wo der Eingang sein sollte, auf der Türschwelle gewissermaßen, und wartet darauf, dass ihm eine Idee kommt. Stattdessen kommt eine Drossel.«

»Ich erinnere mich an keine Drossel«, erwiderte ich. »Es ist doch ein Rabe, nicht? Oder warte – kommt nicht ein Adler?« Jetzt versuchte ich es wirklich, aber ich brachte sie nur in Zorn.

»Ein Adler!«, schrillte sie. »Ein *Adler!* Die Adler greifen zweimal ein – einmal retten sie Bilbo und die Zwerge vor den Orks. Und am Schluss führen sie die entscheidende Wendung in der Schlacht der fünf Heere herbei, als die Orks schon fast gewonnen haben. Die verdammten Adler haben den leichtesten Job in der ganzen Geschichte! Die hocken blöd herum, bis ein ganz konkretes Problem auftaucht, dann flattern sie herbei und lösen es mit plumper Gewalt, und auf geht's wieder nach Hause. Komm mir nicht mit den verflixten Adlern!«

»Roac!«, rief ich hocherfreut und beschloss, mich auf

die Sache hier einzulassen. Sprechende Drosseln? Sei's drum. Morgen würde ich ohnehin alles wieder vergessen haben. »Ich hab's – Roac! So hieß doch der Rabe!«

»Der Rabe«, erwiderte sie giftig. »Der Rabe! Ja, der alte Rabe hieß Roac. Was soll man auch mit einer namenlosen Drossel, wenn doch ein Rabe mit dem klangvollen und fast onomatopoetischen Namen Roac auftaucht? Sehr gut erinnert.«

»Danke.«

»Roac kann mit den Zwergen sprechen«, trillerte sie mich erbost an. »Er – kann – sprechen! Das ist keine Kunst. Nichts gegen Roac und seinen Rat, er macht seine Sache gut, aber mit Verlaub, das ist doch keine Kunst. Und es hilft auch nichts. Roac sagt, Thorin Eichenschild solle erwägen, seinen Schatz zu teilen. *Ich* war es, die überhaupt ermöglicht hat, dass der Schatz *erreichbar* wird. *Ich* habe den entscheidenden Hinweis darauf gegeben, wie dieser ratlose Haufen hineinkommt in den Berg. Dann wurde Smaug zornig, als er Bilbo in seinem Gold herumschleichen hörte und roch, hatte das Volk in der Seestadt in Verdacht, einen Dieb entsendet zu haben, und flog davon, um die Seestadt zu vernichten. Und wieder war *ich* es, die sah, wie er fiel, wie sie ihn getötet haben – unter Verlusten, zugestanden, aber sie haben ihn getötet –, und *ich* habe euch Roac gesandt, damit er es euch berichtet. Damit ihr euch überhaupt traut, euch wieder dem Schatz zu nähern. Ohne mich wäre das Abenteuer damit beendet gewesen! Und wer erinnert sich an mich? Niemand! Oh, ich habe es so satt! Das Einzige, was man, wenn überhaupt, über mich sagt, ist: Oh, aber wieso begreift denn Bilbo, was er tun muss, als die Drossel, was ist denn eine Drossel

348

überhaupt für ein Vogel, ist das etwa ein Übersetzungs-
fehler, als also diese Drossel die Schnecke zerschmettert,
wieso begreift denn da Bilbo, dass er die Zwerge her-
beirufen muss?«

»Ja«, sagte ich. »Und warum begreift er es denn?«

*»Steht bei dem grauen Stein, wenn die Drossel schlägt
und der letzte Sonnenstrahl am Durinstag auf das Schlüsselloch fällt!«,* schrie sie mich an. Diesmal klang es
ganz sicher nicht nach Gesang. »Elrond hat euch das
im Bruchtal vorgelesen, es stand mit Mondbuchstaben
auf der Karte geschrieben. Als er mich sieht, erinnert
sich Bilbo daran: *wenn die Drossel schlägt!* So wie auch
du dich erinnert hast, du Hohlkopf! Einer unter tausend! Wenn nicht weniger. Die meisten lesen es, sagen,
hä, wieso, na, egal, wird er sich schon was bei gedacht
haben, der Tolkien, und lesen weiter. Du aber hast es
sofort begriffen! Oh, was für ein Jammer. Was für ein
Elend! Da war dieser kluge Junge, dieser gute Leser,
dieser Zuhörer, dieser aufmerksame kleine Mensch, ein
winziger Hoffnungsschimmer für eine verkommene Gattung großmäuliger Trampeltiere, ich habe mich innigst
gefreut, *innigst,* ich hatte große Hoffnungen für dich,
und was ist daraus geworden? Sie haben sich zerschla-
gen! Du weißt gar nichts mehr! Gar nichts! Aus dir ist
nicht nur nichts geworden, es ist noch schlimmer! Vergeudet. Vergeudet!« Sie regte sich so schrecklich auf, dass
sie fast aus dem Fenster fiel, nur mit einem raschen Hüp-
fer und einem kurzen Flügelschlagen rettete sie sich um
Federbreite.

»Bitte schön«, erwiderte ich kühl. »Vergeudet? Das
kann man so nicht sagen. Schau dir an, was ich verdie-
ne. Schau dir an, wohin …«

»Zwergengier!«, kreischte sie und hüpfte aufgebracht umher.

»… ich gereist bin«, fuhr ich fort. »Ich habe nicht die halbe Welt gesehen, sondern die ganze. Ich tu, was ich will. Und in ein paar Jahren kann ich mich zur Ruhe setzen, mit einem Vermö…«

»Du hast *niemanden!*«, schrie sie. »Du hast vergessen, wer du bist! Du schläfst viel zu wenig und bist halb irre! Du denkst nicht! Du gehst mit fest geschlossenen Augen durch die Welt! Du …«

»Niemand, nach dem ich mich richten muss«, erwiderte ich. Hitziger, als ich wollte. Ein bisschen traf es mich schon. Ich hatte immer ein Problem damit, wenn mich jemand zunächst über den grünen Klee lobte und mich dann beschimpfte. Mangelnde Erfahrung hatte ich damit zwar nicht, aber das machte es nicht angenehmer. »Ich reise, wohin ich will und wann ich es will, ich gebe mein Geld aus, wofür ich es ausgeben will, und ich …«

»Einsam«, sagte sie. Sie sagte es ganz leise.

Ich verstummte. Na gut. Das traf. Es traf nicht bis ins Mark und es traf auch nicht immer, aber es gibt Momente, in denen ist man für so etwas anfälliger als sonst. Wenn man nach der Hochzeit junger Menschen allein in einem Hotelzimmer sitzt und mit einer erzürnten Drossel spricht, beispielsweise; nachdem man einen Abend lang von Eltern, Geschwistern und diversen Verwandten jene Blicke kassiert hat, in denen derselbe Vorwurf steht, den mir diese Drossel jetzt an den Kopf warf: Vergeudung. Und wenn niemand anrief und auch niemand auf einen Anruf wartete. Ja, natürlich, es traf. Jeder hat seine Schwachstellen.

Sie sah, dass sie mich erwischt hatte, und setzte nach: »Einsam.«

Ich schüttelte die Betäubung des unerwarteten Treffers ab. »Jetzt wirst du persönlich.« Ich setzte mich wieder aufs Bett und lachte. Es gab nicht viele Feindseligkeiten, die ich nicht schon gehört hatte. Ohne hinzuschauen, griff ich nach der Flasche auf dem Nachttisch, nicht, weil ich wirklich etwas trinken wollte, eher, um sie zu ärgern. Doch die Flasche war leer.

»Du sprichst übrigens auch«, sagte ich, ein bisschen angefressen, weil ich allmählich ziemlich nüchtern wurde.

»Was?«

»Der Adler wartet, bis es ein konkretes Problem gibt, und löst es. Das ist keine Kunst, sagst du. Der Rabe kann sprechen. Das ist deiner Meinung nach auch keine Kunst. Und was tut die Drossel? Sie schmettert Schnecken an Steine und freut sich, wenn jemand begreift, was sie damit sagen will. Das soll eine Kunst sein? Ich möchte doch meinen, in dem Fall liegt die Leistung bei dem, der es begriffen hat. Die Drossel hat gar nichts gemacht. Und außerdem sprichst du jetzt gerade auch. Hm?« Ich zog die Augenbrauen hoch und lehnte mich zurück, die leere Flasche in der Hand. Ich wusste genau, wie provozierend dieser Blick wirkte. Andere aus der Reserve zu locken, gefiel mir gut. Die Ruhe der meisten Besserwisser reichte nicht mal für fünf Minuten, wenn ihnen nicht andächtig zugehört wurde.

Sie starrte mich an. »Komm her.«

»Pickst du mir jetzt die Augen aus?«, fragte ich belustigt, tat ihr aber den Gefallen, trat zu ihr ans Fenster und schaute in die Nacht hinaus.

Entweder war es ein wenig heller geworden, oder meine Augen hatten sich an die Dunkelheit gewöhnt. Jedenfalls sah ich den Giebel des gegenüberliegenden Hauses jetzt recht gut, und ganz schwach zeichnete sich dort auch der Schatten des Storchs auf dem Gelege ab. »Das ist das Weibchen«, verriet ich der Drossel. »Mein Vater hat mir mal erzählt, tagsüber wechseln sich die Störche ab, aber nachts ist es immer das Weibchen.«

»Du bist ja ein geradezu sprudelnder Quell nützlichen Wissens«, erwiderte sie verstimmt.

»Und du bist eine Singdrossel, keine Spottdrossel. Also reiß dich mal zusammen.«

Flinke schwarze Augen betrachteten mich. »Ich habe ihn geschickt. Den Storch.«

»Du hast was?«

»Ich habe den Storch geschickt. Oh, das ist nicht das erste Zeichen. Ich schicke dir Zeichen, seit du zum ersten Mal vom Pfad abgekommen bist.«

»Von welchem Pfad?«

»Von deinem eigenen. Ich bevormunde niemanden. Aber in jedem Menschen gibt es einen Pfad. Wenn er ihn geht, stirbt er am Ende wie jeder andere …«

»Verlockend.« Mein Lachen klang ein bisschen zu schrill, nichts, womit man irgendwen beeindrucken konnte, aber ich war müde und ein bisschen gereizt.

»… aber sein Leben«, verkündete sie unbeirrt, »ist es wert, gelebt zu werden. Wenn er stirbt, weiß er es. Das ist ein seltenes Geschenk. Die wenigsten schaffen es, ihren Weg bis zum Ende zu gehen. Für dich hatte ich große Hoffnungen. Aber du bist auf einmal abgebogen, und ich habe dich verloren. Mit allen Zeichen, die ich dir gesandt habe, konnte ich dich nicht erreichen. Kein Hinweis hat gefruchtet, keiner! Kannst du dir vorstellen, wie frustrierend das ist?«

»Ich habe dich nie gebeten, mich mit Ratschlägen zu belästigen«, erwiderte ich und prostete ihr mit der leeren Flasche zu. Meine Augenlider waren schwer, und als ich den Schatten des Storchs anschaute, schien er mir seltsam verzerrt. »Was soll das da drüben denn für ein Zeichen sein?«

»Versuch's doch mal«, erwiderte sie giftig. »Was meinst du wohl?«

Ich überlegte eine Weile. Ich dachte an Julia, an die mich die Drossel ein bisschen erinnerte, und daran, was ihr wichtig gewesen war. »Vermutlich«, sagte ich, »vermutlich meinst du: Wenn man gemeinsam lange genug an etwas dranbleibt, auch wenn es zwischendurch nichts als Arbeit zu sein scheint, erreicht man am Ende manchmal etwas, das alle Mühen wert ist.«

Sie kauerte starr neben mir auf dem Fensterbrett. Als ich zu ihr hinunterschaute, sah ich, wie ihr Kopf kurz zur Seite zuckte und wieder zurück. »Eine sehr platte Botschaft, wenn man es so ausspricht.« Sie wirkte peinlich berührt.

Ich grinste. »Richtig.«

»Deshalb tu ich es so ungern. Deshalb spreche ich lieber in Rätseln. Oder gar nicht. Es hört sich dann nicht so blöd an.«

»Na, dann hat der Rabe ja doch einen schwierigeren Job als du«, sagte ich und kicherte. »Oder er kann es einfach besser. Übrigens habe ich nie etwas dagegen gehabt, gemeinsam etwas anzupacken. Familie zum Beispiel. Kinder sogar. Nein, so ist es gar nicht.«

»Nein?«

»Nein. Es war nur nie die richtige Frau dabei.«

»Was ist mit Julia?«

»Herrje. Julia. So lieb. So weich. So … opferbereit. Nein. Nein, danke.«

»Und Eva?«

Ich musste lachen. »Bei Eva weiß ich gar nicht, wo ich anfangen soll, wenn du wissen willst, was nicht gepasst hat. Nein, es liegt wirklich nicht an mir. Ich denke auch, wenn jemals die richtige Frau dabei gewesen wäre … so etwas weiß man dann doch. Und ich habe ja genug ausprobiert, sie war eben nicht dabei. Ist ja auch nicht so schlimm. Dann eben keine Familie und Kinder. Mehr Zeit für Spaß und fürs Geldverdienen.«

»Es geht dir nicht gut«, klagte sie.

»Und was geht dich das an?«, wollte ich wissen.

Wenn man nicht mehr ausreichend betrunken ist, kommt man sich hochgradig lächerlich dabei vor, mit einer Drossel in bedeutungsvollem Schweigen vereint aus einem Fenster auf ein Storchennest zu starren. Ich war dankbar, als sie endlich den Schnabel aufbekam.

»Ich bin der Begleiter deiner Seele«, sagte sie endlich, und mit meiner Dankbarkeit hatte es ein rasches Ende.

»Gleite«, sagte ich mit zusammengebissenen Zähnen.

»Was?«

»Schaust du keine Filme?«

Ihr verwirrter Blick war Antwort genug. Ich seufzte schwer. Ich hatte keine Lust mehr. »Gut, Begleiter meiner Seele«, sagte ich. »Ich bin müde. Ich gehe jetzt ins Bett.«

»Wenn du aufwachst, bin ich nicht mehr da«, warnte sie mich.

»Gut so.«

»Aber …« Sie ruckte verwirrt mit dem Kopf. »Aber das könnte deine letzte Chance sein, das Ruder noch einmal herumzureißen.«

»Kein Bedarf. Wenn man ein Abenteuer begonnen hat, darf man nicht so einfach aussteigen. Ich segle durch bis zum Ende.«

»Aber …«, wollte sie einwenden.

»Schscht«, machte ich. Ich war jetzt ganz nüchtern, und sie war immer noch da. Für so etwas hatte ich keine Geduld. Das war nicht meine Welt. Sprechende Vögel und ungebetene Ratschläge – ich weiß, dass manch einer jetzt starr vor Staunen gelauscht, es nicht geglaubt, nach Beweisen für ihre Echtheit gefahndet hätte. Ich hielt es für möglich, dass sie das erste Anzeichen endlich doch eingetroffener Hirnprobleme war, und notierte mir im Geiste, einen Termin für einen gründlichen Gesundheitscheck zu vereinbaren. Vielleicht hatte ich auch einen Gehirntumor. Oder ich wurde verrückt. Vielleicht war sie aber auch wirklich da. Kann mir irgendwer verraten, warum das eine aufsehenerregendere Möglichkeit sein sollte als die anderen?

»Hör mir doch zu«, bat sie eindringlich, jetzt, da ich sie rauswerfen wollte, auf einmal wieder ganz zugewandt. Eindeutig ein Weibchen. »Nun hör mir doch zu! Dein eigentliches Problem …«

Ich packte sie, warf sie hinaus und schloss das Fenster. Vor Überraschung vergaß sie zu fliegen, stürzte wie ein Stein, fing sich knapp vor dem Boden mit hastigen, jeder Anmut entbehrenden Flügelschlägen und flatterte schimpfend wieder zu meinem Fenster hoch. Ich schloss die Gardinen und legte mich ins Bett.

Wie lange sie noch zeterte, weiß ich nicht. Jedenfalls

war Ruhe, als ich am nächsten Morgen aufwachte, trotz der langen Gewöhnung und trotz der eigenartigen Nacht recht verkatert und schlecht gelaunt.

Beim Frühstück schaute ich aus dem Fenster des kleinen Speiseraums. Gegenüber brütete noch immer ein Storch. Das Symbol kam mir so plump vor wie bei meiner Ankunft, aber jetzt wusste ich, dass es kein Zufall war, und die Absicht machte die Botschaft noch lächerlicher. Ich verspeiste einen Apfel und trank meinen Kaffee schwarz, mehr bekam ich nicht herunter.

Die Rezeptionistin verwechselte mich. Sie erkundigte sich nach dem Befinden meiner reizenden kleinen Tochter, schob mir sogar das falsche Formular über den Tisch, als ich zahlen wollte, und entschuldigte sich tausendfach für ihren Irrtum.

Als ich auf dem Weg zum Wagen meinen offenen Schnürsenkel bemerkte und mich bückte, um ihn zuzubinden, landete ein Glückskäfer direkt neben mir im Beet und lenkte meinen Blick auf ein vierblättriges Kleeblatt. Die Botschaft war glasklar – *ich bin dir nicht böse, ich bin noch immer an deiner Seite.*

Was hätte ich nur für wirkliche Einsamkeit gegeben.

Als ich im Stau stand, hatte ich über eine halbe Stunde lang beste Aussicht auf ein Plakat, von dem mich überlebensgroß eine hübsche kleine Familie anstrahlte, die gerade ein Haus baute.

Ich wartete. *Komm schon, Drossel,* dachte ich. *Ein bisschen mehr Mühe.* Aber so hoch wie ein Adler flog eine Drossel eben nicht. Zeichen, nichts als Zeichen, mehr hatte sie nicht drauf.

Es vergingen zwei Tage, bis es so weit war. Diesmal nahm ich den Zug. Ich fahre lange Strecken eigentlich nicht gern mit dem Auto, und mir gegenüber im fast leeren Waggon saß eine ganz und gar nicht hässliche junge Frau, musterte mich kurz und zog dann ein Buch aus der Tasche. Beim Lesen hielt sie es wie zufällig so, dass ich den Titel lesen konnte.

Der Hobbit.

Eine Drossel ist ein kleiner, unscheinbarer Vogel. Man darf nicht zu viel von ihm verlangen. Trotzdem, fast hätte ich laut gelacht. »Entschuldigung«, sagte ich. »Aber heißt es nicht eigentlich: *Der kleine Hobbit?*«

Sie ließ das Buch sinken und schaute mich an. Ihre Augen waren nicht klein und schwarz wie die der Drossel, sondern groß und hell, der Blick nicht verächtlich oder besorgt, sondern forschend. Ob sie ahnte, dass sie als Zeichen missbraucht wurde? Und wie genau stellte die Drossel das eigentlich an? Pflanzte sie die Idee, dieses Buch zu lesen, in den Kopf des auserkorenen Boten, und sorgte dafür, dass unsere Platzreservierungen zueinander passten? Was für ein Aufwand!

»Es ist eine Neuauflage.« Sie hatte eine überraschend angenehme, etwas heisere Stimme. »Der Originaltitel lautet: *The Hobbit or There And Back Again.* Das haben sie anscheinend jetzt übernommen.« Sie lächelte, als hätte ihr der Verlag damit einen kleinen, ganz persönlichen Gefallen getan. Ein Fan, hm?

»Steht bei dem grauen Stein, wenn die Drossel schlägt«, sagte ich, und auf einmal schaute sie mich an, als würde ihr gerade auffallen, dass wir uns gut kannten. Und mochten.

»Und der letzte Sonnenstrahl am Durinstag …«, sagte sie zögernd.

»… auf das Schlüsselloch fällt«, beendete ich das Zitat.

Ich sagte ja bereits, ich erinnerte mich mit größter Genauigkeit an dieses eigenartige Gespräch.

Ein ganz seltsamer Ausdruck war in ihrem Gesicht. Ich wartete. Sie klappte das Buch zu und betrachtete mich. Ihr Gesicht war nicht lieblich oder so, dafür war es eine winzige Nuance zu herb, aber sie war mehr als ansehnlich. Schöne Proportionen hatte ihr Gesicht, insgesamt vielleicht etwas zu lang, aber wunderbare Haut, hell und mit ein paar Sommersprossen, die Augen vielleicht eher grün als blau, und ihr kastanienbraunes Haar lag auf zierlichen Schultern. Sie gefiel mir tatsächlich ausnehmend gut.

»Ich mochte den deutschen Titel immer sehr«, sagte sie verlegen und etwas zu schnell. »Das Buch hat mir als Kind viel bedeutet, und als ich die Neuauflage gesehen habe, habe ich mich eher darüber geärgert, dass sie es jetzt korrekt übersetzen. Einfach aus Gewohnheit, schätze ich. Und weil der alte Titel mit dem, was ich empfinde, wenn ich an das Buch denke, so unauflösbar verknüpft ist. Auch der erste Satz …« Sie lächelte mir zu, als sei sie sicher, jetzt würde ich ihn zitieren. Ich lächelte zurück und schwieg.

»In einer Höhle in der Erde, da lebte ein Hobbit«, sagte sie. »In einer *Höhle.* In der neuen Übersetzung ist es ein Loch. Ich habe nachgeschaut, im Original ist es so, es ist jetzt korrekter übersetzt. Aber … muss so etwas sein? Ich finde immer, entweder macht man es gleich richtig, oder man lässt es dann eben so, wie man es gemacht hat, und steht dazu.«

Ich lachte leise. »Allerdings«, stimmte ich zu.

Kurz dachte ich, meine knappe Reaktion würde sie verunsichern, aber im Gegenteil. Vielleicht war sie vom Nachdruck in meiner Stimme angetan.

»There and back again.« Sie hob die Schultern. »Na gut, aber ich gebe zu, das ist schön – mir hat das immer besonders gefallen. Dass Bilbo nicht zum Abenteurer mutiert. Das wäre unglaubwürdig gewesen. Und irgendwo braucht ja jeder seinen Rückzugsort. Nein, er zieht los, erlebt Abenteuer, kehrt zurück nach Hause, und beides verschmilzt zu etwas Neuem. Beutlin und Tuk nicht im Widerstreit, sondern in Symbiose. Ja, das hat mir schon als Kind gut gefallen. Er findet am Ende zu sich, zu innerer Ruhe. Er ist ja nicht zum rastlosen Wanderer geboren wie Gandalf. Er braucht beides, Abenteuer *und* ein Zuhause.«

»Du gibst einfach nicht auf, du kleines Miststück, hm?«, fragte ich.

Sie zuckte zurück, als hätte ich ihr ins Gesicht geschlagen. »Bitte?«

»Ich hätte dich erwürgen sollen, statt dich einfach nur aus dem Fenster zu werfen. Ich wüsste gern, ob das geholfen hätte. Störche, Glückskäfer, Kleeblätter, Plakate – und jetzt das hier. Gib es auf.«

Wortlos raffte sie ihre Sachen zusammen, ohne mich aus den Augen zu lassen, die helle Haut bleich wie Frischkäse. Ihre Hände zitterten. Sie sagte nichts, sie starrte mich nur an und dann wandte sie sich ab und eilte davon, so schnell, dass das kastanienbraune Haar im leichten Windzug wehte.

Ich lehnte mich zurück, schloss die Augen und wartete auf Probleme. Aber nichts passierte. Unbehelligt erreichte ich Frankfurt. Diesmal ganz ohne irgendein Zeichen. Hieß das, sie gab endlich Ruhe?

Jahrelang hatte ich es für Zufall gehalten, dass mir irgendwelche Dinge ins Auge sprangen, die eine Botschaft zu überbringen schienen. Schlagzeilen in Zeitungen, die auf meine Gedanken zu antworten schienen, Anrufe in unwahrscheinlich passenden oder unpassenden Momenten, unerwartet freundliche Passanten, wenn ich gerade fröhlich der Misanthropie frönte … lästig, aber reiner Zufall. Jetzt wusste ich es besser und ich war nicht sicher, ob ich noch viele Bekehrungsversuche hätte ertragen können.

Weshalb sind so viele Leute und offenbar auch Gestalten aus Büchern davon überzeugt, man müsse anderen Menschen vor Augen führen, dass sie sich auf dem Holzweg befänden? Dass ihnen etwas fehlt und was das ist? Wie kommen sie auf den Gedanken, dass ein anderer, ein *erwachsener* Mensch ausgerechnet auf ihren weisen Rat wartet, der alles Elend zum Guten wendet? Wie kommen sie auf die Idee, dass ein anderer diese Wendung zwingend *will*?

Ich weiß, wer ich bin. Ich weiß, dass ich zu viel arbeite, zu wenig schlafe, zu viel trinke. Ich weiß, dass ich einsam bin. Und ich weiß, dass ich vermutlich einsam sterben werde. Eines fernen Tages. Oder bald. Gibt irgendetwas davon irgendwem das Recht, mir in meine Angelegenheiten reinzuquatschen? Ich will es so. Wäre es anders, würde ich etwas ändern. »Zum Mitschreiben, Drossel«, sagte ich zu einer Taube, als ich in Frankfurt in einem Café saß, weil mein Flieger erst in einigen Stunden ging. »Es fehlt mir nicht an der Intelligenz zu begreifen, was du mir sagen willst. Ich habe nur keine Lust auf das liebliche Auenland.«

Die Taube flog weg, vom Nachbartisch warf man merkwürdige Blicke herüber. Einer der großen Vorteile, wenn man so war wie ich, ist, dass einem solche Blicke egal sind. Ich lachte ihnen ins Gesicht, zahlte mit reichlichem Trinkgeld und ging.

Tut mir leid, Drossel. Aber vermutlich war auch Gollum ein nettes, vielversprechendes Kind. Wie er habe ich kein Interesse daran, gerettet zu werden.

Kai Meyer

AUS DEN TIEFEN VERLIESEN
DAS HOBBIT-HÖRSPIEL (1980)

Weihnachten 1980 war ich elf Jahre alt. Ein paar Wochen zuvor hatte ich den ersten Band der *Herr der Ringe*-Trilogie geschenkt bekommen und innerhalb weniger Tage verschlungen. Ich wusste, dass die beiden übrigen Bücher unterm Tannenbaum liegen würden; bis dahin las ich zum zigsten Male die *Herr der Ringe*-Comics von Luis Bermejo, obwohl ich sie längst auswendig kannte. Es war die Zeit, als Fantasy noch die kleinste nur denkbarste Nische besetzte – Verlage veröffentlichten sie verschämt unter dem Label »Science Fiction« –, und als Fan war es so gut wie unmöglich, Gleichgesinnte im Freundeskreis oder auch nur an derselben Schule zu finden. Nichtsdestotrotz war es die Zeit, in der Mittelerde multimedial wurde.

Schon damals existierte Tolkiens Welt für mich nicht einzig (und schon gar nicht einzig wahrhaftig) im Roman. Meine erste Begegnung mit Hobbits, Orks und Elben hatte im Jahr zuvor in einer Ausgabe von *The Best of Reader's Digest* stattgefunden, einem Magazin im Taschenbuchformat, das damals regelmäßig bei uns im Wohnzimmer lag. Ich kann mich nicht erinnern, darin je einen anderen Artikel gelesen zu haben als diesen ganz speziellen: einen Bericht über Ralph Bakshis Zeichentrickverfilmung des *Herrn der Ringe*. Der Film war im Sommer 1979 in die deutschen Kinos gekommen, aber Kleinstädte wie meine erreichte er erst 1980. Damals war ein bundesweiter Start meist auf ein paar Dutzend Kopien beschränkt, Filmrollen tingelten oft jahrelang durch die Republik; vier, fünf Monate Wartezeit nach dem Start in den Großstädten war für uns keine Seltenheit.

Als der Film schließlich im Zülpicher Burgtheater lief, war die Kinokarte mein erstes Ticket nach Mittelerde. Mich interessierte nicht, ob der Film den Roman detailgetreu umsetzte oder nicht doch ein paar Abkürzungen nahm. Für mich *war* dieser Film *Der Herr der Ringe,* und obwohl ich aus dem Magazinartikel wusste, dass Buchvorlagen existierten – und eine Vorgeschichte für Kinder –, stellte ich nichts daran in Zweifel. Jahrzehntelang sahen Frodo, Aragorn und Gandalf für mich aus, wie Bakshi sie entworfen hatte, untermauert von den drei Comic-Alben des Spaniers Bermejo, der darin das Design des Films übernommen hatte. Mittelerde war für mich Film, war für mich Comic, und als ich Weihnachten 1980 schließlich die Romane las, packten sie mich wie die meisten anderen, waren aber doch nur Teil eines größeren Ganzen. Welche Umsetzung des Ringkriegs die erste gewesen war, interessierte mich nur am Rande. Mit elf begeisterten mich die bizarren Landschaften der Verfilmung und die dunklen Orkgesänge des Soundtracks weit mehr als Tolkiens Ausführungen über Pfeifenkraut und seine anstrengende Vorliebe für Gedichte.

Zeichentrick, Comic, Roman – die Stationen auf meiner Straße nach Mittelerde. Und dann die schier unglaubliche Entdeckung in einer Programmzeitschrift, dass im selben Jahr, ja in derselben *Woche* vor Weihnachten ein Hobbit auch via Hörspiel ins Haus kommen würde.

Am 21. Dezember 1980 sendete der Westdeutsche

Rundfunk den ersten von vier Teilen einer Hörspielad-
aption des *Hobbit*. Die weiteren Episoden folgten an Hei-
ligabend und den beiden Feiertagen, jeweils von 17 bis
18 Uhr. Für mich wurde es das prägendste Weihnachts-
fest überhaupt. Nach dem Frühstück las ich die *Herr
der Ringe*-Trilogie bis zum späten Nachmittag, um mich
dann mit dem Radiorekorder meiner Eltern auf die Lau-
er zu legen und die Folgen des Hörspiels aufzunehmen.
Übrigens leichter gesagt als getan. Falls damals schon
120-Minuten-Leerkassetten existierten, so waren sie noch
nicht in unserem Haushalt angekommen. Ich hatte lediglich welche mit sechzig Minuten Spieldauer, was bedeutete, dass ich in der Mitte der einstündigen Episoden die
Kassette herausnehmen und umdrehen musste. Zwangs-
läufig gingen dabei kostbare Sekunden verloren.

Fortan hörte ich die vier Episoden wieder und wieder
(und erfuhr erst Jahre später, dass eine längere Vierein-
halb-Stunden-Fassung existierte, die in den Neunzigern
auf Kassetten und CDs in den Handel kam). Noch heute
kann ich das meiste mitsprechen und die Stimmen aller
Figuren aus der Erinnerung abrufen.

Hörspiele waren in den Siebzigerjahren *das* Medium
für uns Kinder, mehr noch als das Fernsehen. Natürlich
schauten wir fern, aber das wurde von Erwachsenen oft
misstrauisch beäugt und gern auch zeitlich begrenzt.
Hörspielschallplatten von Europa, Maritim und all den
anderen Labels erschienen Eltern dagegen unbedenk-
lich. Wer keine Lust hatte, zu lesen, der erlebte Klassiker wie *Robinson Crusoe* und *Moby Dick* eben in der
eingedampften Vierzig-Minuten-Version; und wer die
Bücher kannte, mochte die Hörspiele meist trotzdem.
Kinderkrimis wie *Fünf Freunde* und *Die drei Fragezei-*

chen, Science Fiction wie *Commander Perkins,* Grusel-
geschichten, Western und wer weiß was noch – wir hörten alles, unabhängig von Genre, Autor oder Platten-
label. Und da nicht in jedem Haus ein Videorekorder
stand, waren Hörspiele die beliebteste Möglichkeit, Filme und TV-Serien wieder und wieder zu erleben, wenn
auch nur mit den Ohren. Drei Mark fünfzig für einen
Kinofilm hätte auf einen Schlag das gesamte Taschen-
geld aufgefressen, und so musste es manchmal die Hör-
spielversion beim Freund nebenan oder zum nächsten
Geburtstag tun.

Ich erinnere mich, dass ich bei der Entdeckung des
Hobbit-Hörspiels völlig aus dem Häuschen geriet. Die
Tatsache, dass es überhaupt existierte, schien schon
wie ein Wunder. Dass es zudem noch mehrere Stunden
und nicht nur eine Plattenlänge dauerte, war unglaublich. Etwas Besseres, Größeres, Aufwendigeres hatte ich
bis dato – nach hundert, zweihundert Hörspielplatten –
nicht gehört.

Dabei ging der Regisseur Heinz Dieter Köhler durchaus mit Experimentierlust ans Werk. Wenn Bilbo und
seine Zwergentruppe in den Nebelbergen in ein Unwet-
ter geraten, dann ertönt im Hintergrund kein naturalisti-
scher Donnerschlag, sondern ein Crescendo aus Schlag-
zeug und Synthesizer. Die Schlacht der Fünf Heere findet einzig als Musikuntermalung statt. Und einige Schauspieler tauchen in mehreren Rollen auf – etwa Friedrich
W. Bauschulte als Elrond, Dwalin, Adlerfürst und Rabe.
Es spricht für die atmosphärische Dichte der Produktion
und mehr noch für Tolkiens Geschichte, dass mir beim
ersten Hören nichts von all dem unangenehm auffiel. Dafür blieb mir die Musik von Enno Dugend im Ohr, ganz

zu schweigen von den Gesängen der Zwerge, allen voran das majestätische *Weit über die kalten Nebelberge* – immer wieder gut für eine Gänsehaut.

Das Manuskript von Ingeborg Oehme-Troendle und Regisseur Köhler bleibt eines der idealen Beispiele für eine gelungene Romanadaption. Heutzutage würden viele Regisseure den Erzählertext verknappen – Erzähler sind ein wenig aus der Mode gekommen –, aber gerade Martin Benraths fantastische Intonation prägt das Hörspiel wie kaum eine andere. Ich erwische mich bei Lesungen manchmal dabei, dass ich in einen Sprachduktus verfalle, der den von Benrath imitiert – auch nach über dreißig Jahren.

Und dann sind da natürlich Horst Bollmann als Bilbo und Bernhard Minetti als Gandalf. Minetti ist eine Schauspielerlegende, dessen Präsenz in diesem Hörspiel so sensationell ist wie die von John Huston in derselben Rolle im *Hobbit*-Animationsfilm von 1977; Gandalf hat wohl seit jeher die ganz Großen angezogen.

Horst Bollmann, gleichfalls Urgestein des deutschen Theaters und ehemaliger *Tatort*-Ermittler, ist in der Titelrolle die Idealbesetzung. Bilbos Stimmungswechsel von Panik über mürrisches Zaudern bis zum Heldenmut setzt Bollmann so präzise um, dass ich mir wünsche, es gäbe Filmdokumente von den Aufnahmen im Studio. Um zu verstehen, wie grandios die beiden sind, muss man nur mal in die britische *Hobbit*-Produktion der BBC hineinhören, die nicht schlecht ist, mit der deutschen aber nicht im Ansatz mithalten kann. (Dafür hat die BBC im Jahr 1981 ein sehr viel besseres *Herr der Ringe*-Hörspiel zustande gebracht als der WDR schließlich 1991.)

Als mich der WDR vor einer Weile fragte, ob ich nicht Lust hätte, selbst Hörspiele zu schreiben, wollte ich aus Nostalgie an die Tradition des *Hobbit* anknüpfen und eine Vorgeschichte zu einer meiner eigenen Trilogien verfassen. Am Ende wurden es zwei: *Der Brennende Schatten* als Prequel zur *Merle*-Trilogie und *Der Klabauterkrieg* als Prolog der *Wellenläufer*-Romane. Beide wurden in denselben Studios aufgenommen, in denen viele Jahre zuvor Bollmann, Minetti und all die anderen Mittelerde zum Leben erweckt hatten. Nirgends in Deutschland werden so viele Hörspiele produziert wie beim WDR in Köln, und die riesigen Studiokatakomben unter dem Funkhaus am Wallrafplatz werden Tag und Nacht in mehreren Schichten genutzt. Die unterirdischen Säle, in denen die Sprecher zumeist nicht sitzend, sondern gern in Bewegung aufgenommen werden, sind eine Welt für sich und Tolkiens »tiefen Verliesen und uralten Höhlen« nicht unähnlich. Als ich sie zum ersten Mal betrat, tat ich das mit gehöriger Ehrfurcht und einer guten Portion Stolz darüber, dass meine Figuren in denselben Räumen zum Leben erweckt werden würden wie einstmals Bilbo und die Zwerge.

Seit 1980 habe ich zahllose Hörspiele gehört, darunter eine Menge, die aufwendiger und technisch versierter sind als *Der Hobbit.* Am Sockel meines Lieblingshörspiels hat dennoch keines von ihnen kratzen können. Wenn in den ersten Sekunden die Musik einsetzt, bin ich zurück im Auenland, vor Bilbos grüner Tür, und es kommt jemand den Weg herauf, »ein kleiner, alter Mann, mit einem Stab, hohem, spitzem blauem Hut, mit einer silbernen Schärpe, über die sein langer weißer Bart hing«. Und ich bin wieder elf und es ist Weihnachten.

Oliver Dierssen

CHAISELONGUE

Spielmann war nach knapp siebenundzwanzig Jahren als Therapeut einiges gewohnt. Aber dass Patienten ihn aufsuchten, weil er nicht besonders groß war, das war neu. Auch, dass sie auf Socken ins Sprechzimmer kamen.

»Ich hab Sie nicht direkt wegen Ihrer Größe aufgesucht, Doktor«, sagte der Patient. »Eher so … na, Sie wissen schon. Weil wir uns etwas ähnlich sehen. Ich hab einen Freund sagen hören: Der Doktor Spielmann, der wird dich verstehen, der könnte glatt dein Bruder sein.«

»Interessant«, sagte Spielmann, der erstens größenmäßig *beinahe* im Bundesdurchschnitt lag (zumindest in seinen Glattlederschuhen, extraweiten Maßanfertigungen, unter deren stahlharten Absätzen man Paranüsse knacken konnte) und sich das zweitens nicht von einem wirklich lächerlich kurzen Patienten aufs Brot schmieren lassen musste. Schon gar nicht in der ersten Therapiestunde.

»Ich freue mich immer, wenn ich andere Männer unter eins siebzig treffe«, sagte der Patient, »dann sehe ich mal, wie die damit so umgehen.«

Spielmann gab ein therapeutisches Grunzen von sich und kritzelte *Vollkorntoast, Putenbrust, Philadelphia* auf seinen Block, das durfte er nachher keinesfalls vergessen. Patienten liebten es für gewöhnlich, wenn er die Therapiestunden mitschrieb oder wenigstens so tat. Zwar tickerte das Tonband in dem alten Kassettenrekorder auf dem Beistelltischchen vor sich hin, aber Mitschreiben setzte besondere Akzente. Das war alte Schule. Das hatte Stil. Vielleicht liebten die Patienten es nicht direkt, aber sie schienen es zu schätzen. Die wenigen, die noch kamen zumindest.

»Vielleicht wollen Sie mir zunächst sagen, wen Sie da im Wartezimmer mitgebracht haben …«, begann Spielmann.

»Ach, das ist die Mama«, sagte der Patient. »Die liest so gern die vielen Gratiszeitschriften bei Ärzten, sagt sie, darum ist sie mit. Außerdem hab ich den Führerschein noch nicht wieder, da fährt sie mich halt. Die wollen mich zum Idiotentest schicken, Doktor, weil ich nicht mit so nem Turbokissen unter dem Hintern fahren möchte, können Sie sich das vorstellen? Ich hab den Führerschein in einer A-Klasse gemacht, da sitzt man etwas höher, ging tadellos. Unfassbar, wie häufig man angehalten wird, Doktor, Führerschein, Ausweis und so weiter, wenn man unter eins siebzig ist.«

»Unter eins sechzig.«

»Auch das«, sagte der Patient.

Spielmann hatte vorgehabt, sich zurückzuhalten und die Zeit bis zum Feierabend mit ein paar offenen Fragen und Halbsätzen zu überbrücken. Aber dieser Patient provozierte ihn dazwischenzugehen und genauer nachzuhaken. Dieses freche, breit gezogene Gesicht mit dem aufgesetzten Grinsen, die ungewaschenen Locken und die unanständig großen Knick-Spreiz-Senkfüße in den handgestrickten Wollstrümpfen. Sie rochen nach nassen, alten Schafen.

»Es stört Sie doch nicht, wenn ich die Füße auf die Couch lege?«, fragte der Patient. »Sie sind Psychiater, da dachte ich, das muss so.«

»Es ist keine Couch«, sagte Spielmann. »Sondern eine Chaiselongue.«

»Klingt teuer«, sagte der Patient und rieb die Füße am Bezug. Sie waren übrigens ein gutes Stück größer und unförmiger als die von Spielmann. Und die waren schon groß. Und haarig. Dora, seine zweite Frau, hatte sie gern gekrault und »meine zwei wilden Dackel« genannt, was in den letzten zwei Jahren vor der Scheidung das Höchstmaß an Intimität gewesen war.

»Eine Chaiselongue«, erklärte Spielmann, »ist einfach nur ein langes, flaches Sofa.«

»Na dann«, sagte der Patient und stieß die klobigen Fersen beherzt in die empfindliche Polsterung. »Dann mache ich mich mal lang.«

Er bedeckte die Chaiselongue höchstens zur Hälfte.

»Sie wollten über etwas Wichtiges sprechen«, ermunterte ihn Spielmann. »Darum hatten Sie um den Termin gebeten, wenn ich mich recht entsinne. Ich stelle sonst nicht viele Fragen, sondern höre mehr zu, aber bei Ihnen habe ich das Gefühl, man darf ruhig etwas nachbohren.«

»Gern«, sagte der Patient und verschränkte die Hände hinter dem Kopf. Der Schweißfleck in seiner linken Achsel hatte die Kontur von Korsika. »Die Mama sagt, man muss mir jedes Wort aus der Nase ziehen. Aber bei Ihnen ist das anders, ich fühl mich hier wie zu Hause.«

Da war sie wieder, Spielmanns beständig wachsende Abneigung gegen Patienten, die vielleicht die dürftigen Quartalsabrechnungen erklärte: Spielmann wollte nicht, dass sich der Patient hier zu Hause fühlte. Er war Therapeut und pflegte seit Doras Auszug fast ausschließlich berufliche Beziehungen.

Abgesehen davon war heute kein guter Tag. Die angeblichen Zwergzypressen von Spielmanns Nachbar Grabowski hatten die kritische Größe von eins siebzig erreicht und verdunkelten Spielmanns Arbeitszimmer, was die Nachbarschaft schlicht nicht zu interessieren schien. Zudem hatte er heute früh im Schuhgeschäft eine Frau angesprochen, die genau in sein Beuteschema fiel (nicht zu jung, nicht zu schlank, eine laute Stimme), doch sie hatte sich bei ihm lediglich erkundigt, ob es diese High Heels auch in Mattbraun gebe.

»Ich würde mich sehr gerne auf Reisen begeben, Doktor«, sagte der Patient. »Das Land sehen, das dort draußen auf mich wartet: grüne Wiesen, sanft geschwungene Hügel, Mühlen, Bächlein, putzige Häuser. So ähnlich wie in der alten Heimat. Ich würde einfach gerne aufbrechen, raus auf die Straßen und nach alter Tradition davonwandern. Doch ich kriege immer so Panikattacken. So Hecheln und Herzklabaster. Die Mama sagt, ich soll es erst mal mit öffentlichen Verkehrsmitteln versuchen. Aber als Halbling fährt man nicht mit der Bahn, man läuft. Der offene Himmel macht mir allerdings Angst. Raubvögel, verstehen Sie?«

»Halbling«, brummte Spielmann, »Raubvögel.« Er schrieb *Halbfettmargarine, Rauke, Kirschtomaten* auf seinen Block. Ein prima Sandwich würde das werden, dazu den Tatort Saarland, den er aufgenommen hatte. Im Kühlschrank stand noch offener Weißwein.

»Es bräuchte wahrscheinlich schon einen Kondor, um einen Mann wie mich davonzutragen«, sagte der Patient, »und die sind selten. In der alten Heimat gab es Adler, aber die taten den Halblingen nichts, sie waren sehr freundlich und hilfsbereit.«

»Die alte Heimat?« Spielmanns Onkel mütterlicherseits, Schlesinger, war nach dem Krieg nach Palästina ausgewandert und hatte dort Karriere in der fleischverarbeitenden Industrie gemacht. Aber es war unwahrscheinlich, dass der Patient hierauf anspielte.

»Da gab es eben solche netten Adler, zumindest der Überlieferung nach. Wirklich reizende Tiere. Die hätten mich höchstens heimgeflogen, wenn die Mama mit dem Abendessen wartet. Aber in Deutschland ist es anders, Doktor, da macht mich der offene Himmel ganz rasend, davon kriege ich Achselnässe, mir bleibt die Luft weg, und alles dreht sich. Das ist doch psychologisch bedingt, da können Sie doch sicher etwas tun, nicht wahr?«

»Die Mama wartet also mit dem Abendessen«, sagte Spielmann. Er versuchte, den ausufernden Wortstrom des Patienten in die richtige Richtung zu lenken: Ein offenbar ausgewachsener Mann, der mit der Mutter im Schlepptau zur Therapie erschien – das sagte ja wohl alles. Die verschiedenen psychologischen Schulen hatten eine Menge Begriffe dafür, soziale Phobie, Trennungsangst, Muttersöhnchen. Es fehlte nur noch, dass Mutti sich zu ihm auf die Couch legte. Beziehungsweise auf die Chaiselongue.

»Die Mama wartet nicht mit dem Abendessen, sondern im Wartezimmer«, sagte der Patient und versuchte, Spielmann in den Block zu linsen, »das hatte ich schon gesagt, mir schien sogar, Sie hätten es sich aufgeschrieben.«

»Der Block ist meine Sache«, sagte Spielmann und drehte sich weg. »Sie reden, ich schreibe, klare Aufgabenverteilung. Sie waren bei der Mama stehen geblieben.«

»Ich war bei meiner Angst vor dem offenen Himmel und der Sehnsucht nach der alten Heimat«, korrigierte ihn der Patient. »Auch wenn man da nicht einfach so hinwandern kann. Das verfügbare Kartenmaterial ist eher mangelhaft, viel handgezeichnetes Zeug. Ich würde gern einfach loslaufen, *die Straße gleitet fort und fort*«, summte er, »*weg von der Tür, wo sie begann …*«

»Weglaufen ist keine Lösung«, stellte Spielmann klar. »Außerdem würden Sie da ja die Mama allein lassen, schon mal daran gedacht?«

»Was haben Sie denn eigentlich die ganze Zeit mit meiner Mutter?«, fragte der Patient.

»Ich hab gar nichts mit Ihrer Mutter«, sagte Spielmann, »Wär ja noch schöner. Sie reden mehr oder weniger von nichts anderem.«

»Ich rede von meiner Sehnsucht und meinen Ängsten, Doktor«, sagte der Patient, »von meinen Träumen, von meinen Bedürfnissen. Kennen Sie wahrscheinlich nicht, wenn man sich mit ganzem Herzen irgendwohin sehnt, aber den Ort nicht kennt? Das wilde Pochen des Fernwehs? Das Brennen unter der Fußsohle, wenn man einfach loslaufen will?«

»Brennen unter der Fußsohle kann zahlreiche medizinische Gründe haben. Nervenschäden zum Beispiel. Auch Fußpilz kann so was machen.«

»Ich hab den Wink ja verstanden!« Der Patient schwang die Füße von der Chaiselongue und setzte sich kerzengerade hin. »Sagen Sie doch einfach, wenn es Ihnen nicht passt, dass ich die Füße hochlege, anstatt ewig drum herumzureden. Das Ding hier sah halt aus wie eine Liegecouch. Ist wahrscheinlich ein Test: Wenn man sich flach hinlegt, hat man gleich eine Klatsche, ist es nicht so, Doktor?«

»Keineswegs.« Spielmann fasste das Klemmbrett mit beiden Händen und rang den Impuls nieder, dem Patienten mal zu zeigen, wer hier der Chef war. »Das mit Ihrer Mutter ist ein sehr emotionales Thema für Sie, ich verstehe. Wenn es Ihnen hilft, können wir Ihre Mutter auch kurz zum Gespräch hinzubitten, da mache ich gerne mal eine Ausnahme …«

»Es reicht mir jetzt mit meiner Mutter!«, lärmte der Patient. »Die hat mit meinen Problemen nichts zu tun, sie hat mich hergefahren, den lächerlichen Grund dafür kennen Sie, und sie kocht sonntags für mich, das ist alles, kapiert? Meine Mutter ist die Herzensgüte in Person, sie ist die großzügigste, liebevollste und einfühlsamste Frau, die man sich vorstellen kann!«

»Gut«, sagte Spielmann, »einverstanden. Reden wir nicht über Ihre Mutter. Reden wir lieber über den Kondor, den übermächtigen, der sich auf Sie stürzt, wann immer er es will, und sich mit mächtigen, unnachgiebigen Klauen in Ihr Fleisch versenkt und Sie in sein Nest schleppt und Sie NIEMALS ENTKOMMEN LÄSST!«

Der Patient wurde blass.

»Es reicht jetzt langsam wirklich«, sagte er. »Sie verstehen mich nicht, Doktor, das wird nicht funktionieren mit uns beiden. Ich möchte das Gespräch gern abbrechen. Auch ein Halbling muss sich nicht alles bieten lassen.«

»Schon dieses Wort«, sagte Spielmann, »Halbling, haben Sie sich das selbst ausgedacht? Merken Sie nicht, wie sehr Sie sich mit solchen Bezeichnungen selbst reduzieren?«

»Halbling!« Der Patient versuchte offensichtlich, ein grimmiges Gesicht aufzusetzen, aber er wurde das idiotische, kindische Grinsen einfach nicht los. »Das Wort kennt jedes Kind, lesen Sie keine Bücher, Doktor?«

»Offensichtlich die falschen«, sagte Spielmann und

wies mit dem Daumen auf die knapp dreißig Regalmeter Fachliteratur in der Bücherwand hinter ihm.

»Halbling ist eine Gattungsbezeichnung«, zischte der Patient, »mit denen wir uns von den großen Leuten absetzen wollen. Ich hatte ehrlich gesagt gehofft, Sie wären einer von uns.«

»Halb-ling«, sinnierte Spielmann, »für mich klingt das nach verbaler Beschneidung, nach rhetorischer Kastration. Ist Ihre Mutter auch ein Halb-ling?«

»Es reicht! Das muss ich mir nicht bieten lassen!«, rief der Patient. »Die Praxisgebühr können Sie meinetwegen behalten, aber die Notizen nehme ich mit, können Sie gleich hergeben, das geht niemanden etwas an.«

»So nicht, junger Mann!« Spielmann haute mit der flachen Seite des Klemmbretts kräftig auf die Armlehne der Chaiselongue, knapp neben die kurzgliedrigen Wurstfinger des Patienten. »Das ist meine Praxis, das sind meine Regeln, Sie können gern gehen, aber die Notizen gehören dem, der sie anfertigt.«

»Wir haben Datenschutz in Deutschland!« rief der Patient.

»Mit Deutschland haben Sie es doch sowieso nicht!«, sagte Spielmann und knallte das Klemmbrett noch dichter neben die grapschenden Patientenhände. »Wollten Sie nicht gerade noch nach Halblinghausen umziehen, wie schaut es denn dort mit dem Datenschutz aus?«

»Dann eben die Kassette!« Der Patient stürzte sich in Richtung des Rekorders, den Spielmann seit siebenundzwanzig Jahren täglich benutzte, und den Telefunken noch jahrelang aus Kulanz gewartet hatte, in der alten, besseren Zeit, als es das Unternehmen noch gab. Mit diesem Gerät und einem Ausziehsofa von Porta hatte Spiel-

380

manns therapeutische Karriere begonnen, der Rekorder war quasi sein persönlicher Glücksbringer, der wurde nicht nach Halblinghausen verschleppt.

»Wer benutzt heute schon noch Kassetten?«, ätzte der Patient, drückte gefühllos auf den Tasten herum, bis sich die Kassettenlade mit einem hochwertigen Schnurren öffnete, das man bei heutigen Teilen gar nicht mehr fand. »Gucken Sie mal auf den Tacho, Doktor, das kann man alles digital machen.«

Er klaubte die Kassette aus dem Schacht – und schloss die Lade mit einem Fausthieb.

»Das reicht jetzt!«, rief Spielmann, schwang das Klemmbrett locker in der Rechten und versuchte einen bogenförmigen Hieb von schräg oben. »Sie wollen sich nicht nur nicht helfen lassen, sondern andere ins Unglück stürzen!«

»Hilfe!«, schrie der Patient.

Die Tür zum Sprechzimmer wurde aufgestoßen.

Schon bevor Spielmann vor zwei Jahren seine Sprechstundenhilfe wegen der mies laufenden Praxis hatte entlassen müssen, war das ein untrüglich schlechtes Zeichen gewesen. Heute roch es erst recht nach Ärger.

Eine kurzgewachsene, sehr korpulente Frau mit bräunlicher Dauerwelle stand auf der Türschwelle. Ihr erdfarbener Poncho – vorn von einer äußerst geschmacklosen Brosche zusammengehalten – stieß an beiden Seiten gegen den Türrahmen. »Addo! Was bitte geht hier vor sich? Ich wollte mir gerade eine Zeitung holen gehen, hier oben gibt's ja nur Freizeitrevue von 2005, da hab ich dich schreien hören.«

»Wir sind noch mitten in der Therapie«, sagte Spielmann.

»Der lügt, Mama!«, rief der Patient.

Schnaufend durchquerte die dicke Dame den Behandlungsraum, hielt zunächst scharf auf Spielmann zu, der hinter die Chaiselongue auswich. Dann schritt sie das Bücherregal ab, strich mit der Fingerspitze über die Kante des Schreibtischs, fuhr dann blitzschnell herum und piekste Spielmann mit dem tiefrot lackierten Zeigefingernagel in die Brust.

»Was für ein Unsinn läuft hier, Jungs?«

»Der Doktor wollte mir die Kassette nicht geben«, jammerte der Patient. »Da ist alles drauf, was ich über Halblinge erzählt habe.«

»Tonbandaufzeichnung und Notizen sind Dokumente des behandelnden Arztes«, sagte Spielmann und legte das Klemmbrett weg, »die können bedauerlicherweise nicht mitgenommen werden.«

»Wenn dem Herrn Doktor daran so viel liegt«, sagte die Mutter, »dann lass sie ihm doch einfach da, Addo. Vielleicht will er's sich ja später noch mal anhören.«

»Will ich nicht«, sagte Spielmann.

»Der wollte ohnehin die ganze Zeit über dich reden und über nichts anderes, Mama, das kam mir von Anfang an komisch vor«, sagte der Patient.

»Wollte ich schon«, sagte Spielmann. »Sie aber nicht.«

»Der lügt, Mama«, sagte der Patient.

Seine Mutter pflückte ihm die Kassette aus der Hand und inspizierte sie durch eine goldgefasste Lesebrille, ließ die Lade des Kassettenrekorders aufschnurren und schob das Tonband mit Fingerspitzengefühl hinein. »Soll ich sie Ihnen zurückspulen?«, stichelte sie, »dann können Sie gleich loshören, wenn wir fort sind.«

Spielmann starrte auf sein Klemmbrett und schwieg.

Er würde heute nicht mehr einkaufen gehen, erkannte er, sondern wieder nur kraftlos am Küchentisch hocken, den Weißwein wegzischen und danach noch eine Flasche aufmachen. Dieser Beruf richtete ihn zugrunde, die Patienten fraßen seine letzte Kraft.

»So hätte ich mir das gewünscht«, sagte der Patient, »dass Sie einfach mal zuhören, anstatt mir immer von der Seite reinzureden.«

»Ich hatte dir gleich gesagt, was ich von diesen Psychoheinis halte, wollte ja niemand hören. Die meisten sind dumm oder unerfahren.«

»Ich bin nicht unerfahren«, sagte Spielmann, »ich mache das seit fast dreißig Jahren.«

»Schönen Tag noch«, sagte die Mutter.

»Und viel Spaß beim Hören«, schob der Patient hinterher. Sein jungenhaftes, verzogenes Grinsen verlangte dringend nach dem Klemmbrett.

Spielmann sah dem Patienten und der dicken Mutter durch die hohen Fenster nach. Die eingetrübten Doppelglasscheiben ersparten ihm die deprimierenden Details: die vermutlich selbstzufriedenen Gesichter von Menschen, die sich emotional an ihm bereichert hatten und jetzt ihr unausgewogenes, neurosenzerfressenes, von ungesunden Übertragungen und Gegenübertragungen durchwobenes Leben weiterlebten und nicht begriffen, wie viel Seelenfrieden ihnen entging, weil sie sich nicht behandeln ließen.

Der Patient drehte sich auf dem Bürgersteig um und winkte unverschämterweise hoch. Er sah von hier oben noch lächerlicher aus, dumm und kurzgewachsen. Vielleicht hatte er irgendeine blöde Krankheit, deren Namen

Spielmann vor Jahren mal gekannt und zusammen mit den anderen Fachbegriffen vergessen hatte.

Nein, er würde dem Patienten nicht das Telefunken-Gerät hinterherschmeißen. Er hatte es einfach nur so in der Hand. Weil er es so mochte. Das war alles.

Ein kehliges Räuspern in der Sprechzimmertür.

»Das war heute keine gute Sitzung, nicht wahr, Junge? Ich hab die Patienten gesehen. Sie haben über dich gelacht.«

Spielmann fuhr herum.

»Wir sprechen nicht über unsere Patienten, Vater, das war abgemacht. Überhaupt: Was machst du schon wieder hier?«

Sein Vater, dank des bechterewschen Rundrückens inzwischen einen knappen Viertelkopf kleiner als Spielmann, hatte offenbar wieder einen Privatpatienten behandelt – oder schob sicher gleich einen anderen Grund vor, warum er sich in die Praxis geschlichen hatte, hier herumlungerte, danebenpinkelte und sich beklagte, dass Spielmann die Sprechstundenhilfe hatte entlassen müssen. Mit ihr hatte sein Vater angeblich noch vor wenigen Jahren lustige Stunden verbracht, wenn Patienten die Therapie vergessen hatten. Auf der Couch. Beziehungsweise der Chaiselongue. Die Details, von denen der Alte gern berichtete, hatte Spielmann verdrängt.

Zwei Jahre war Spielmann senior jetzt in Rente. Sein Name war zwar aus den Gelben Seiten gelöscht und aus Kostengründen mit überlackiertem Klebeband vom Praxisschild getilgt worden. Trotzdem riefen immer noch einige unverbesserliche Nostalgiker an und legten einen Haufen Geld auf den Tisch, um sich auf Privatrechnung

eine Stunde lang von einem inkontinenten Rentner an-
schweigen zu lassen.

»Na, spuck es schon aus«, sagte sein Vater.

»Es war halt eine kontroverse Sitzung!«, sagte Spielmann. »Ich habe unangenehme Wahrheiten ausgesprochen. Das war alles.«

»Was machst du mit dem Kassettenrekorder? Aus dem
Fenster werfen? Hilft nichts, habe ich auch schon versucht.«

Spielmann nickte. Stellte den Rekorder zurück auf das
Beistelltischchen, schloss ihn wieder an, spulte die Kassette zurück, beschriftete sie mit dem gespitzten Bleistift
und warf sie in die Schublade, aus der er seit Wochen
nichts mehr wegsortiert hatte.

»Vater?«, fragte er, als der Alte sich anschickte, in seinem unerträglichen Altmännergang wieder nach Nebenan zu schlurfen. »Weißt du eigentlich, was ein Halbling
ist?«

»Tolkien«, sagte der Vater. »Kennt jeder. Hab ich als
Kind gelesen. War ganz nett. Viele Landschaftsbeschrei-
bungen.«

»Warum hab ich das nicht gelesen?«, fragte Spielmann.
»Wollte ich nicht?«

»Offensichtlich«, sagte sein Vater und schlurfte nach
nebenan.

Spielmann setzte sich auf den Stuhl, auf die Fensterbank und schließlich auf die Chaiselongue. Zog die Schuhe aus. Wackelte mit den Zehen. Schrieb *Sahnemeerret-
tich* auf den Block.

Die Straße gleitet fort und fort, hatte der Patient gesagt.
Weg von der Tür, wo sie begann.

Alles Quatsch, beschloss Spielmann, die Straße glitt

nirgendwohin, sondern lag am Moltkeplatz, festbeto-
niert, platt getrampelt und verdreckt. Und da würde sie
liegen bleiben, bis man sie mit Presslufthämmern zer-
schlug und abtransportierte.

Seine Glattlederschuhe hätten eine Schicht Schuhcreme
vertragen können, erkannte Spielmann, als er ohne
Schirm in den Nieselregen trat. Oder einen Schuss von
diesen neumodischen Schuhsprays, von denen er Aus-
schlag kriegte. Insgesamt sah Spielmann es nicht ein, nur
wegen eines spontanen Regenspazierganges die guten
rahmengenähten Treter zu versauen. In den Siebzigern
waren ständig Leute barfuß unterwegs gewesen, damals
hatte sich niemand darüber beschwert. Und davon abgesehen zog er ohnehin nur selten Blicke auf sich, die Leute
schauten meist über ihn hinweg.

Spielmann verstaute die Schuhe in einem der Plas-
tikbeutel, die er häufig in der Manteltasche mit sich
führte, und marschierte auf Socken durch den Regen.
Er ging nordwärts, bog auf den Niedersachsenring ein
und hielt dann nach Westen. Nach fünfunddreißig Minuten querte er die Bezirkssportanlage Hainholz, wo er
ein klein wenig die Orientierung verlor. Der Himmel
hatte die Farbe von jungem Roséwein, einige Krähen
zogen ihre Kreise.

Auf einer Schotterpiste nördlich der Grünfläche (vielleicht war es auch nordwestlich) ging Spielmann die Pus-
te aus. Er überlegte, ob er vielleicht wieder die Schuhe
anziehen sollte und damit ein klein wenig Contenance
zurückerlangte. Oder ob er gleich die vermatschten Socken auszog und den Weg auf blanken Sohlen fortsetzte.

Als er die Socken zusammenrollte und in die Schuhe mit den wirklich sehr schweren Sohlen stopfte, erschrak er:

Hinter dem Vereinsheim mit den bunten Wimpeln (denn um nichts anderes konnte es sich handeln) war plötzlich lautes Motorengeräusch zu hören. Ein bunt bemalter VW-Bus schlingerte um die Kurve, hielt sich mit Mühe auf dem gekiesten Weg, schoss auf Spielmann zu, bremste schließlich zwei Schritte neben ihm hart ab. Es handelte sich um eines der klassischen, formvollendeten Modelle aus den Siebzigern, das in Würde gealtert war und hoffentlich von VW noch aus Kulanz gewartet wurde.

Spielmann hatte kaum Geld und keine Kreditkarte dabei, erinnerte er sich. Ein Überfall war also ein fruchtloses Unterfangen.

Die fleckige Scheibe wurde heruntergekurbelt, erzgraue Nebelschwaden wanden sich aus der Fahrerkabine. Ein bärtiges Gesicht unter einem verbeulten Hut tauchte zwischen ihnen auf, ebenfalls in Würde gealtert und zumindest von jeder Wartung mit Rasierer und Schere verschont.

»Sie sehen aus, als könnten Sie eine Mitfahrgelegenheit gebrauchen«, sagte der Fahrer, ohne die Pfeife aus dem Mund zu nehmen. »Wenn Sie wollen, springen Sie rein. Ich fahr in Richtung Vahrenwalder Straße, dann auf die A2. Ich habe Freunde in Amsterdam. Und dann geht's weiter nach Westen.«

»Amsterdam ist sicher schön«, sagte Spielmann so höflich wie möglich, »aber damit sind Sie etwas spät. Vor dreißig Jahren wäre ich gern mitgekommen. Aber ich habe Verpflichtungen, verstehen Sie?«

Zugegeben: Der Einzige, der sauer wurde, wenn Spielmann heute spätabends oder erst morgen oder in einer

Woche heimkehrte, war der offene Weißwein. Aber zu Fremden ins Auto steigen, noch dazu mit nassen Füßen, das war unmöglich.

»Zu spät? Ein *Maurer* kommt nie zu spät«, sagte der Fahrer und zog kräftig an seiner Pfeife. »Ebenso wenig zu früh. Er trifft genau dann ein, wann er es beabsichtigt.«

Spielmann zuckte die Achseln, tippte sich an die Stirn, winkte und versuchte noch ein paar andere Gesten, die andeuten sollten, dass dieses Gespräch jetzt von seiner Seite aus zu Ende war und der Busfahrer ihn nicht mehr so durchdringend anstarren und Rauch in seine Richtung blasen sollte, der definitiv kein Tabakrauch war. (Der Mann hatte eben klar und deutlich »Zauberer« und nicht »Maurer« gesagt. Was so seltsam war, dass Spielmann sich entschloss, sich verhört zu haben.)

»Wir sehen uns, schätze ich«, sagte der Busfahrer schließlich, zog an seiner Pfeife und fuhr gemächlich davon.

Spielmann blieb eine Weile stehen, knetete das Gras mit den nackten Zehen und spürte das Gewicht der regenfeuchten Hosenbeine. Die Dämmerung kam, und er wusste wirklich nicht so recht, wo er war. Die dunstigen Lichter der Großstadt konnte er nur erahnen, ein entferntes Glimmen rechter Hand, hinter einem dichten Nadelwäldchen.

Die Straße, erkannte er schließlich, als er auf die kurvigen Spuren des Busses auf der dämmerigen Schotterpiste blickte, die asphaltierte, plattgetretene, eingestaubte Straße war nicht mehr da.

War fortgeglitten.

Und seltsamerweise erfüllte dies Spielmann mit einem plötzlichen, außerordentlichen Vergnügen.

DER HERAUSGEBER

Bernhard Hennen, 1966 geboren, studierte Germanistik, Geschichte und Vorderasiatische Altertumskunde. Als Journalist bereiste er den Orient und Mittelamerika, bevor er sich ganz dem Schreiben fantastischer Romane widmete. Mit seinen Elfen-Romanen stürmte er alle Bestsellerlisten und schrieb sich an die Spitze der deutschen Fantasy-Autoren. Hennen lebt mit seiner Familie in Krefeld.

DIE AUTOREN

Friedhelm Schneidewind, geboren 1958, Studium der Biologie und Informatik in Saarbrücken, lebt am Rande des Odenwaldes als freiberuflicher Autor, Journalist, Verleger, Musiker und Dozent. Er publiziert seit 1988, hält Vorträge, Seminare und Workshops und ist als »der deutsche Tolkien-Experte« (Radio Europa) gern gesehener Gast und Gesprächspartner bei Funk und Fernsehen. Schneidewind veröffentlichte zahlreiche Artikel und Essays in Zeitschriften und Fachbüchern zu Tolkiens Fantastik und Mythologie. Schneidewind ist Gründungsmitglied der Gesellschaft für Fantastikforschung (GFF), Ehrenmitglied bei Earth Rocks (Verein zur Förderung fantastischer Literatur in Österreich), Mitglied der Deutschen Tolkien Gesellschaft (DTG) und der Tolkien-Society, außerdem aktiv im VS, dem Verband deutscher Schriftsteller in ver.di. Zuletzt ist von ihm erschienen: *Mein Mittelerde. Artikel und Essays zu Tolkien und seinem Werk*, Oldib-Verlag, Essen 2011.

Christoph Marzi lebt mit seiner Familie im Saarland und verbringt einen großen Teil seiner Zeit damit, sich viele Dinge auszudenken, von denen manche zu Romanen und andere zu Kurzgeschichten, Gedichten oder Songtexten werden (alles andere führt ein Leben als Blog-Eintrag auf *www.christoph-marzi.de*). Er mag Füchse und Otter, Bilderbücher und Romane, Honig und Pfirsichmarmelade, aber nicht unbedingt in dieser Reihenfolge (und vieles andere mag er natürlich auch).

Adam Roberts wurde 1965 in London geboren. Er studierte Literaturwissenschaften in Aberdeen und Cambridge und ist heute Professor für Britische Literatur des 19. Jahrhunderts an der University of London. Sein erster Science-Fiction-Roman *Sternennebel* erschien im Jahr 2000. Seither hat er viele weitere Romane veröffentlicht, darunter auch die erfolgreiche Tolkien-Parodie *Der Hobbnix*. Der Autor lebt mit seiner Familie in London.

Karl-Heinz Witzko, geboren 1953, studierte in Dortmund Statistik und war anschließend in der epidemiologischen Forschung tätig. In den Neunzigerjahren gehörte er der Redaktion des deutschen Rollenspiels *Das Schwarze Auge* an, das er nachhaltig mit seinem Schaffen prägte und in dessen Spielwelt er seine ersten Romane ansiedelte. Nach der Mitarbeit bei der ambitionierten Romanserie um die *Gezeitenwelt* (u. a. mit Bernhard Hennen) widmete er sich dem Erfinden eigener Welten. Seine bekanntesten Romane der letzten Jahre sind *Die Kobolde, König der Kobolde* und *Dämon wider Willen,* die auch ins Italienische übersetzt wurden. Er lebt heutzutage in Bremen.

Wieland Freund, Jahrgang 1969, ist Literaturredakteur in Berlin. Wenn nicht, schreibt er Kinder- und Jugendbücher, zum Beispiel: *Gespensterlied* (2004), *Die unwahrscheinliche Reise des Jonas Nichts* (2007) und die *Törtel-*Bände, angefangen mit *Törtel, die Schildkröte aus dem McGrün* (2009). Seinen hier abgedruckten Artikel »Blindflug nach Mittelerde« über *Das große Hobbit-Buch* hat er als Literaturredakteur für *Die Welt* geschrieben.

Lena Falkenhagen, geboren 1973 in Celle, arbeitete nach ihrem Studium der Germanistik und Anglistik als Übersetzerin, Lektorin und Autorin für Fantasy-Rollenspiele. Als Redakteurin Aventuriens gestaltet sie die größte fantastische Rollenspielwelt Deutschlands mit. Nach *Das Mädchen und der Schwarze Tod, Die Lichtermagd* und *Die Schicksalsleserin* ist *Die letzte Hanseatin* ihr vierter historischer Roman. Die Preisträgerin des DeLiA-Romanpreises 2010 lebt in Hannover.

Anna Thayer ist Autorin, Essayistin und Lehrerin. Sie beschäftigt sich bereits seit über einem Jahrzehnt mit dem Werk von J. R. R. Tolkien und ist die Herausgeberin von *Doors in the Air: C. S. Lewis and the imaginative World.* Mit *The Traitors Heir,* dem kürzlich erschienen Auftakt zu einer Fantasy-Trilogie, hat sie ihren ersten eigenen Roman veröffentlicht. Sie lebt mit ihrem Mann in Südengland.

Kathleen Weise, Jahrgang 1978, träumt die meiste Zeit von einer Höhle mit unzähligen Speisekammern, die bis an die Decke mit den leckersten Speisen gefüllt sind. Selbst wenn sie schreibt (denn damit verdient sie ihre Brötchen), kann sie nur ans Essen denken. Zum Glück gibt es in Leipzig, wo sie wohnt, genügend hervorragende Restaurants. Nicht umsonst heißt es von dieser Stadt, sie wäre »ein klein Paris«, wie Goethe sagte – und in Paris spielt auch der Roman *Blutrote Lilien,* für den sie das Leselenz-Stipendium der Stadt Hausach und die Auszeichnung »Buch des Monats« der Deutschen Akademie für Kinder- und Jugendliteratur erhielt.

Dr. Frank Weinreich lebt als freier Lektor, Autor und unabhängiger Wissenschaftler mit seiner Familie in Bochum. Nach einer Ausbildung zum Krankenpfleger studierte er in den Neunzigern Publizistik, Philosophie und Politik, arbeitete danach in der Schulentwicklungsforschung und promovierte im Fach Philosophie über das Thema Ethik zum Dr. phil. Nebenher begann er, Artikel und später ganze Bücher zum Thema Tolkien im Speziellen sowie fantastischer Literatur im Allgemeinen zu schreiben und herauszugeben und fand sich plötzlich als Lektor fantastischer Romane wieder – eine Beschäftigung, die der Universität entschieden vorzuziehen war. Da die inquisitorische Ader aber immer noch nicht gänzlich versiegt ist, publiziert er weiterhin regelmäßig zu fantastischen Themen.

Boris Koch, Jahrgang 1973, wuchs auf dem Land südlich von Augsburg auf, studierte Alte Geschichte und Neuere Deutsche Literatur in München und lebt heute als freier Autor in Berlin. Er ist Mitveranstalter der fantastischen Lesereihe *Das StirnhirnhinterZimmer* und Redakteur des Magazins *Mephisto*. Zu seinen Buchveröffentlichungen gehören *Der Drachenflüsterer,* die Fantasy-Parodie *Die Anderen* und der mit dem Hansjörg-Martin-Preis ausgezeichnete Jugendkrimi *Feuer im Blut* sowie der Shadowrun-Roman *Der Schattenlehrling.*

Christoph Hardebusch, geboren 1974 in Lüdenscheid, studierte Anglistik und Medienwissenschaft in Marburg und arbeitete anschließend als Texter bei einer Werbeagentur, was er allerdings für das Schreiben weniger fiktiver Texte wie der Fantasy aufgab. Seit dem großen Erfolg seiner *Trolle*-Romane – *Die Trolle* wurden 2007 mit dem »Deutschen Fantastik Preis« für das beste deutschsprachige Debüt ausgezeichnet – und der *Sturmwelten*-Saga ist er als freischaffender Autor tätig. Inzwischen lebt er mit seiner Frau und zwei sehr textkritischen Katern in Speyer und versucht, seine wild wachsende Fantasie in ordentliche Bahnen zu lenken – ein Vorhaben, das nur allzu oft scheitert.

Paul Clark alias **Anton Weste,** geboren 1979 in Bayern, aufgewachsen in Niedersachsen und sozialisiert in Aventurien, schrieb für die beliebte Fantasywelt des Rollenspiels *Das Schwarze Auge* etliche Hintergrund- und preisgekrönte Abenteuerbände. Die Passion für Geschichten und Sprache war einem schnellen Abschluss seines Studiums der Geschichte und Sprachwissenschaft nur bedingt förderlich. Als Game Designer und Autor entwirft er fantastische Welten wie das erfolgreiche Computerspiel *Drakensang* für den Bildschirm. Heute wohnt er bei Hannover und findet es dort fast so schön wie im Auenland. Also zumindest im Frühling. Wenn die Sonne scheint. Und nicht so viel Lärm von der Hauptstraße herüberweht.

Monika Felten, geboren 1965, gehört zu den erfolgreichsten und renommiertesten deutschen Fantasy-Autoren. Ihre hervorragend komponierten Fantasy-Reihen, die *Saga von Thale,* die *Geheimnisvolle Reiterin* und *Das Erbe der Runen* begeisterten auf Anhieb große Leserschaften. Bereits zwei ihrer Bücher wurden mit dem »Deutschen Fantastik Preis« ausgezeichnet. Monika Felten lebt mit ihrer Familie in der Holsteinischen Schweiz.

Maike Hallmann führte als Kind ein Doppelleben. Geboren im wilden Hamburg, umgeben von Auspuffgas spuckenden, tödlichen Drachen auf Rädern, reiste sie häufig zur Sippschaft ins beschauliche Weserbergland. Da das ländliche Idyll trügt, erlebte sie dort die weitaus größeren Abenteuer, und tatsächlich wurde dort und nicht in der Großstadt zum ersten und einzigen Mal auf sie geschossen. Wenn es sie nach Abenteuern dürstet, sie sich aber nicht ins Weserbergland wagt, liest oder schreibt sie stattdessen Bücher.

Kai Meyer, geboren 1969, ist einer der erfolgreichsten Schriftsteller Deutschlands. Er studierte Film und Theater, arbeitete einige Jahre als Journalist und widmet sich seit 1995 ganz dem Schreiben von Büchern. Viele seiner Romane wie *Die Alchimistin, Die Unsterbliche* und die Trilogien *Merle und die Fließende Königin* und *Die Wellenläufer* wurden zu Bestsellern. Seine Bücher erscheinen in mehr als 40 Ländern, u. a. in den USA, in England, Japan, Italien, Frankreich und Russland. Für »Frostfeuer« erhielt Kai Meyer 2005 den CORINE-Literaturpreis.

Oliver Dierssen wurde 1980 in Hannover geboren, hier arbeitet er als Arzt in einer psychiatrischen Klinik. Er interessiert sich für das Kaufen und alphabetische Einsortieren von Büchern, gelegentliches stressfreies Reisen und uneingängige Rockmusik, hat direkte Vorfahren aus Transsilvanien und war auf der gleichen Schule wie Oliver Pocher. Sein Debüt *Fledermausland* wurde mit dem »Deutschen Fantastik Preis als bestes deutschsprachiges Debüt« ausgezeichnet. 2011 erschien sein erster Jugendroman *Fausto* als Buch und als Hörbuch. Oliver Dierssen lebt mit seiner Familie in einem denkmalgeschützten Backsteinhaus in Hannover.

Orks vs. Zwerge

**Ein jahrtausende alter Hass …
eine gewaltige Schlacht …
ein einzigartiges Epos!**

Ihr Hass aufeinander wurzelt tiefer als die Gebeine
der Erde – schon seit Jahrtausenden sind Orks und Zwerge
erbitterte Feinde. Nun prallen sie in einer gewaltigen
Schlacht aufeinander, in der sich die Zukunft beider Völker
entscheiden muss. Eine Schlacht, die das Schicksal von
Orks und Zwergen für immer verändern wird.

978-3-453-31404-7

Christoph Hardebusch

Spürt ihr das Beben der Erde?
Die Trolle sind zurück!

Die Fortsetzung der großen Trolle-Saga

Im Land zwischen den Bergen ist die Zeit des Friedens vorbei. Krieg liegt in der Luft, und dann taucht auch noch ein tödlich verwundeter Zwerg im südlichen Hochland von Wlachkis auf – Ereignisse, die wie ein dunkler Schatten auf dem Land liegen. Doch die eigentliche Gefahr nähert sich aus dem Dunkel in den Tiefen der Berge. Werden Trolle und Menschen sich zur letzten großen Schlacht vereinen können?

978-3-453-31431-3

Leseprobe unter: **www.heyne.de**

Der Hobbnix

Die ultimative *Hobbit*-Parodie

Was Sie schon immer über Hobbits, Elfen und Zwerge wissen wollten und Ihren Steuerberater nie zu fragen wagten!

Unverzichtbare Lektüre für jeden, der endgültig zu viele haarige Füße, Bärte und spitze Hüte gesehen hat!

978-3-453-53418-6